D0994565

VIVRE POSITIVEMENT
UNE JOURNÉE À LA FOIS

DISTRIBUTION:

- Pour le Canada:
  AGENCE DE DISTRIBUTION POPULAIRE INC.
  955, rue Amherst, Montréal H2L 3K4
  (Tél.: (514) 523-1182)

- Pour la Belgique:
  VANDER, S.A.
  Avenue des Volontaires 321, B-1150 Bruxelles, Belgique
  (Tél.: 02-762-9804)

Cet ouvrage a été publié en langue anglaise sous le titre:
LIVING POSITIVELY ONE DAY AT A TIME
par Fleming H. Revell Company,
Old Tappan, New Jersey 07675, U.S.A.
Copyright © 1980 by Robert H. Schuller
All rights reserved

Copyright © 1984
Les éditions Un monde différent ltée
Pour l'édition en langue française
Dépôts légaux 4ᵉ trimestre 1984
Bibliothèque nationale du Québec
Bibliothèque nationale du Canada

Conception graphique de la couverture:
MICHEL BÉRARD

Version française:
MESSIER & PERRON INC.

Photocomposition et mise en pages:
HELVETIGRAF, QUÉBEC

ISBN: 2-89225-052-8

Robert H. Schuller

Vivre positivement une journée à la fois

Les éditions Un monde différent ltée
3400, boulevard Losch, local 8,
Saint-Hubert, QC, Canada
J3Y 5T6

M

Introduction

En écrivant ce livre de dévotion, j'ai essayé d'utiliser les pensées clés et les puissants versets des Écritures qui m'ont aidé à accroître ma foi, à avoir le courage de découvrir le potentiel de Dieu en moi.

Gardant sous les yeux un de mes versets favoris (Pr 3:6), je sais que si Dieu passe en premier dans tout ce que je fais, Il couronnera mes efforts de succès.

Ma prière est que *Vivre positivement une journée à la fois* vous mettra en contact avec celui qui a été mon étoile polaire, mon inébranlable soutien et ma constante inspiration, celui qui fut le plus important exemple de pensée axée sur la possibilité qui ait jamais vécu. Cet idéal est Jésus-Christ!

À mesure que vous lirez ces pensées quotidiennes, n'oubliez pas de consigner par écrit vos impressions dans les espaces blancs réservés à cette fin. J'ai découvert que le fait d'annoter un texte, d'écrire une lettre ou de signer un document me pousse à m'engager et à m'impliquer davantage.

Dieu vous aime et moi aussi!

ROBERT SHULLER
Garden Grove, Californie

Notre Père, nous vous remercions pour cette merveilleuse nouvelle année remplie de nombreuses surprises fantastiques !

Au seuil d'une nouvelle année pleine d'imprévus, nous sommes remplis d'impatience et d'attentes. Car avec Vous comme capitaine pour nous guider, nous pouvons faire face à de grandes inconnues avec confiance et à de fortes tempêtes avec courage.

Aidez-nous, ô Seigneur, à transformer le souvenir de nos échecs en étoiles sur lesquelles nous pourrons nous guider. Aidez-nous à naviguer en utilisant nos forces et non pas nos faiblesses. Aidez-nous à fixer nos objectifs en nous appuyant sur vos possibilités sans limites plutôt que sur nos capacités limitées.

Donnez-nous le courage, ô Seigneur, de quitter le port confortable et d'affronter sans crainte la haute mer. Car avec Vous, Père éternel, à la barre de notre vie, nous savons que nous pouvons affronter nos lendemains avec enthousiasme, confiance et courage, dans l'attente de nombreuses aventures excitantes.

C'est en Vous et en votre pouvoir tout puissant que nous ancrons nos espoirs. Nous Vous aimons et nous Vous louons ! Amen.

ROBERT A. SCHULLER

SOYEZ ENTHOUSIASTE FACE AU LENDEMAIN... DÈS AUJOURD'HUI !

Devenez enthousiaste

« Yahvé lui-même donnera le bonheur. »

(Ps 85:13)

Si vous savez que l'on vous dirige vers une vie excitante, pleine de possibilités et de potentiel dynamique, vous pouvez être enthousiaste face au lendemain et ce, dès aujourd'hui! Vous deviendrez tellement excité que vous pourrez à peine le supporter! La clé de l'enthousiasme consiste à savoir qu'il y a un lendemain fantastique qui vous attend.

Si vous voulez être enthousiaste, vraiment enthousiaste, cela est très simple! Vous obtenez l'enthousiasme en vous fixant des buts. Lorsque vous vous engagez à réaliser un rêve d'inspiration divine et que vous y consacrez toutes vos énergies, vous devenez enthousiaste! Mais lorsque vous vous retenez, lorsque vous ne vous engagez pas totalement, vous créez un blocage émotionnel qui freine l'apport d'enthousiasme naturel, divin.

Répétez cette affirmation positive à haute voix:

IL Y A UN LENDEMAIN FANTASTIQUE QUI M'ATTEND!

Dès maintenant, ouvrez votre cœur à Dieu. Priez qu'Il vous donne un rêve merveilleux pour cette nouvelle année. Promettez-lui ensuite que vous vous engagerez totalement à la réalisation de votre rêve. Commencez à y travailler dès maintenant en mettant votre rêve par écrit.

L'estime de soi, qui prend sa source dans l'appel de Dieu, génère de l'enthousiasme pour l'œuvre de Dieu.

Devenez enthousiaste

Celui qui a commencé en vous cette œuvre excellente en pour-
suivra l'accomplissement jusqu'au Jour du Christ Jésus.
(Ph 1:6)

Le mot *enthousiasme* provient de deux mots grecs, *en* et
theos, qui signifient *en Dieu.*

Comment pouvons-nous être en Dieu?

Premièrement, Dieu nous dit qu'*Il a besoin* de nous. Alors,
Il nous recrute.

Ensuite, Il dit: «Je vous *guiderai* vers un rêve, un projet, un
appel, à l'intérieur de mon œuvre. Ce sera très excitant et très
satisfaisant.» Lorsqu'Il vous incite à prendre une décision et à
tenter l'impossible pour Lui, Il ne vous laisse pas succomber à
l'échec mais vous donne le nécessaire et la force de réussir!

Un jour, Sœur Thérésa a fait un rêve. Elle dit à ses supérieures: «J'ai trois sous et un rêve divin pour construire un orphelinat.»

«Sœur Thérésa, lui répondirent gentiment ses supérieures,
vous ne pouvez bâtir un orphelinat avec trois sous. Avec trois
sous, vous ne pouvez rien faire.»

«Je sais, dit-elle en souriant, mais avec Dieu et trois sous, je
peux tout faire!»

Avec l'aide de Dieu, je peux tout faire!

Devenez enthousiaste

Car je sais, moi, les desseins que je forme pour vous — oracle de Yahvé — desseins de paix et non de malheur, pour vous donner un avenir et une espérance.

(Jn 29:11)

Avez-vous pris vos résolutions? Il n'est pas trop tard. Je crois dans les résolutions du nouvel an. Je crois vraiment que la vie de nombreuses personnes est transformée par la révolution, d'autres personnes par l'évolution et de plusieurs par les résolutions.

J'ai fait la connaissance d'un serveur au restaurant l'autre jour. «Eh bien, lui ai-je demandé, avez-vous pris vos résolutions du nouvel an?» «Non, m'a-t-il répondu en riant, je n'ai pas encore fini de fêter.»

Cessons de fêter et fixons-nous quelques buts. Quels sont les aspects de votre vie qui peuvent être améliorés? Quels sont les grandes occasions, les grands rêves que Dieu vous a donnés, aujourd'hui? Il a des projets étonnants pour vous. Il n'y a pas de limites à ce que Dieu peut faire de votre vie cette année. Si vous priez, Il vous guidera vers quelque chose de merveilleux. Suivez-Le dans la confiance et l'acceptation. Soyez assuré que Dieu vous rendra tellement enthousiaste et tellement impliqué dans son œuvre que vous n'aurez pas le temps d'être déprimé. Un esprit préoccupé de l'œuvre de Dieu est trop rempli d'idées excitantes pour que les pensées négatives puissent y pénétrer! Avec l'aide de Dieu, écrivez cinq résolutions pour le nouvel an.

être plus patiente   *ne plus avoir peur*

changer d'emploi   *aimer tout le monde*

être positive

> Merci, mon Dieu, de me guider vers quelque chose de merveilleux!

Devenez enthousiaste

Mais le juste vivra par sa fidélité.

(Ha 2:4)

Peut-être vous ditez-vous : « Si je m'engage à réaliser le rêve que j'ai actuellement en tête, je risque d'échouer. » Bien sûr vous échouerez si vous ne vous en remettez pas à Dieu ! Vous pouvez être assuré que lorsque vous recevrez l'appel de Dieu, il vous sera toujours humainement impossible d'y répondre seul. Dieu nous guide toujours vers un engagement qui nous force à nous en remettre constamment à Lui si nous ne voulons pas échouer.

Lorsque Dieu vous donne un rêve, ce rêve est si important que vous avez besoin de son aide. C'est sa manière de vous garder humble. Comment la pensée axée sur la possibilité est-elle conciliable avec l'humilité ? C'est bien simple ! *Vous pratiquez cette pensée jusqu'à ce que vous obteniez de Dieu une idée assez importante pour qu'Il en fasse partie*, une idée si importante que, si vous ne vous en remettez pas totalement à Lui, vous n'avez aucune chance de réussir !

Il vous guidera et alors Il vous *nourrira !* S'Il vous guide, il faudra qu'Il vous nourrisse ! Dieu ne nourrit que ceux qui acceptent d'être guidés par Lui ! Si vous attendez, pour Le suivre, d'être certain qu'Il vous nourrira, Il ne Se manifestera jamais. Car Il ne nourrit que lorsque nos besoins croissent parce que nous nous laissons guider par Lui. C'est ça, la foi !

---

*Seigneur Jésus, je me laisserai guider par Vous et
j'aurai confiance en votre protection.*

Devenez enthousiaste

Vous remercierez le Père qui vous a mis en mesure de partager le sort des saints dans la lumière.

(Col 1:12)

Comment guérir la dépression? La réponse est simple: Devenez enthousiaste face à la vie! Et comment devenir enthousiaste? L'enthousiasme résulte d'un état émotionnel de santé intérieure que nous appelons l'estime de soi. Et le Notre Père contient une clé permettant d'ouvrir la porte de l'enthousiasme.

Le Notre Père demeure la plus importante prière qui ait jamais existé dans quelque religion que ce soit à travers les siècles, parce qu'il traite des émotions humaines négatives les plus profondes pouvant freiner ou anéantir l'esprit d'enthousiasme et ayant la dépression pour résultat.

La première émotion négative dont traite le Notre Père est le complexe d'infériorité: le manque de respect de soi, d'estime de soi, de confiance en soi et d'assurance. Cette déficience humaine classique, profondément enracinée, est anéantie dès les premiers mots de la prière lorsque vous dites: «Notre Père qui êtes aux cieux, que votre nom soit sanctifié.»

SI DIEU EST MON PÈRE, JE SUIS SON FILS, JE SUIS QUELQU'UN! Je fais partie de sa juste et royale famille! La première phrase du Notre Père nous fournit les bases de l'authentique estime de soi.

Dieu est mon Père, ce qui fait de moi une personne spéciale!

14

Devenez enthousiaste

*Vous me chercherez et vous me trouverez, car vous me recher-
cherez de tout votre cœur.*

(Jr 29:13)

Recherchez-vous véritablement l'enthousiasme? Je crois
que le mot *recherche* peut être remplacé par le mot *énergie*.
Quelles sont les qualités qui entraînent la sorte d'énergie qui
pousse quelqu'un vers le succès? En d'autres mots, qu'est-ce
qui pousse une personne à rechercher le succès dans le mariage,
l'éducation, le travail, ou qui la pousse à se remettre d'une
maladie ou d'une incapacité physique? Au cours de mes 25 ans
comme pasteur, j'ai appris ce que veut dire le mot *énergie*. Je
veux partager avec vous la clé de la motivation vers le succès et
les réalisations, clé que contient le mot *énergie*.

— *Consacrez-vous* au projet de Dieu.
— Soyez suffisamment *responsable* pour réaliser ce projet.
— Soyez *intègre* et honnête, et Dieu sera avec vous.
— Soyez *à l'écoute*. Dieu seul sait le bien que vous pouvez
   retirer de ce que vous faites pour Lui.
— Devenez *enthousiaste*.

Lorsque vous poursuivrez une idée d'inspiration divine,
vous ne manquerez jamais d'énergie parce que Dieu verra à ce
que vous demeuriez enthousiaste. Le mot *enthousiasme* veut
dire «Dieu en moi». Avec Dieu en vous, vous ne pourrez
jamais perdre. Vous ne deviendrez jamais assez découragé,
assez abattu ou assez fatigué pour vouloir abandonner.

«*Cherchez d'abord son Royaume et sa justice, et tout
cela vous sera donné par surcroît.*» (Mt 6:33)

Devenez enthousiaste

Espère en Yahvé, prends cœur et prends courage, espère en Yahvé.

(Ps 27:14)

Je me souviens de mon père comme de l'un des hommes les plus calmes que j'aie connus de ma vie. Plusieurs fois au cours des cinquante années de mariage de mes parents, j'ai entendu ma mère lui dire : «Tony, pourquoi ne parles-tu pas?» Même au cours des soirées les plus silencieuses, mon père conservait un silence calme et serein. «Pourquoi ne parles-tu pas?» lui demandait ma mère. «Que veux-tu que je dise?» répondait mon père. Je crois que cet échange entre mes parents est ce que j'ai entendu le plus souvent de toute ma vie.

Un an après le décès de mon père, je me souviens d'avoir entendu ma mère qui disait : «Oh! ce que votre père me manque!» «Maman, pourquoi te manque-t-il à ce point? lui demandai-je. Tu sais, maman, lorsqu'il était là, il ne parlait pas beaucoup.» «C'est vrai, répondit-elle, il restait là pendant des heures sans dire un mot. Mais je savais qu'il était là.»

Aujourd'hui, Dieu est mon Père silencieux; parfois Il est même plus silencieux que mon père terrestre. Parfois, j'ai envie de dire à mon Père céleste, comme maman disait à papa : «Père, dites quelque chose.» Et parfois Il demeure silencieux. Mais lorsqu'Il parle, j'écoute. Il me donne des rêves auxquels je me consacre. Je deviens alors responsable, je conserve mon intégrité, je suis à l'écoute de Dieu et je permets à son enthousiasme d'imprégner ma vie.

Je crois au soleil, même lorsqu'il ne brille pas. Je crois en Dieu, même lorsqu'Il garde le silence.

Devenez enthousiaste

Moïse dit : « Vous vous êtes aujourd'hui conféré l'investiture de Yahvé, qui au prix de son fils, qui au prix de son frère, de sorte qu'il vous donne aujourd'hui la bénédiction. »
(Ex 32:29)

Le dévouement est à la base de tout enthousiasme humain. Il est synonyme d'engagement. L'un des problèmes de notre société d'aujourd'hui est que les gens refusent de s'engager. Pourquoi ? Parce que s'engager à la réalisation d'un but signifie que l'on doit rejeter toutes les autres options. Celui qui s'engage n'a pas d'autre alternative. Il élimine les options. Pour vous engager, vous devez d'abord réaliser que Dieu a un rêve, un projet, une idée pour votre succès. Le dévouement commence donc par la prière. Vous avez vraiment l'énergie nécessaire lorsque vous commencez à rechercher la volonté de Dieu, la manière de Dieu et la parole de Dieu.

Dans la psychologie de la motivation, il y a plusieurs théories sur ce qui motive les gens. Adler disait que la motivation naît de la volonté de puissance. Frankl dit qu'elle prend sa source dans la volonté de donner un sens à la vie. Fromm dit que la motivation résulte de la volonté d'aimer. Et Maslow dit que le désir de se réaliser est à la source de la motivation.

Mais dans la pensée axée sur la possibilité, nous disons que la motivation provient de la recherche de la dignité personnelle, de l'estime de soi et de l'amour de soi. Peu importe votre ligne de pensée, aucune motivation n'est aussi puissante que celle qui provient du désir d'accomplir la volonté de Dieu.

Il faut du courage pour s'éloigner des sentiers battus.

Devenez enthousiaste

Yahvé est ma lumière et mon salut, de qui aurais-je crainte?
Yahvé est le rempart de ma vie, devant qui tremblerais-je?
(Ps 27:1)

Si je comprends ce que Dieu désire, alors je sais que ce que je tente d'accomplir est bon et que Dieu est à mes côtés.

Il y a une énorme quantité d'enthousiasme en vous lorsque vous réalisez que ce que vous cherchez à accomplir est sanctionné par Dieu parce que vous savez que vous agissez avec intégrité et honnêteté.

Seule une personne intègre peut être totalement enthousiaste. Si vous manquez d'intégrité, vous n'osez pas être engagé ou enthousiaste. La personne malhonnête érige subconsciemment un mur d'émotions qui la protège du type de spontanéité pouvant « faire sortir le chat du sac ». Elle craint d'exposer ses motifs véritables. La personne qui manque d'intégrité ne peut jamais être véritablement enthousiaste, spontanée, pétillante, naturelle ou libre. Par conséquent, elle ne pourra jamais acquérir la fantastique énergie qui motive la personne honnête.

Seigneur, donnez-moi un but pour lequel je puisse vivre, une personnalité avec laquelle je puisse vivre et une foi par laquelle je puisse vivre.

Devenez enthousiaste

« Je puis tout en Celui qui me rend fort. »

(Ph 4:13)

Je vous encourage à vous fixer dès aujourd'hui des buts générateurs d'enthousiasme excitant et stimulant. Je veux que vous choisissiez un but, que vous rêviez un rêve, parce que Dieu vous réserve bien plus que tout ce que vous oseriez imaginer.

Mais pourquoi risquerions-nous de nous fixer des buts? Pourquoi nous mettrions-nous dans une telle position de vulnérabilité? Pourquoi nous exposerions-nous à la possibilité d'une humiliation? La réponse est très simple.

Si nous avons une idée qui provient à coup sûr de Dieu, nous savons que nous ne serons jamais capables de vivre avec nous-mêmes en sachant que nous n'avons pas essayé simplement parce que nous ne voulions pas être embarrassés par nos échecs. Ne pas essayer par crainte de l'échec constitue l'ultime égoïsme, particulièrement lorsque nous avons toutes les raisons d'espérer le succès.

« Je puis tout en Celui qui me rend fort. »

Ce verset de la Bible m'a appris quelque chose. Je croyais qu'il signifiait que je pouvais accomplir tout ce que je désirais. Mais j'ai découvert que parfois j'essayais et j'échouais. J'ai appris que lorsque cela se produisait, je n'avais pas suffisamment confiance en Dieu. Alors pour compenser, je prenais l'approche contraire. Je faisais confiance à Dieu, dont le message est: *« Vous devez vous y consacrer entièrement et vous devez me faire confiance en tout. Alors ensemble nous gagnerons. »*

> *Je peux réaliser mon rêve d'inspiration divine si je suis disposé à lutter pour y parvenir.*

Demeurez enthousiaste

Et ne vous modelez pas sur le monde présent, mais que le renouvellement de votre jugement vous transforme et vous fasse discerner quelle est la volonté de Dieu, ce qui est bien, ce qui lui plaît, ce qui est parfait.

(Rm 12:2)

La meilleure façon de demeurer le plus enthousiaste possible réside dans l'énergie dynamique ! Et il y a deux types d'énergie : l'énergie positive et l'énergie négative.

L'énergie négative est celle qui provient de pensées et de sentiments négatifs.

Il est étonnant de voir à quel point de nombreuses personnes vivent leur vie à partir d'une énergie de source négative. Mais ce que ces personnes obtiennent à la fin, c'est de l'hypertension, des ulcères, des dépressions nerveuses et des problèmes cardiaques.

Le contraire de l'énergie négative est l'énergie positive. Que vous gravissiez littéralement une montagne, ou que vous gravissiez votre montagne d'obstacles, votre succès dépend de l'énergie positive qui vous permet de persévérer ! L'énergie positive est celle qui se nourrit d'enthousiasme !

Lorsque nous sommes en Dieu et que Dieu est en nous, nous avons alors ses idées. Ses idées sont remplies de possibilités et ces possibilités nous stimulent de leurs grands espoirs ! Et cela nourrit notre enthousiasme. Montrez-moi quelqu'un qui est vraiment dynamique, vivant et plein d'énergie et je vous montrerai quelqu'un qui est emballé par les idées de Dieu !

Les idées de Dieu génèrent une énergie positive.

Demeurez enthousiaste

Il est comme un arbre planté auprès des cours d'eau; celui-là portera fruit en son temps et jamais son feuillage ne sèche; tout ce qu'il fait réussit.

(Ps 1:3)

L'énergie négative vous laisse fatigué, mais l'énergie positive vous laisse rempli d'énergie nouvelle. L'énergie positive devient une force propagatrice qui ne connaît pas de fin. Vous réussissez une nouvelle expérience et à partir de cette expérience vous devenez si emballé que vous êtes confiant de pouvoir en faire plus que vous ne le croyiez!

Vous atteignez un nouveau sommet, alors vous vous dirigez vers le prochain sommet. Lorsque vous l'atteignez, vous avez des vues encore plus grandes. Bientôt vous avez un cycle de succès qui fonctionne et que rien ne peut arrêter. Chaque nouvelle réalisation ne fait qu'intensifier votre capacité en énergie en suscitant plus d'enthousiasme! Voilà la clé!

L'énergie positive est une énergie produite par l'enthousiasme qui provient de la poursuite d'idées qui comportent de grandes possibilités pour aider les gens. Alors l'enthousiasme est de l'énergie positive!

Voici comment l'énergie positive produit encore plus d'enthousiasme! Votre enthousiasme vous permet d'aller de l'avant et vous commencez votre ascension! Vous arrivez ensuite à un sommet, puis vous visez un sommet encore plus élevé, et cela vous rend enthousiaste! L'enthousiasme est une énergie positive et dynamique en constante expansion!

Mon enthousiasme me porte à aller plus haut et mon succès se perpétue de lui-même.

Demeurez enthousiaste

Le plus grand parmi vous sera votre serviteur.

(Mt 23:11)

L'enthousiasme est une énergie positive qui provient d'une pensée ou d'une idée positive.

Alors par où commencer? C'est très simple. Découvrez par la prière ce à quoi Dieu vous destine. La réponse viendra sous la forme d'une idée. Une idée de possibilité qui vous conservera votre enthousiasme si elle comporte trois qualités!

La première qualité est *l'intégrité.* Il ne peut y avoir d'enthousiasme là où il n'y a pas d'intégrité totale. Si vous n'êtes pas totalement honnête, vous ne pouvez être enthousiaste parce que le subconscient érige un mur de protection contre les émotions profondes.

La seconde qualité est *l'extraordinaire.* Si l'idée est simplement quelque chose que vous avez fait hier, quelque chose de courant, elle ne vous emballera pas. La raison en est que la stimulation qui produit l'enthousiasme ne peut venir que d'une idée qui vous poussera à croître: La capacité d'être extraordinaire, de faire un peu plus et un peu mieux.

La troisième qualité est la suivante: *Votre idée vous apportera-t-elle un sentiment de satisfaction personnelle à travers une implication désintéressée au profit des autres?* Votre rêve aidera-t-il d'autres personnes, vous procurant ainsi un sentiment de satisfaction personnelle?

Mon Dieu, donnez-moi une idée extraordinaire afin que je puisse aider les autres.

Demeurez enthousiaste

Moi, je me tiendrai au sommet de la colline, le bâton de Dieu à la main.

(Ex 17:9)

Lorsque vous vous tenez au sommet de la montagne, vous pouvez apercevoir un nouveau rêve grâce à votre nouvelle perspective. Vous bénéficiez d'un regard vers de nouveaux lendemains, d'un aperçu des choses encore plus grandes que Dieu vous réserve. Et cet aperçu, à partir du sommet, donnera un nouvel élan à votre enthousiasme.

La Bible raconte que Dieu bénit la foi et qu'Il ne peut bénir celui qui doute. À moins que vous n'ayez la foi de gravir la montagne, vous ne serez jamais capable de voir la vallée fertile à vos pieds. Cela vous sera impossible.

Alors qu'arrive-t-il une fois que vous avez atteint le sommet de la montagne? Vous vous mettez à avoir de plus grands rêves. Le rêve donne naissance au désir, qui vous rend audacieux, ce qui vous décide à commencer! Cette décision vous entraîne à décider d'essayer sérieusement.

Certains d'entre vous ont peut-être peur de commencer. Vous ne croyez pas pouvoir finir. Vous vous dites: «Puis-je me rendre jusqu'au sommet?» Voici un important concept: *Décidez simplement de commencer et décidez ensuite de continuer.* Ne vous inquiétez pas du sommet; décidez simplement de continuer jusqu'à ce que vous passiez le point de non-retour.

SEIGNEUR, JE DÉCIDE DÈS MAINTENANT
D'ENTREPRENDRE LE PROJET SUIVANT:

Commencer, c'est faire la moitié du trajet.

Demeurez enthousiaste

En vérité, en vérité, je te le dis, à moins de naître d'en haut, nul ne peut voir le Royaume de Dieu.

(Jn 3:3)

Comment pouvez-vous obtenir un enthousiasme générateur d'expériences fantastiques? Cela ne peut se produire sans le genre d'expérience dynamique et religieuse que nous appelons «établir une relation avec Dieu». Voilà la clé.

L'autre jour, j'ai reçu une lettre d'une femme qui disait: «Cher docteur Schuller, ma vie d'enfant et d'adulte en a été une de constants chambardements. Il y a deux ans, j'ai tenté de me suicider et j'ai échoué. Je me dirigeais vers une dépression nerveuse. Parce que j'avais de la difficulté à dormir, j'avais l'occasion, à tous les dimanches, de regarder votre émission *Hour of Power*. Au début, je ne regardais l'émission que parce que je devais absolument m'occuper l'esprit, m'accrocher à quelque chose! Puis, à mesure que les semaines passaient, je me retrouvais en larmes, moi, l'incroyante, chaque fois que le Seigneur parlait à travers vous, docteur Schuller. Un soir, alors que j'avais le moral désespérément bas, je savais que si je n'obtenais pas d'aide, je mourrais. Je m'adressai à Dieu, même si je n'étais pas convaincue qu'Il existait. Ma prière fut très courte. Je dis simplement à Dieu que je ne pouvais m'en tirer toute seule. Ce qui est merveilleux, c'est qu'Il m'a entendue et qu'Il est venu à moi. Quelque chose s'est produit! Maintenant, je me réveille le matin et je bénis Dieu de me donner une autre journée plutôt que de me plaindre d'avoir à supporter cette journée. J'ai appris à aimer Jésus plus que les mots ne peuvent l'exprimer. Je me préoccupe même de mon bien-être!»

Je suis né à nouveau et je suis tout neuf!

Demeurez enthousiaste

Ce Dieu qui me ceint de force et rend ma voie irréprochable, qui égale mes pieds à ceux des biches et me tient debout sur les hauteurs.

(Ps 18:33)

Avez-vous remarqué à quel point certaines personnes semblent constamment emballées et enthousiastes à propos de leur vie? Elles semblent connaître sans cesse le succès. Leur degré de réussite augmente sans arrêt. Comment expliquez-vous cela?

Consciemment ou inconsciemment, ces personnes ont découvert ce que j'appelle le *principe de la perspective du sommet*. Elles ont fait une expérience fantastique qui leur permet de voir les choses encore plus grandes qu'elles peuvent accomplir.

Une expérience fantastique est une expérience positive qui vous révèle ce que vous êtes et qui vous rend conscient du fait que vous êtes encore plus grand que vous ne l'aviez imaginé. Cela devient alors une expérience de grande satisfaction personnelle qui vous révèle votre potentiel positif.

Dressez la liste d'expériences fantastiques que vous avez déjà connues:

_____

_____

_____

Dieu est avec moi et me portera de sommet en sommet.

Demeurez enthousiaste

Et nous savons qu'avec ceux qui l'aiment, Dieu collabore en tout pour leur bien, avec ceux qu'il a appelés selon son dessein.
(Rm 8:28)

Mon producteur, Michael Nason, a une petite fille nommée Tara. Tara a subi une blessure au cerveau qui l'a laissée incapable de marcher. En fait, elle est devenue sourde, muette et aveugle. Il semblait qu'elle serait un légume toute sa vie. Maintenant, cinq ans plus tard, elle peut voir, elle peut entendre, elle peut parler à la perfection, mais elle ne peut pas marcher.

Il y a quelques jours, son père m'a appelé pour m'apprendre des nouvelles emballantes. Pour la première fois, Tara s'est mise à marcher à quatre pattes. Il disait : «Elle s'est soutenue pendant trente secondes environ; à quatre pattes.» Tara a découvert une nouvelle dimension verticale en levant la tête pour apercevoir les choses d'un point de vue qu'elle n'avait jamais connu auparavant. Alors, cela a été pour elle une expérience fantastique. D'une position horizontale, elle s'est mise à ramper, puis à marcher à quatre pattes : Voilà autant d'expériences fantastiques !

À partir des sommets dont vous avez dressé la liste hier, qu'avez-vous aperçu ?

_____

_____

_____

Je prendrai ce que j'ai et Dieu m'aidera à m'en servir pour sa gloire.

Utilisez l'enthousiasme

Le secours me vient de Yahvé qui a fait le ciel et la terre. Qu'il ne laisse broncher ton pied! Qu'il ne dorme, ton gardien!
(Ps 121:2-4)

Il y a des fois où je connais des problèmes et la voix de Dieu n'est pas très claire au début. Même dans les moments difficiles cependant, je sais qu'Il est là et, à cause de cela, je n'abandonne jamais. Je vais de l'avant jusqu'à ce que, d'une façon ou d'une autre, mon objectif soit atteint. Vous découvrirez, comme je l'ai fait, que l'enthousiasme dissipe le découragement aussi vite et aussi sûrement que le soleil répand ses rayons dorés dans le ciel sombre.

Un étudiant, qui était si découragé qu'il voulait quitter l'université, m'a dit un jour: «Docteur Schuller, je n'y arriverai jamais. Compléter mes études est tout bonnement un but impossible à atteindre pour moi.» Juste comme il finissait de parler, ces mots me frappèrent comme la foudre: «NE CROIS JAMAIS EN JAMAIS», lui dis-je.

À ceux qui disent: «Je ne marcherai plus jamais», je dis: «Ne croyez jamais en jamais.» Si vous dites: «Je ne sortirai jamais d'ici», ou «Mon mariage ne fonctionnera jamais», je dis: «Ne croyez jamais en jamais.» Il fut un jour où les Romains avaient complété la crucifixion et l'ensevelissement du Christ. Lorsqu'ils placèrent l'énorme pierre devant la tombe, je suis certain qu'ils pensaient: «Voilà qui est terminé. Nous ne serons jamais plus ennuyés par Jésus.»

«Ne croyez jamais en jamais!»

> *Seigneur, grâce à votre amour, je ne croirai jamais en jamais.*

Utilisez l'enthousiasme

Mais il m'a déclaré: «Ma grâce te suffit: car la puissance se déploie dans la faiblesse.» C'est donc de grand cœur que je me glorifierai surtout de mes faiblesses, afin que repose sur moi la puissance du Christ.

(2 Co 12:9)

Si nous concentrons nos énergies et notre attention sur nos problèmes, nous ne pouvons que nous occuper des crises qui surviennent. Mais si nous nous concentrons sur les solutions, nous pouvons utiliser notre enthousiasme pour conserver notre leadership créateur.

Face à l'incertitude, vous avez trois choix: Vous pouvez faire rapidement vos bagages; vous pouvez reculer, regrouper et réorganiser vos forces, une tactique qui s'avère parfois nécessaire; vous pouvez aussi obtenir une autre victoire et atteindre un niveau supérieur de succès en vous souvenant «que repose sur moi la puissance du Christ».

Dès maintenant, concentrez-vous sur les solutions à vos problèmes. Demandez au Christ de vous aider. Notez vos solutions.

1) _____

2) _____

3) _____

Devant une montagne, je n'abandonnerai pas!

Utilisez l'enthousiasme

« *Vos fils et vos filles prophétiseront, vos anciens auront des songes, vos jeunes gens, des visions.* »

(Jl 3:1)

Si vous avez un rêve à réaliser, vous avez tout ! Au contraire, si vous possédez tout mais que vous n'avez pas de rêve à réaliser, toutes vos possessions matérielles ne valent rien. *Les rêves stimulants qui nous viennent de Dieu sont à la source de l'énergie humaine.*

Une personne vit lorsqu'elle est enthousiaste. Et l'enthousiasme véritable provient d'un engagement total envers un but emballant. Aujourd'hui, en réalisant que mes rêves ne se sont pas simplement réalisés mais se sont étendus bien au-delà de tout ce que j'ai jamais imaginé, je comprends le sens du principe d'Alfred North Whitehead qui disait : « Les grands rêves des grands rêveurs ne sont jamais concrétisés ; ils sont toujours transcendés. »

Quel rêve Dieu vous a-t-Il donné ?

_____

_____

_____

Ayez un nouveau rêve !

Utilisez l'enthousiasme

Et les regardant, Jésus leur dit: «Pour vous, cela est impossible, mais pour Dieu, tout est possible!»

Il y a vingt-cinq ans, j'ai fait un rêve. J'avais une très belle femme et deux beaux enfants. Et j'étais en relation avec Dieu. J'avais la foi, je croyais en une personne nommée Jésus-Christ qui, deux mille ans auparavant, avait dit être le Messie. Je croyais alors, et je le crois encore plus aujourd'hui, que ce beau jeune homme de race juive, ce dynamique penseur positif, était le Messie annoncé par Dieu par la bouche des prophètes de l'Ancien Testament. Je crois que Jésus est né, qu'Il est mort sur la croix et qu'Il est ressuscité le matin de Pâques! Je crois plus que jamais que Jésus est vivant, plus vivant que vous et moi.

Certains d'entre vous se demandent peut-être: «Comment cela est-il possible?»

C'est très simple. La vie que nous possédons est diminuée dans la mesure où nous nous exposons aux pensées et aux émotions négatives. La crainte, l'anxiété, l'inquiétude, la culpabilité, la jalousie et l'apitoiement sur soi, tout cela diminue notre vie, notre vitalité. Aucun de nous n'est totalement vivant en tout temps.

Mais je crois que Jésus a existé. Je crois qu'Il existe! Et je crois qu'Il nous communique sa vitalité par divers moyens, par le biais de gens et d'états d'esprit divers. Il nous aime. Nos meilleures idées proviendront de Lui si seulement nous Le recherchons. Et si nous acceptons de suivre ses idées, nous pourrons littéralement déplacer des montagnes. Nous pourrons réaliser l'impossible!

Avec Dieu, tout est possible!

Utilisez l'enthousiasme

« C'en est fait, me dit-il encore, je suis l'Alpha et l'Omega, le Principe et la Fin; celui qui a soif, moi, je lui donnerai de la source de vie, gratuitement. »

(Ap 21:6)

Lorsque vous vous abreuvez à la source de l'énergie divine, vous obtenez la puissance émotionnelle, c'est-à-dire le pouvoir d'être enthousiaste, d'avoir des pensées positives, de repousser les pensées négatives et de conserver la paix intérieure malgré d'énormes pressions.

Vous pouvez avoir une énergie illimitée ! Lorsque vous vous êtes abreuvé à la source, vous ne comptez plus sur vos propres forces ! C'est un réservoir ! Vous ne pouvez plus seulement compter sur vos associés, vos amis ou votre famille. C'est un puits ! Vous possédez la source au sommet de la montagne ! Vous êtes en contact avec le Dieu tout puissant !

Cessez de fuir les occasions et les possibilités ! Courez vers la satisfaction, les réalisations personnelles et le succès !

Merci, mon Dieu, pour votre fontaine au sommet de la montagne.

Utilisez l'enthousiasme

« Écoutez-moi... Croyez en Yahvé votre Dieu et vous vous maintiendrez, croyez en ses prophètes et vous réussirez. »

(2 Ch 20:20)

Tom Lasorda, gérant des Dodgers de Los Angeles, a une histoire qu'il aime raconter. Il était gérant dans les ligues mineures en 1971, lorsque son équipe perdit sept matchs consécutifs.

Découragés et épuisés, les joueurs de Tom se rendirent à leur vestiaire. Quelques minutes plus tard, il entra dans la pièce et trouva tous ses joueurs dégoûtés, regardant par terre. « Hé ! relevez la tête ! cria Tom. Je ne veux plus jamais vous voir baisser la tête. Le fait que vous ayez perdu à sept reprises ne signifie pas que vous n'êtes pas une grande équipe. Vous allez commencer à gagner ! Comme vous le savez, selon une étude récente, la plus grande équipe qui ait jamais existé dans les ligues majeures a été celle des Yankees en 1927. Et ils ont perdu neuf matchs consécutifs ! »

Soudain, les têtes se relevèrent et les expressions changèrent. Ce fut le point tournant. L'équipe se mit à gagner et à la fin de la saison, ils étaient champions !

Quelques jours plus tard, madame Lasorda demanda à Tom : « Es-tu certain que les Yankees ont perdu neuf matchs consécutifs ? »

« Comment le saurais-je ? répondit Tom. Je n'avais qu'un an à l'époque. Mais cela a marché. Les gars devaient croire en eux-mêmes. Ils devaient croire qu'ils pouvaient réussir ! »

Ce que je crois détermine les décisions que je prends.

Utilisez l'enthousiasme

« Ainsi votre lumière doit-elle briller devant les hommes afin qu'ils voient vos bonnes œuvres et glorifient votre Père qui est dans les cieux. »

(Mt 5:16)

J'ai eu l'honneur de participer à la remise des diplômes de l'Université Pepperdine de Malibu, en Californie. Il y avait probablement plus de cent étudiants qui ont reçu leur baccalauréat ce soir-là. L'âge moyen de ces diplômés était d'environ quarante ans.

Parmi eux, il y avait une femme de soixante-sept ans, mère de dix enfants et grand-mère de vingt-sept petits-enfants. Lorsque cette femme enthousiaste et déterminée s'avança sur la scène pour recevoir son diplôme, un homme d'un certain âge et plusieurs enfants se levèrent et se mirent à applaudir. « Tu as réussi, maman ! criaient-ils. Tu as réussi, grand-maman ! » Lorsque la grand-mère de soixante-sept ans nouvellement diplômée me rencontra plus tard, elle m'embrassa et me dit : « Si ce n'avait été de ma foi et de votre pensée axée sur la possibilité, je n'aurais jamais réussi. » Elle était tellement fière. Et sa famille était aussi fière d'elle.

Quelle belle illustration de la récompense de Dieu à la personne qui a pris la décision de ne plus échouer désormais, mais de réussir pour la gloire de Dieu ! C'est cela, utiliser l'enthousiasme ! C'est ce que vous appelez de l'estime de soi ! Dieu veut que vous réussissiez !

Je ne serai jamais trop jeune ou trop vieux pour vivre avec enthousiasme pour Dieu.

Partagez l'enthousiasme

« Allez donc, de toutes les nations faites des disciples, les baptisant au nom du Père et du Fils et du Saint Esprit. »

(Mt 28:19)

Dieu vous guide parce qu'Il a besoin de vous ! Plus que vous-même, Il veut que vous réussissiez. Pourquoi ? Parce que Dieu a vraiment besoin que vous accomplissiez son œuvre. Si vous vous engagez envers cette œuvre, Il vous amènera à faire quelque chose de spécial et de significatif là où vous vous trouvez.

Je n'ai pas d'autres mains
que les vôtres pour accomplir
mon œuvre aujourd'hui.

Je n'ai pas d'autres pieds
que vos pieds pour guider les hommes
sur mon chemin.

Je n'ai pas d'autre langue
que la vôtre pour dire aux hommes
comment je suis mort.

Je n'ai pas d'autre aide
que la vôtre pour amener les hommes
à Dieu.

Je vous exhorte donc, frères, par la miséricorde de Dieu, à offrir vos personnes en hostie vivante, sainte, agréable à Dieu : c'est là le culte spirituel que vous avez à rendre. (Rm 12:1)

Partagez l'enthousiasme

Quand ils eurent déjeuné, Jésus dit à Simon-Pierre: « Simon, fils de Jean, m'aimes-tu plus que ceux-ci ? » Il lui répondit: « Oui, Seigneur, tu sais que je t'aime. » Jésus lui dit : « Pais mes agneaux. »

(Jr 21:15)

Dieu a besoin de vous ! C'est là le fondement de l'authentique estime de soi. Ceux qui ont confiance en eux et qui sont en contact avec Dieu ont tellement d'enthousiasme qu'ils peuvent le partager avec les autres. Dieu a besoin de vous, qui que vous soyez, où que vous soyez, dans quelque situation que vous vous trouviez.

Peut-être êtes vous sur un lit d'hôpital et venez-vous de subir une opération chirurgicale importante. Vous ne savez peut-être pas ce que l'avenir vous réserve. Mais Dieu a quelque chose à vous dire aujourd'hui.

Il vous dit : « Je vais amener des gens près de votre lit : des médecins, des infirmières, des visiteurs, d'autres patients. Vous pouvez être ma voix pour eux. Oui, malgré votre maladie et votre souffrance, vous pouvez être une inspiration pour ceux que vous verrez tous les jours. Aimez-les, pour moi. »

Dieu, avec votre aide, je promets de partager mon existence et la vôtre avec au moins la personne suivante aujourd'hui:

Épanouissez-vous là où vous vous trouvez.

Partagez l'enthousiasme

« Quiconque donnera à boire à l'un de ces petits rien qu'un verre d'eau fraîche, en tant qu'il est un disciple, en vérité je vous le dis, il ne perdra pas sa récompense. »

(Mt 10:42)

Je tire beaucoup de satisfaction de mon ministère. Mais cela n'est possible que dans la mesure ou je donne de moi-même en tant que pasteur en aidant les gens. J'ai vécu une belle expérience, récemment. J'ai visité, à l'hôpital, un ami âgé de 82 ans qui est membre de mon église depuis dix-huit ans. La soirée était froide et pluvieuse, et je voulais égoïstement rester chez moi, près du feu. Mais mon ami était très malade, alors je me rendis à l'hôpital. En entrant dans sa chambre, j'ai vu ses lèvres qui tremblaient et ses yeux qui se remplissaient de larmes.

«Bonsoir, Bob», murmura-t-il doucement. Nous avons prié et parlé du paradis. Avant de quitter la chambre, j'ai pris ses deux faibles mains et j'ai dit: «Que puis-je faire pour vous?» «Bob, a-t-il répondu, continue simplement à être mon ami. Continue simplement à m'aimer. »

J'ai trouvé de la satisfaction en lui prodiguant mon amour et en recevant le sien en retour. Je savais, en quittant cet hôpital, que j'avais partagé mon enthousiasme et aidé quelqu'un qui approchait de la fin du voyage. J'éprouvais une parfaite estime de moi-même. J'avais aidé quelqu'un qui avait besoin d'aide. À ce moment, j'avais atteint mon sommet: *J'étais un enfant de Dieu.*

Vous pouvez éprouver ce merveilleux sentiment de fierté salvatrice qui est la véritable humilité. Même si cela semble contradictoire, ce genre de satisfaction personnelle est saine lorsqu'elle résulte du sacrifice de soi.

Seigneur, veuillez m'indiquer avec qui Vous désirez que je partage mon enthousiasme aujourd'hui.

Partagez l'enthousiasme

« Qui aura trouvé sa vie la perdra et qui aura perdu sa vie à cause de moi la trouvera. »

(Mt 10:39)

Vous connaissez peut-être l'histoire de Sadhu Sundar Singh, un célèbre converti qui est devenu missionnaire en Inde.

Un jour, Sadhu Sundar Singh et un moine bouddhiste gravissaient ensemble une montagne, en route vers un monastère. Une tempête mettait leur vie en danger, des vents glacés pénétrant leurs minces vêtements. «Nous devons nous hâter car l'obscurité va bientôt tomber, dit le moine. La tempête menace et si elle s'aggrave, nous allons vite mourir gelés. »

Soudain, ils entendirent un cri de détresse. À vingt-cinq pieds devant eux environ se dessinait la silhouette de quelqu'un gisant dans la neige. « Nous devons l'aider », s'exclama Sadhu. « Nous ne pouvons l'aider », dit le moine. Alors le moine poursuivit sa route pendant que son compagnon, le chrétien converti, insistait pour aider son prochain en détresse.

S'il devait mourir, il mourrait en sauvant quelqu'un. La personne dans la neige était un homme à la jambe fracturée; le chrétien se fit donc une corde de sa couverture et traîna le mourant comme une meute de chiens tirant un traîneau. Il aperçut finalement les lumières du monastère. Il était maintenant convaincu de pouvoir y arriver. Soudain, une forme couverte de neige le fit trébucher. Enlevant un peu de neige, il découvrit le corps gelé du moine bouddhiste. La vie de Sadhu avait été épargnée parce qu'il avait sauvé une personne dans le besoin.

Faites aux autres ce que vous voulez qu'ils vous fassent.

Partagez l'enthousiasme

« À qui on aura donné beaucoup il sera beaucoup demandé, et à qui on aura confié beaucoup on réclamera davantage. »
(Lc 12:48)

On entend le tumulte de la grande agitation provenant de la vallée, alors que les penseurs positifs cohérents n'ont pas le temps de parader, de se battre ou de se quereller, étant très occupés à poursuivre leurs rêves et leurs projets excitants. Lorsque nous sommes à ce point occupés à travailler, à réussir et à voir nos rêves se réaliser, nous pouvons facilement oublier de nous adresser aux autres du haut de notre sommet !

Ceux qui réussissent ont une responsabilité de leaders dans le monde. Nous ne pouvons abandonner le leadership aux beaux parleurs qui échouent dans leurs entreprises.

Quel est le coût du succès, le prix des réalisations ? *« À qui on aura donné beaucoup il sera beaucoup demandé. »* Voyez toute la corruption qui existe dans le monde. Quelqu'un doit faire contrepoids à ces idées négatives, et vous devez être cette personne !

Brisez votre silence ! Lorsque vous entendez de fortes voix négatives, arborez un sourire et parlez avec enthousiasme ! Dites-leur la vérité ! Dites-leur qu'ils n'ont qu'une alternative : être négatifs ou être positifs ; s'engager ou échouer. Le seul choix qui comporte de l'espoir, de l'amour et de la paix durables est le contact avec Dieu, votre Créateur. N'a-t-Il pas fait beaucoup pour vous ?

Adressez-vous aux autres du haut de votre sommet !

Partagez l'enthousiasme

Enfin, frères, tout ce qu'il y a de vrai, de noble, de juste, de pur, d'aimable, d'honorable, tout ce qu'il peut y avoir de bon dans la vertu et la louange humaines, voilà ce qui doit vous préoccuper.

(Ph 4:8)

Comment vous adresser aux autres du haut de votre sommet? De manière *positive*. En suggérant une idée ou un rêve qui puisse corriger le problème.

Don Quichotte de la Manche ne voyait que le bien. Il n'était pas inconscient du mal, mais il n'en parlait pas. Il parlait du bien et ignorait le mal. Il persistait à parler du bien, afin que les gens deviennent bons. Car une fois les gens devenus bons, le mal se serait corrigé de lui-même! Il avait une approche positive.

Dans la pièce *L'homme de la Manche*, on accuse Don Quichotte de folie. « Qui est fou? demande Don Quichotte. Suis-je fou parce que je vois le monde tel qu'il pourrait devenir? Ou le monde est-il fou parce qu'il se voit tel qu'il est? »

Celui qui néglige d'aider le reste du monde est un fou. Celui qui ne dépeint que les choses sombres répand la maladie, parce que les gens le croient. Ils se découragent et perdent la force de résister.

La seule personne saine est celle qui pense positivement et qui a une idée salvatrice, parce qu'elle fournit au monde une étoile, un rêve, une idée positive. Elle dit au monde: « Vous êtes beaux! »

Rêvez l'impossible rêve!

Partagez l'enthousiasme

Mais Jésus lui dit: «Quiconque a mis la main à la charrue et regarde en arrière est impropre au Royaume de Dieu.»

(Lc 9:62)

Un de mes bons amis, Ralph Showers, avait été inspiré de construire un ranch pour les handicapés mentaux adultes afin qu'ils puissent avoir des emplois significatifs et qu'ils améliorent ainsi leur estime de soi. Il n'avait pas d'argent, mais il était inspiré! Il avait une conscience. Il ne pouvait oublier l'idée. Aujourd'hui il y a, en Arizona, un ranch pour les handicapés mentaux qui donne beaucoup de bonheur à de nombreux jeunes adultes.

Le vrai courage donne une force intérieure. La Bible utilise le terme *entrailles* pour parler du vrai courage qui existe au plus profond de soi. Les alpinistes en sont pourvus. Ils sont prêts à prendre des risques. Ils savent qu'ils préfèrent mourir en tentant d'accomplir quelque chose plutôt que de se détourner de l'appel de Dieu.

Il y a des millions de gens qui ont vendu leur esprit et leur cœur à toutes sortes de pensées négatives. Ils dénigrent ceux qui ont des rêves. Ils dénigrent ceux qui ont de grands espoirs. Si vous voulez progresser, vous devez avoir le courage d'affronter ce genre de foule. Ne vous laissez pas abattre par ces gens. Continuez simplement et gravissez votre montagne!

Le cœur d'un fonceur répond à un appel. Il est motivé par une grande cause, par la conscience d'être fidèle à cet appel et par le courage de progresser et de partager avec les autres l'enthousiasme que Dieu lui a donné.

Mieux vaut essayer et échouer que de ne jamais essayer.

L'amour est une décision

L'amour exalte

De toute votre inquiétude, déchargez-vous sur lui, car il a soin de vous.

(1 P 5:7)

Si vous vous méprisez, cela prouve que vous ne vous aimez pas et ne vous respectez pas comme vous le devriez. L'AMOUR VÉRITABLE EXALTE! Il vous élève au-dessus et vous transporte au-delà des circonstances.

Je me souviens d'un jour, il y a de cela plusieurs années, où ma fille Sheila avait le moral très bas. Une relation désastreuse lui avait laissé une image profondément négative d'elle-même. Un matin, je lui demandai: «Sheila, qu'est-ce que tu attends vraiment de la vie?» Les larmes aux yeux, elle m'ouvrit son cœur.

«Papa, je crois que tout ce que je veux vraiment est un foyer comme celui dans lequel j'ai grandi.» Elle se tut un moment et j'essuyai doucement les larmes de ses joues. Je pleurais moi aussi. «Tu sais, poursuivit-elle, je me fous d'avoir un mari riche ou célèbre. Tout ce que je désire, c'est un homme qui me traitera comme une *pierre précieuse.*»

Alors que nous pleurions ensemble, j'ai partagé son angoisse et j'ai tenté de la rassurer. «Sheila, lui ai-je dit, c'est un noble rêve. Dieu te trouvera quelqu'un de ce genre.»

Chacun, jeunes et forts ou faibles et vieux, a besoin de quelqu'un qui le traitera comme une pierre précieuse. C'est ce que Dieu fait pour nous. Il nous voit comme des «perles de grande valeur», comme DES PIERRES PRÉCIEUSES!

Les rêves commencent à se réaliser lorsque quelqu'un vous aime!

L'amour exalte

L'amour excuse tout, croit tout, espère tout, supporte tout.
(1 Co 13:7)

La plus grande puissance ou influence d'une vie humaine est la puissance de l'amour. Vous pouvez faire le tour du monde et rencontrer des chrétiens dans tous les pays. Et lorsque vous leur parlez de leur foi, la conversation s'oriente rapidement vers la vie et la personne de Jésus-Christ. Lorsque vous leur demandez ce que Jésus signifie pour eux, vous obtenez bien des réponses différentes parce que les chrétiens ont des concepts différents de Jésus-Christ.

Mais si vous écoutez plus en profondeur, vous concluez qu'ils sont tous d'accord sur un point: *Le Christ est amour!* La qualité essentielle de sa vie est qu'*Il était l'amour incarné!* Et c'est cela qui fait la différence! Ce qui distingue vraiment Jésus-Christ de tous les autres personnages religieux est la qualité de vie mise en évidence dans le mot *amour!*

Il l'a vécu! Il est mort pour l'amour! Et Il est ressuscité pour l'amour! Cette qualité qu'est l'amour fait toute la différence au monde.

Si vous décidez de faire de l'amour le centre de votre vie, vous découvrirez en vous une puissance croissante qui changera tout! Tout comme la sève printanière qui coule à travers les branches apparemment mortes de l'arbre pour presser la dernière feuille morte qui a refusé de tomber pendant les tempêtes hivernales jusqu'à ce que le jeune bourgeon la force à tomber, l'amour que vous ressentez vous fera trouver la satisfaction intérieure qui vous prodiguera la maturité émotionnelle et la sécurité nécessaires pour faire face à vos problèmes et les faire disparaître rapidement.

Le Christ est amour. Que son amour vive en moi!

L'amour exalte

Si donc quelqu'un est dans le Christ, c'est une création nouvelle : l'être ancien a disparu, un être nouveau est là.

(2 Co 5:17)

Nul dessert n'est comparable à un soufflé. Lorsque les ingrédients sont réunis et chauffés à la bonne température, avec la touche appropriée, le dessert délicat se gonfle. Un bon soufflé n'est jamais plat. Il est toujours gonflé. Lorsque vous le voyez, il ressemble à une personne qui s'est pleinement épanouie et dont toutes les possibilités s'élèvent maintenant dans un rayonnement de gloire. *L'amour est le soufflé de la vie !* L'amour donne à la vie son élévation, son merveilleux gonflement !

Il n'y a rien dans la création humaine comme un chrétien qui possède la chaleur édifiante de l'amour de Jésus-Christ. L'amour édifie quelque chose en vous et fait ressortir vos possibilités, vos possibilités cachées ! Rien n'est comparable à Jésus-Christ lorsqu'Il vient à vous et pénètre dans votre vie.

Mais les soufflés ne sont pas le fruit du hasard. Ils sont planifiés. L'amour n'est pas un hasard, mais un choix. *Vous ne tombez pas dans l'amour, vous êtes appelé à l'amour.* Lorsque nous disons «Dieu vous aime», ce n'est pas un hasard, mais une promesse. Pensez-y. Si l'amour n'est pas un choix, il n'a pas de sens. L'amour n'a pas de sens si l'on n'a pas la liberté d'aimer ou de ne pas aimer.

L'amour est le soufflé de la vie !

L'amour exalte

Et ceux qu'il a prédestinés, il les a aussi appelés; ceux qu'il a appelés, il les a aussi justifiés; ceux qu'il a justifiés, il les a aussi glorifiés.

(Rm 8:30)

Tant de vies sont vides et sans amour. J'ai conseillé bien des gens qui avaient ce problème et je leur ai dit: «Mais votre père vous aime et votre mère vous aime!» Et ils répondaient: «Mes parents n'avaient d'autre choix que de m'aimer. J'étais leur enfant.»

Lorsque vous rencontrez quelqu'un qui n'a pas de lien de parenté avec vous et qu'il vous voit et vous traite comme une belle pierre, précieuse et unique, vous réalisez soudain: «*J'ai été choisi pour être aimé!*» Ce n'est pas une chance, mais un choix! Et quelque chose se produit alors au plus profond de votre être. Cette expérience de l'amour commence à provoquer l'épanouissement de la vie.

Plusieurs d'entre vous vont connaître une expérience avec Dieu à travers Jésus-Christ, expérience qu'ils n'ont jamais connue auparavant. Vous commencerez à sentir que votre vie se transforme; vous ressentirez une exaltation, une édification, une chaleur, un épanouissement!

Dieu veut vous révéler que vous êtes beau. Il vous traitera tel que vous êtes: un être humain unique, sans pareil, différent de tous ceux qui ont vécu avant vous. C'est pourquoi Jésus est venu. Dieu vous a créé et le Christ est mort pour vous sur une croix. Cela signifie que son amour pour vous n'est pas le fruit du hasard. C'est un choix! Ce n'est pas de l'amour à moins que vous n'ayez la liberté de choisir de ne pas aimer.

> *J'ai été choisi pour être aimé!*

L'amour exalte

Cet Esprit Saint qui constitue les arrhes de notre héritage et prépare la rédemption du peuple que Dieu s'est acquis, pour la louange de sa gloire.

(Ep 1:14)

Permettez-moi de vous raconter mon histoire favorite du petit garçon qui avait construit un voilier. Il l'emmena à un lac et le déposa sur l'eau, espérant qu'il voguerait. Bien sûr, une petite brise gonfla la voile et le bateau se mit à voguer sur les vagues. Mais soudain, avant que le petit garçon n'ait le temps de réagir, le bateau était hors de sa portée, malgré sa diligence et ses efforts pour s'en emparer.

Un peu plus tard, le petit garçon était en ville et il passa devant la boutique d'un brocanteur. Dans la vitrine, il aperçut son bateau. Alors il entra et dit au propriétaire: «C'est mon bateau. Je l'ai fabriqué. Regardez.» Et il lui montra les petites égratignures et les marques laissées par le marteau et la lime. L'homme lui dit: «Désolé, petit. Si tu le veux, tu dois l'acheter.» Le pauvre petit garçon n'avait pas d'argent, mais il travailla dur et économisa. Un jour enfin, il eut assez d'argent. Il entra et acheta le petit bateau. En quittant la boutique, tenant fermement le bateau, on l'entendit dire: «Tu es mon bateau. Tu as été deux fois mon bateau. Premièrement, tu es mon bateau parce que je t'ai fabriqué. Et tu es aussi mon bateau parce que je t'ai acheté!»

C'est le sentiment que Dieu a pour vous! Vous êtes à Lui... Deux fois. Premièrement, vous êtes l'enfant de Dieu parce qu'Il vous a créé. Et deuxièmement, vous êtes son enfant parce qu'Il vous a racheté... sur la croix!

Dieu m'a créé, Dieu m'a racheté: Je Lui appartiens!

L'amour exalte

Et nous savons qu'avec ceux qui l'aiment, Dieu collabore en tout pour leur bien, avec ceux qu'il a appelés selon son dessein.
(Rm 8:28)

Pendant les mois d'été, je prends toujours le temps de voyager, d'étudier et de donner des conférences à l'étranger. Une certaine année, en juillet, madame Schuller et moi nous adressions à des milliers de pasteurs coréens lorsque nous avons reçu un appel nous avisant que notre fille de treize ans, Carol, avait été victime d'un grave accident de motocyclette à Sioux City, en Iowa. Nous devions éventuellement passer neuf semaines à l'hôpital avec Carol Lynn.

L'une des choses que notre famille a découvertes, c'est l'amour que les gens ont pour nous. L'amour de Dieu s'est matérialisé à travers les cartes, les lettres, les présents, les fleurs et les autres merveilleuses expressions de sympathie. Madame Schuller et moi nous assoyions à tout de rôle près du lit de Carol et lisions le courrier à toute heure du jour ou de la nuit.

Ce qui a le plus impressionné les infirmières, ce n'était pas les cartes, les photos et les cadeaux de gens célèbres. Même le président Jimmy Carter lui a envoyé un télégramme de deux pages. Mais la plus grande surprise a été un appel téléphonique où une voix râpeuse a dit : « Je veux parler à Carol Schuller. » Il était évident qu'il s'agissait de la voix de John Wayne. Sur une photo dédicacée à Carol, il a écrit : « Chère Carol, sois heureuse, tu es aimée ! »

L'amour est le sentiment le plus heureux du monde ! Même votre plus grande tristesse peut se transformer en joie si elle comporte de l'amour.

> *Soyez heureux, vous êtes aimé !*

L'amour exalte

Oui, j'en ai l'assurance, ni mort ni vie, ni anges ni principautés, ni présent ni avenir, ni puissances, ni hauteur ni profondeur, ni aucune autre créature ne pourra nous séparer de l'amour de Dieu manifesté dans le Christ Jésus notre Seigneur.

(Rm 8:38,39)

Que recherchez-vous vraiment? La richesse? La célébrité? La puissance? Le savez-vous vraiment? Eh bien! je crois que je le sais. Chacun, au plus profond de lui-même, désire être heureux. *Vous désirez le bonheur!* Mais comment l'obtenir? *En mettant l'amour au centre de votre vie. Vous serez heureux si vous êtes entouré d'amour.*

Comment pouvez-vous obtenir ce genre d'amour en vous et autour de vous? Y parviendrez-vous si vous continuez à vivre comme vous vivez maintenant? Êtes-vous vraiment dans la bonne direction? Vivez-vous de la bonne façon?

Vous pouvez obtenir le genre d'amour, en vous et autour de vous, qui vous rendra heureux dans la tristesse. Vous pouvez trouver l'amour qui vous rendra heureux même dans la peine. Vous pouvez trouver cet amour en étant en contact direct avec Jésus. Vous avez besoin d'un cordon ombilical spirituel reliant votre âme immortelle à Jésus qui est vivant en cet instant même. Il pénétrera dans votre vie si vous le Lui permettez. Nul n'est trop petit pour son amour. Vous en êtes entouré dès maintenant. Vous pouvez le ressentir. Prenez-le en vous, acceptez-le. Ce sera le geste le plus précieux que vous aurez jamais posé.

> *Seigneur, par la foi je vous accepte dans ma vie et j'accepte l'amour que vous me réservez.*

L'amour libère

Vous en effet, mes frères, vous avez été appelés à la liberté;
seulement, que cette liberté ne se tourne pas en prétexte pour la
chair; mais par la charité mettez-vous au service les uns des
autres.

(Ga 5:13)

Lorsque le véritable amour exalte, une autre chose se produit naturellement: L'AMOUR LIBÈRE.

Nul n'est plus prisonnier que celui qui est captif de l'image négative qu'il a de lui-même. Lorsque vous élevez quelqu'un au-dessus de son image négative, vous libérez sa pensée et son esprit. Bien des gens dépourvus d'estime de soi n'osent pas aimer. Ils craignent que s'ils connaissent l'amour véritable, ils perdront le contrôle de ceux qui sont à la source de leurs émotions, alors ils s'accrochent trop.

L'un de mes plus merveilleux souvenirs d'enfant sur notre ferme de l'Iowa, c'est celui des jours de printemps où nous recevions nos petits poussins. J'avais coutume de prendre ces petites bêtes douces et hirsutes, fraîchement sorties de leur coquille, et de frotter leur fourrure soyeuse contre ma joue. Parfois je les serrais trop fort parce que je les aimais tant que je craignais qu'ils s'en aillent. «Ne les serre pas si fort», me disait mon père. «Mais je les aime tellement», protestais-je. «Si tu les aimes à ce point, disait-il, tu dois les laisser tranquilles.»

Relâchez votre emprise et faites confiance à Dieu!

L'amour libère

Car celui qui est mort est affranchi du péché.

(Rm 6:7)

Depuis près de deux mille ans, la croix a été le symbole de la religion chrétienne. Bien des gens ne comprennent pas sa signification. Ils disent que c'est une chose déprimante. Mais la croix est un symbole de liberté. Elle nous rappelle que Dieu nous a tellement aimés qu'Il est mort pour nous pardonner et nous sauver.

L'amour de Dieu n'est pas manipulateur, mais libérateur.

Dans les jungles thaïlandaises, quand les chasseurs capturent un éléphant, ils lui mettent une longue chaîne au pied. L'autre bout de la chaîne est fixé à un énorme figuier banian. Le gros éléphant tire de toutes ses forces, mais n'arrive pas à ébranler l'arbre. Finalement, après des jours, des semaines, l'éléphant se soumet à la chaîne.

À ce moment, on emmène l'éléphant et on l'enchaîne à un petit piquet de fer à côté d'une tente de cirque. L'éléphant ne tente pas de fuir parce qu'il croit toujours être enchaîné à un figuier banian. Il ne réalise jamais avec quelle facilité il pourrait reprendre sa liberté.

L'amour de Dieu vous révèle que vous n'êtes pas enchaîné à un figuier banian! Votre problème n'est pas insurmontable! Votre problème n'est pas un figuier banian, mais un simple piquet. Par quel problème vous êtes-vous laissé piéger?

L'amour véritable vous donne la liberté de donner, la liberté d'être ce que Dieu veut que vous soyez!

L'amour libère

Il n'y a pas de crainte dans l'amour; au contraire, le parfait amour bannit la crainte.

(1 Jn 4:18)

Oui, le parfait amour bannit la crainte. Et la plupart de nos craintes résultent des imperfections de notre amour.

L'amour possessif génère l'anxiété et la crainte. Cet amour dit: « J'aime celui-ci ou celle-là, ou j'aime mes enfants parce qu'ils me procurent de la force émotionnelle. » L'amour possessif peut être très destructeur. L'une de ses conséquences est la jalousie, alors que le véritable amour cherche à libérer le potentiel et les possibilités que quelqu'un recèle, et non à le posséder.

Cela me rappelle une femme maintenant décédée. Elle m'a aimé comme un fils adoptif après que son fils unique eût été tué à la guerre. Je l'aimais beaucoup, mais elle exigeait que je partage tout mon temps avec elle, avec elle seule. Son amour était très possessif. Elle aimait son fils et son mari de la même manière. Lorsque son fils se fiança avec une belle jeune fille, elle les obligea à se séparer. Cette mère possessive causa la ruine du mariage de son fils.

L'amour possessif est la mère de la jalousie, et la jalousie est une forme de crainte! C'est la réaction émotive d'une personne qui se sent menacée. C'est un amour imparfait, et l'on peut voir le genre de craintes qui sont générées par un tel amour possessif.

Priez Dieu dès maintenant afin qu'Il vous révèle si vous aimez quelqu'un de manière trop possessive. Et demandez-Lui la force de changer votre amour imparfait pour son amour parfait.

Je n'aurai pas peur, Seigneur. J'ai confiance en votre amour.

L'amour libère

L'amour ne fait rien d'inconvenant, ne cherche pas son intérêt, ne s'irrite pas, ne tient pas compte du mal.

(1 Co 13:5)

L'amour qui exploite est une autre forme d'amour imparfait. Il génère une variété de craintes de divers types. On le rencontre chez le professionnel qui aime un client parce qu'il représente un compte très important.

Le docteur William Havender, un éminent ophtalmologiste, a déjà donné l'exemple suivant à un groupe de finissants en médecine:

«Trois maçons, selon leurs différents points de vue, percevaient leur métier de différentes manières. L'un d'eux considérait que son travail consistait à transporter des pierres; pour un autre, il consistait à ériger un mur; pour le troisième, il consistait à ériger des cathédrales pour la gloire de Dieu. En tant que médecins, vous pouvez avoir la même attitude. Si vous vous voyez transportant des pierres, vous considérerez vos patients comme des individus plaignards, indigents, des vauriens maladifs et de pauvres légumes. La seconde attitude vous fera voir votre travail comme un futile rapiéçage de corps usés. Mais si vous croyez qu'il y a un Dieu et que chaque être humain est l'une de ses créatures uniques et particulières, vous verrez en chaque personne une cathédrale.»

Quel genre d'amour prodiguez-vous à ceux qui vous entourent, aujourd'hui? Est-ce un amour qui exploite? Si tel est le cas, avec l'aide de Dieu, commencez à y apporter des changements. Apprenez la joie de l'amour parfait.

Je crée une cathédrale à la gloire de Dieu.

L'amour libère

Car c'est bien par la grâce que vous êtes sauvés, moyennant la foi. Ce salut ne vient pas de vous, il est un don de Dieu.

(Ep 2:8)

La troisième forme d'amour imparfait est *l'amour qui juge ou qui pose des conditions.* Cette forme d'amour dit : « Je vous aimerai *si* vous menez une bonne vie. Je vous aimerai *si* vous obéissez à tous les commandements. Je vous aimerai *si* vous êtes d'accord avec ma théologie ou mes politiques. » De nombreux enfants grandissent en apprenant à aimer en jugeant les autres. Ils apprennent que maman et papa ne les aiment que s'ils sont gentils. Le Christ ne dit pas : « Je vous aimerai si... » Jésus-Christ dit : « Je vous aime ! » Point.

Bien des gens ne peuvent accepter cela parce que, très profondément dans leur esprit, et cela leur vient de leur enfance, ils ne peuvent croire à l'amour qui ne juge pas. Ils n'acceptent que ce genre d'amour. Ils croient que Dieu ne les aimera pas vraiment s'ils ne vivent pas une vie pure et sans péché. Ils disent : « Lorsque je suis bon, Dieu m'aime. Lorsque je pèche, Il ne m'aime pas. » Et cela provoque toutes sortes de craintes.

L'amour imparfait porte des jugements ; l'amour parfait ne juge pas. L'amour parfait cherche à libérer le potentiel inhérent à l'individu et à lui donner la liberté d'être lui-même !

Je suis libre d'être moi-même !

L'amour libère

C'est pour que nous restions libres que le Christ nous a libérés.
(Ga 5:1)

L'amour imparfait peut aussi être *manipulateur*. J'ai un jour conseillé une jeune fille qui vivait une aventure amoureuse avec un jeune homme. Ils se fréquentaient depuis des mois, mais il la dénigrait constamment afin de se valoriser. Finalement, elle comprit ce qui se passait. Il prétendait l'aimer, uniquement parce qu'elle flattait son ego.

Il avait quelqu'un avec qui parader, comme une chose ou un jouet, mais pas comme une véritable personne. Il faisait preuve de ce que j'appelle l'amour destructeur ou manipulateur. Et cela détruisait le potentiel de la jeune fille.

De nombreuses personnes craintives de notre époque ont été, au cours de leur enfance, victimes de l'amour manipulateur. Mais le parfait amour de Dieu nous libère de cela. Premièrement, il nous élève au-dessus de la culpabilité qui pourrait nous donner une image négative de soi, ce qui nous ferait perdre toute assurance et nous rendrait malheureusement totalement inefficaces.

PUIS IL VOUS DONNE LA LIBERTÉ DE DEVENIR CE QUE VOUS DEVEZ ÊTRE.

Je suis libre !

L'amour libère

Et suivez la voie de l'amour, à l'exemple du Christ qui vous a aimés et s'est livré pour nous, s'offrant à Dieu en sacrifice d'agréable odeur.

(Ep 5:2)

Où pouvons-nous obtenir ce genre d'amour parfait et libérateur? Nous l'obtenons de Celui qui est idéal.

Feu Ozzie Nelson racontait cette histoire à propos de son fils Ricky:

«Ricky n'était qu'un tout petit garçon lorsque son ami Walter vint passer la fin de semaine avec lui. Je terminai mon travail un peu plus tôt afin de jouer avec eux. Je sortis dans la cour et je me mis à leur lancer un ballon de football. Je m'en tirais assez bien, et Ricky dit: 'Hé! papa, tu es fantastique!' Et Walter de s'exclamer: 'Monsieur Nelson, vous avez un bon bras, mais vous n'êtes pas aussi bon que mon père.' Au moment du repas, je coupai le rôti en tranches minces et égales. Walter me dit d'une voix enthousiaste: 'Vous coupez le rôti adroitement, monsieur Nelson, mais vous devriez voir mon père le faire!'

«Eh bien! j'avais hâte que la mère de Walter vienne le chercher afin d'en savoir plus sur son champion de père! À son arrivée, je lui dis: 'Bonjour! J'aimerais bien faire la connaissance de votre mari. Ce doit être quelqu'un!' 'Oh! dit-elle, Walter a-t-il encore parlé de son père? Vous savez, Walter n'avait que trois ans lorsque son père a été tué.'»

Ce petit garçon avait un idéal qui vivait en lui. L'image de son père lui donnait du courage.

Mon idéal est mort avant ma naissance... sur le Calvaire! Il s'appelle Jésus! C'est là que je puise mon amour.

J'ai décidé de suivre Jésus.

L'amour motive

« Je connais ta conduite; ton amour, ta foi, ton dévouement,
ta constance; tes œuvres vont sans cesse se multipliant. »
(Ap 2:19)

Lorsque quelqu'un se préoccupe vraiment de votre bien-être, vous aide et vous libère, alors vous avez une motivation suffisante pour croire que vous pouvez faire quelque chose de merveilleux! Comme George Kennedy, le célèbre comédien, l'a dit: « Vous osez croire que vous pouvez donner en retour. » Une de mes grandes amies, Mary Crowley, disait récemment: « Dieu ne vous dénigre jamais; mais Il ne vous laisse jamais dans l'erreur. » Il vous libère pour que vous accomplissiez son œuvre. Il vous motive pour que vous puissiez apporter votre contribution.

Lorsque Jésus-Christ nous libère de la culpabilité en nous sauvant, nous nous mettons à croire qu'avec Dieu à nos côtés, nous pouvons gagner dans la vie. Une fois libéré des péchés qui vous nuisent, vous piègent et vous oppressent, vous pouvez vraiment avancer. Vous n'avez pas à ne compter que sur vos forces. Lorsque vous glissez, défaillez et tombez, il y a quelqu'un qui vous aime vraiment et Il veut vous aider. Il vous relèvera et vous libérera pour que vous deveniez tout ce que vous pouvez devenir.

Chacun a besoin de quelqu'un qui se préoccupe de son bien-être. Lorsque vous recevez Jésus-Christ, Il vous traite comme une pierre précieuse. Son amour vous motive.

Quelle œuvre accomplirez-vous avec Lui comme ami aujourd'hui?

Vous êtes sauvé pour servir les autres.

L'amour motive

Et au matin vous verrez la gloire de Yahvé. Car il a entendu vos murmures contre Yahvé.

(Ex 16:7)

Premièrement, *l'amour nous donne le courage de pardonner.* Vous n'aimerez pas longtemps si vous ne pouvez pardonner rapidement. Cela inclut notre amour pour Dieu. Pardonner à Dieu? Oui. Il y a des gens de nos jours qui sont athées parce qu'au plus profond d'eux-mêmes ils sont vraiment en colère contre Dieu.

Peut-être enfants ont-ils crié sans obtenir ce qu'ils attendaient à Dieu et qu'ils sont alors devenus très colériques à son endroit. Ou peut-être ont-ils vécu une crise sur le plan des relations personnelles et ont-ils crié vers Dieu, lui demandant quelque chose; mais Dieu semblait garder le silence. Ils ne sont jamais vraiment parvenus au point où ils étaient prêts à pardonner à Dieu et à recommencer.

Lorsque vous pardonnez, vous ne dites pas que l'autre a mal agi. Le pardon signifie que vous êtes capable *d'accepter* ce qui vous arrive. Il est facile de pardonner à quelqu'un qui est coupable et se repent, mais il n'est pas facile d'accepter certaines choses que la vie vous impose. Ce genre de pardon demande du courage. Fortifiez votre courage dans le pardon ainsi que votre amour pour Dieu en récitant cette prière:

Mon Dieu, je confesse que je Vous ai blâmé pour ce qui m'est arrivé et que je ne l'ai pas accepté. Je Vous pardonne dès maintenant pour avoir————————————————.

Je recherche l'acceptation dans la joie.

L'amour motive

Montrez-vous au contraire bons et compatissants les uns pour les autres, vous pardonnant mutuellement, comme Dieu vous a pardonnés dans le Christ.

(Ep 4:32)

Certains d'entre vous conservent peut-être du ressentiment contre un mari, une épouse, un enfant, un professeur ou peut-être un employeur. Vous n'osez simplement pas pardonner. Cela est en partie dû au fait qu'en pardonnant cette personne, vous devriez ravaler votre fierté. Seuls les braves osent être humbles! Il faut du courage pour aimer. Il faut du courage pour pardonner, parce que vous risquez d'être rejeté, ridiculisé et méprisé par ceux dont la justice est trop lourde et le pardon trop léger. Mais l'amour donne du courage!

Seigneur, veuillez me donner le courage d'être humble. Aidez-moi à ne pas craindre d'être rejeté et ridicule, mais à pardonner sincèrement à ces personnes:

_____   _____

_____   _____

_____

Aidez-moi, Seigneur, à me détendre!

Merci mon Dieu, de me donner le courage de pardonner.

L'amour motive

« Au contraire, que le plus grand parmi vous se comporte comme le plus jeune, et celui qui gouverne comme celui qui sert. »

(Lc 22:26)

Deuxièmement, *l'amour nous pousse à servir*. Le monde d'aujourd'hui présente l'autoritarisme comme étant la clé du bonheur. La personne autoritaire dit: « Je serai la meilleure. Personne ne fera de moi un paillasson. Je vais m'assurer d'obtenir le mérite qui m'est dû. Ne me traitez pas d'égoïste. J'ai simplement une image positive de moi-même. »

L'autoritarisme peut être très constructif, s'il est sous le contrôle de Jésus-Christ. Bien sûr, il y a des gens qui sont si timides, si discrets, si honteux qu'ils gagneraient à être un peu plus autoritaires. Et il est vrai que certains d'entre vous doivent apprendre à dire non sans se sentir coupables.

Cependant, l'autoritarisme sans l'humilité de Jésus-Christ est la chose la plus dangereuse au monde. Vous serez perçu comme une brute prétentieuse, intéressée et égoïste. Vous n'arriverez qu'à vous créer des problèmes et des malheurs.

La beauté de la possession de l'amour de Dieu est qu'il nous pousse à servir les autres et non pas nous-mêmes. Jésus a dit: « Celui qui est le plus petit parmi vous tous, c'est celui-là qui est grand. » (Lc 9:48) Il n'y a pas de plus grand bonheur que celui de servir ceux qui vous entourent.

Avec l'amour de Dieu, je regarde vers l'extérieur et non vers l'intérieur!

L'amour motive

Quiconque ne porte pas sa croix et ne vient pas derrière moi ne peut être mon disciple. »

(Lc 14:27)

Troisièmement, *l'amour nous pousse à vivre une vie de sacrifices.* Comment pouvons-nous nous conduire de façon à inspirer ceux qui nous entourent?

C'est simple: Prenez le numéro 1 que vous croyez être, ajoutez-y une barre transversale et transformez le 1 en une croix. Saint Paul a dit: «Et ce n'est plus moi qui vis, mais le Christ qui vit en moi. » (Ga 2:20) Ce qui est une façon de dire qu'il a commis un suicide sanctifié. Jésus a dit: «Si le grain de blé tombé en terre ne meurt pas, il demeure seul. » (Jn 12:24) Cela n'est pas le fait de l'autoritarisme ou de l'autodestruction, mais d'un esprit de sacrifice!

Répétez cette prière: Seigneur, je me consacre à aimer et à secourir ceux qui ont besoin de moi afin qu'en aidant les autres, je m'oublie.

Maintenant, faites cet exercice:

Je vais vivre une vie d'amour, aujourd'hui.

Écrivez maintenant le chiffre «1», ajoutez-y une barre transversale et laissez la croix symboliser Celui qui vit vraiment à travers vous!

Ce n'est plus moi qui vis, mais le Christ qui vit en moi.

L'amour motive

Je vous exhorte donc, frères, par la miséricorde de Dieu, à offrir vos personnes en hostie vivante, sainte, agréable à Dieu: c'est là le culte spirituel que vous avez à rendre.

(Rm 12:1)

Nombreux sont ceux qui admettent que le christianisme est une bonne manière de vivre, une bonne philosophie, un système de morale fondamentalement sain, et d'une culture assez raffinée. On l'admet, mais on ne le comprend pas.

Voulez-vous comprendre? Voici ce qu'il en est: Je dis à Jésus-Christ que «Je suis prêt à me sacrifier, à sacrifier ma fierté, mon honneur, mon nom. Et je veux que vous viviez en moi et par moi. Je mourrai, Jésus, afin que Vous puissiez vivre en moi et par moi. Je mourrai, Jésus, afin que Vous puissiez vivre dans ce cerveau, me dictant mes pensées; dans ce visage, souriant aux gens; dans ce coeur, aimant ceux qui sont seuls; et je ne m'attendrai jamais à aucune récompense.»

C'est là la compréhension du christianisme et c'est là sa puissance! Vous pouvez posséder cette puissance. C'est la puissance qui résulte de la force de l'amour... Votre amour pour Dieu! C'est la puissance qui vous est donnée lorsque vous sacrifiez tout au Christ. Car ce n'est qu'ainsi qu'Il peut vraiment vivre à travers vous!

L'ennui avec un sacrifice vivant est qu'il a tendance à fuir l'autel. Seigneur, gardez-moi sur l'autel grâce à vos liens d'amour.

L'amour motive

Sur l'amour fraternel, vous n'avez pas besoin qu'on vous écrive, car vous avez personnellement appris de Dieu à vous aimer les uns les autres, et vous le faites bien envers tous les frères de la Macédoine entière. Mais nous vous engageons, frères, à faire encore des progrès.

(1 Th 4:10)

J'ai lu une histoire, il y a plusieurs années, dans un livre intitulé *Try Giving Yourself Away*. Une jeune fille de quinze ans environ était assise dans un coin de la salle d'une gare. Une mère entra, les bras chargés de bagages et traînant deux enfants turbulents, et elle s'assit près de la jeune fille. La femme n'était pas aussitôt assise que la jeune fille courut à elle et lui dit: «Puis-je m'occuper de vos deux enfants pendant que vous irez chercher quelque chose à manger?» Étonnée, la mère répondit: «Oh! je vous remercie! Ce serait merveilleux.»

Un peu plus tard, la mère était de retour, l'air détendu et reposé. «Merci infiniment», dit-elle. Et la jeune fille lui demanda d'une voix enthousiaste: «Est-ce que vous prenez le prochain train?» «Oui, répondit l'autre, aussitôt que j'aurai rassemblé mes choses.» «Laissez-moi vous aider», dit la jeune fille. Et elle rassembla tous les bagages de la femme et se dirigea vers le train. Puis elle retourna s'asseoir dans la salle de la gare.

Elle était assise depuis à peine dix minutes lorsqu'elle apperçut une autre femme accompagnée d'enfants. À nouveau, cette jeune fille alla offrir son aide. Elle continua ce manège une journée entière, allant d'une mère à l'autre. Elle connaissait la joie de l'amour qui motive!

L'amour fait tourner le monde!

L'amour est un engagement

Enfin, frères, nous vous le demandons et vous engageons dans le Seigneur Jésus: vous avez reçu notre enseignement sur la manière de vivre qui plaît à Dieu, et déjà c'est ainsi que vous vivez; faites-y des progrès encore. Vous savez bien quelles prescriptions nous vous avons données de par le Seigneur Jésus.

(1 Th 4:1)

Le parfait amour est prêt à s'engager. L'amour imparfait ne prend pas de risques: Il n'est pas prêt à accepter d'engagement durable et permanent. Il y a beaucoup de ce genre d'amour de nos jours.

Il y a beaucoup de gens de nos jours qui disent avoir une relation amoureuse et qui vivent en concubinage. Mais ils ne sont pas prêts à se marier. Cela correspond à vivre sans s'engager. C'est l'amour imparfait.

Le parfait amour cherche à s'engager, pour le meilleur, pour le pire, pour la richesse, la pauvreté, la maladie ou la santé. Pour aimer l'autre lorsqu'il aura la peau ferme et belle et lorsqu'elle sera vieille et ridée.

L'amour sans engagement est un amour à rabais, peu coûteux. Le parfait amour exige toujours des engagements coûteux, toujours.

Je m'engage!

L'amour est un engagement

Voici qu'à présent Il vous a réconciliés dans son corps de chair, le livrant à la mort, pour vous faire paraître devant Lui saints, sans tache et sans reproche.

(Col 1:22)

L'engagement est la clé et c'est pourquoi la croix de Jésus-Christ est si importante. C'est l'engagement de Dieu de vous aimer pour le meilleur, pour le pire, la richesse, la pauvreté, dans la maladie et la santé, jusqu'à ce que la mort vous mène devant Lui.

Dieu vous donne le parfait amour! Le parfait amour n'est pas possessif. Le parfait amour ne juge pas et ne manipule pas. Le parfait amour encourage. *Le parfait amour s'engage*, et l'engagement en est le prix à payer.

L'une des raisons aux problèmes que connaît notre société est qu'il n'y a pas assez de gens qui comprennent que *le parfait amour suppose un engagement inconditionnel envers la continuité: «Je vous aimerai toujours. Je suis prêt à en payer le prix.»* C'est pourquoi la croix de Jésus-Christ n'est pas un symbole négatif, mais un symbole positif de notre foi. La croix est le parfait amour!

Je vous invite à rencontrer le Christ. Le Christ qui S'engage à nous aimer aujourd'hui, demain et à jamais, jusqu'à ce que nous nous présentions devant Lui. Lorsque vous avez ce genre d'amour, que pouvez-vous craindre?

La croix est le parfait amour!

L'amour est un engagement

Car la grâce de Dieu, source de salut pour tous les hommes, s'est manifestée, nous enseignant à renoncer à l'impiété et aux convoitises de ce monde, pour vivre en ce siècle présent dans la réserve, la justice et la piété.

(Tt 2:11-12)

Il faut beaucoup de courage pour aimer, car lorsque vous aimez vraiment quelqu'un, vous vous impliquez émotionnellement et cela signifie que vous avez fait un choix! *Vous vous êtes engagé émotionnellement.* Vous êtes maintenant engagé et vous risquez d'être rejeté.

Souvent les gens me demandent: «Docteur Schuller, pourquoi n'y a-t-il pas plus d'amour dans le monde?» Et je réponds immédiatement: «Vous ne posez pas la bonne question. Vous devez plutôt vous demander pourquoi il n'y a pas plus de gens qui osent aimer.» Il faut du courage pour aimer, car lorsque vous aimez, vous vous impliquez! Vous risquez d'être entraîné et, avant que vous ne vous en rendiez compte, vous vous êtes profondément engagé!

Il y a beaucoup de gens, de nos jours, qui ont peur du mariage. Ils donnent plusieurs raisons pour vivre à deux. Mais, plus profondément, ils ont peur du mariage parce qu'ils craignent de s'engager à continuer. *Il faut du courage pour aimer!* Ultimement, l'amour conduit à un engagement envers la continuité.

Jésus-Christ S'est engagé en ce sens. Son amour n'a pas de fin.

Je vais oser aimer!

L'amour est un engagement

Le Christ ayant donc souffert dans la chair, vous aussi armez-vous de cette même pensée, à savoir: celui qui a souffert dans la chair a rompu avec le péché.

(1 P 4:1)

Les gens l'ont répété pendant des années et je le dis aujourd'hui: Hubert Humphrey était très courageux! Les gens qui combattent une maladie en phase terminale et qui persistent à lutter bravement ont du courage! J'ai toujours admiré leur persévérance. J'ai toujours admiré leur foi. Mais je disais: «Pourquoi parler de courage? Qu'y a-t-il de si courageux en cela? La persévérance peut-être, ou l'endurance, bien sûr. Mais le courage? Pourquoi parler de courage lorsque quelqu'un lutte contre le cancer?»

Il s'agit de courage, parce que celui qui lutte bravement contre une maladie en phase terminale s'engage! Il ne peut y avoir de courage s'il n'y a pas de choix. Celui qui lutte contre une maladie en phase terminale choisit entre deux choses l'une: La première est de prendre des somnifères pour alors s'éteindre rapidement. L'autre consiste à tenir bon de façon aussi brave et optimiste que possible jusqu'à ce que Dieu arrête les battements du coeur. Devant une alternative, vous choisissez la solution dont le prix est élevé mais dont les récompenses, en termes d'inspiration pour votre entourage, sont élevées. Le courage, c'est cela! C'est aimer au point de s'engager!

Fixez votre objectif et payez-en le prix!

L'amour est un engagement

Quoique vivants en effet, nous sommes continuellement livrés à la mort à cause de Jésus, pour que la vie de Jésus soit, elle aussi, manifestée dans notre chair mortelle.

(2 Co 4:11)

Je n'ai jamais rencontré Charlotte Valente, mais j'ai lu à son sujet une histoire racontée par un travailleur hospitalier.

À l'âge de six ans seulement, elle avait déjà été hospitalisée plus de 85 fois. Elle avait une maladie rare qui rendait ses os très fragiles. À l'âge de dix ans, elle avait déjà subi plus de 200 fractures, mais elle était une merveilleuse petite fille, toujours souriante et très positive.

Charlotte ne pouvait marcher parce qu'à l'âge de la puberté, la maladie avait affecté à jamais son développement normal. Son poids ne dépasserait probablement jamais 23 kilos.

Charlotte termina avec succès son cours secondaire. Puis elle choisit une université munie d'accès pour les handicapés. On l'accepta et elle obtint, quatre ans plus tard, son diplôme avec grande distinction! Mais Charlotte ne s'arrêta pas là! Elle fit des études de droit et réussit l'examen du barreau! Avec un poids de 23 kilos! Voilà du courage!

Le courage fait partie de l'amour! C'est l'autre côté de la médaille. Celui qui aime suffisamment la vie pour vouloir vivre chaque minute sans se préoccuper du coût! Celui qui aime tellement la vie qu'il luttera chaque jour malgré la douleur de la chimiothérapie et de la radiation. Celui qui aime Dieu suffisamment pour croire qu'Il ne l'abandonnera jamais!

> *Grâce au Christ, je peux avoir le courage... qui accompagne l'amour!*

L'amour est un engagement

Le voici maintenant le temps favorable, le voici maintenant le jour du salut.

(2 Co 6:2)

J'ai de bonnes nouvelles pour vous! Plusieurs d'entre vous n'ont peut-être pas une vie heureuse. Certains d'entre vous sont nés dans une piètre situation familiale ou ont contracté un mauvais mariage. Vous avez l'impression que l'on vous a manipulé, que l'on vous a trompé, et vous êtes très malheureux. Maintenant vous pensez que la vie est difficile et cruelle. Écoutez!

Lorsque j'étais petit garçon, ma mère m'a enseigné le piano. Le moment du récital venu, ma mère me fit répéter la fin de la pièce musicale jusqu'à ce qu'elle soit parfaite. Elle disait: «Écoute, Bob, tu peux commettre une erreur au début ou au milieu de la pièce. Les gens l'oublieront si la fin est très réussie!»

Faites en sorte que la fin soit réussie! Je ne sais pas quelle sorte d'enfance vous avez eue. Je ne sais pas quelle sorte de vie vous avez eue. Mais je sais où vous êtes maintenant! Et là où vous êtes maintenant, Jésus est présent. Acceptez-Le dans votre vie et la fin sera très réussie!

> *L'amour est une décision! Vous pouvez décider dès maintenant!*

L'amour est un engagement

Petits enfants, n'aimons ni de mots ni de langue, mais en actes de vérité.

(1 Jn 3:18)

Le coeur entier du christianisme est une valve appelée amour. Et vous ouvrez la valve par une décision. L'amour est une décision! Et il requiert un engagement! C'est ce qu'enseigne le christianisme.

«Oubliez-vous, prenez une croix et suivez Jésus!» Recherchez ceux qui souffrent et essayez de les aider. C'est ce qui nous pousse à exercer un ministère! Je vous regarde et je demande: «Quel est votre problème? Comment puis-je vous aider?»

Le christianisme, c'est l'acceptation du Christ dans mon coeur, dans mon esprit, dans ma vie et à travers mon être, atteignant ceux qui ont besoin de mon amour.

Demandez aujourd'hui à Dieu de vous montrer comment vous pouvez aider ceux que vous côtoyez chaque jour. Notez ce qu'Il vous dit et engagez-vous à le réaliser.

Donnez de puissantes ailes aux cœurs fatigués!

Les gens inébranlables

La puissance salvatrice

Quant à nous, aimons, puisque lui nous a aimés le premier.
(1 Jn 4:19)

LE CHRIST EST MON INÉBRANLABLE AMI. Il peut aussi être votre inébranlable ami.

Il y a longtemps, lorsque Jésus s'adressait aux gens de son époque, les pharisiens s'assemblèrent autour de Lui et se mirent à Le regarder avec intérêt, écoutant attentivement ses paroles. Ils ne savaient que penser de cet homme. Alors finalement, Jésus leur demanda: «Que pensez-vous du Christ?»

Aujourd'hui, ma réponse serait: «Le Christ est mon inébranlable ami.»

En psychologie, on parle de liens affectifs. Ces liens font référence aux relations qui comblent nos besoins émotionnels les plus profonds et procurent une source positive de renforcement et de renouvellement émotionnels. Ma femme d'abord, puis mes enfants sont des liens affectifs d'une importance vitale pour moi. Mais, même au-dessus de ma femme et de mes enfants, il existe un lien affectif entre cet homme unique et solitaire qui s'appelle Robert Schuller et un homme connu dans l'Histoire sous le nom de Jésus de Nazareth.

Entre Jésus et moi, il y a un lien invisible grâce auquel je reçois la nourriture spirituelle et émotionnelle dont j'ai besoin. Cette nourriture de Dieu adopte la forme de la foi qui dirige ma vie, de l'espoir pour lequel je vis et de l'amour que je donne. Jésus-Christ est mon meilleur ami. Il est ma source de foi, d'espoir et d'amour.

Jésus m'aime, je le sais.

La puissance salvatrice

Puis il les embrassa et les bénit en leur imposant les mains.
(Mc 10:16)

Lorsque nous commencons à examiner le caractère de Jésus-Christ, il y a toujours un aspect qui prédomine: *Jésus traitait merveilleusement les gens.*

À son époque, les gens se traitaient bien souvent comme des déchets. Malheureusement, ces derniers 2000 ans n'ont pas beaucoup changé la nature humaine. Dans les relations humaines, une partie du problème qui provoque le déclin de la morale de la civilisation occidentale est que les gens sont souvent traités comme des objets. Ils sont des trésors que l'on veut posséder, des jouets dont on veut se servir, des outils que l'on veut utiliser, des amusements dont on veut jouir pour ensuite s'en défaire. Souvent on entend des remarques freudiennes qui révèlent la façon dont nous considérons nos semblables de nos jours. Par exemple, certains ont tendance à parler des autres en utilisant des termes du monde animal tels que poule, renard ou dinde.

Mais les gens ne sont pas des animaux, ce sont des personnes! Jésus traitait chacun comme s'il avait été une pierre précieuse d'un prix incalculable et d'une valeur irremplaçable.

S'adressait-Il à une courtisane, à un voleur, à un politicien véreux ou à un saint, Jésus traitait la personne comme un être humain merveilleux. Par la nature même de son caractère, Il amenait les gens à voir ce qu'ils pouvaient devenir. Il nous a exhortés à nous traiter les uns les autres avec respect et dignité. Il a vécu selon les commandements et a enseigné une éthique spirituelle supérieure. «Faites aux autres ce que vous désirez qu'ils vous fassent.»

Jésus me traite merveilleusement.

La puissance salvatrice

« Je suis le Chemin, la Vérité et la Vie. Nul ne vient au Père que par moi. »

(Jn 14:6)

Jésus a fait des déclarations étonnantes. Il disait être le Messie, le Sauveur promis, le Fils de Dieu. À son époque, le peuple juif attendait impatiemment le jour où Dieu s'incarnerait et viendrait sur la terre. Cette croyance était au cœur de la foi et de la religion juives.

Les pharisiens, leaders religieux de son époque, furent estomaqués et indignés lorsqu'Il leur révéla qui Il était vraiment. « Je suis la résurrection et la vie... Je suis le bon berger ; le pain de la vie ; la porte à franchir pour tout homme qui veut être sauvé. »

Il ne fait pas de doute que le Christ déclarait être le Dieu incarné. Lorsque nous examinons cette incroyable déclaration, nous nous trouvons devant trois possibilités :

(1) Le Christ était mentalement perturbé et souffrait de la folie des grandeurs.

(2) Il mentait peut-être délibérément.

(3) Jésus disait la vérité et Il est vraiment le Messie !

En examinant l'Histoire, nous ne trouvons aucune preuve nous révélant que Jésus ait été malade mentalement ou physiquement. En examinant son caractère, nous découvrons qu'il est impossible qu'un homme de sa nature ait été un menteur.

Par conséquent, la seule chose que nous puissions raisonnablement croire est qu'Il disait la vérité et qu'Il est le Fils de Dieu, le Christ.

> *Je crois en Jésus : Son caractère prouve le bien-fondé de ses déclarations !*

La puissance salvatrice

Pilate lui dit : « Donc tu es roi ? » Jésus répondit : « Tu le dis : je suis roi. Je ne suis né, et je ne suis venu dans le monde, que pour rendre témoignage à la vérité. Quiconque est de la vérité écoute ma voix. »

(Jn 18:37)

Lorsque vous respectez le caractère d'une personne et que vous examinez ses réalisations pour finalement n'y trouvez aucune faille, examinez sa vie. Quels ont été ses engagements ? A-t-elle mis en pratique ce qu'elle prêchait ? Voyons les engagements de la vie du Christ.

Jésus S'est donné totalement à sa mission. Pendant sa vie, Il a dit à ses disciples : «*En m'élevant, j'attirerai à moi tous les hommes.*» Comme Il l'avait dit, Il est mort sur une croix non pas parce qu'Il S'est fait prendre, piéger, ou surprendre, mais parce qu'*Il a choisi de mourir.* Sa mort n'a pas été un suicide, mais un sacrifice.

Jésus a subi la peine capitale pour un crime qui, dans l'esprit des leaders religieux de son époque, était une des pires offenses que l'on pouvait commettre. Ce crime était considéré avec une telle sévérité que si vous le commettiez, vous étiez condamné à mort sur-le-champ. Quel était ce crime ? Jésus a été accusé de blasphème. Il osa déclarer qu'Il était le Fils de Dieu !

Alors c'est sur cela que le procès a porté. Pilate a demandé à Jésus : «Nous trompons-nous sur le sens de tes paroles ? Dis-nous la vérité. Es-tu le Christ ?» Mais même lorsqu'on Lui donnait la chance de nier son devoir et de sauver sa vie terrestre, Jésus tint bon ; et Il mourut pour respecter son engagement.

> *Pour Jésus, la croix n'était pas une question d'égoïsme mais d'intégrité !*

La puissance salvatrice

Béni soit le Dieu et Père de Notre Seigneur Jésus-Christ, qui nous a bénis par toutes sortes de bénédictions spirituelles, aux cieux, dans le Christ.

(Ep 1:3)

Je me souviens d'être allé en compagnie de ma fille de 14 ans, Carol, visiter à l'hôpital une bonne amie du nom de Tara Nason. Tara a dix ans et elle est la fille de notre producteur, Michael Nason. Lorsque Tara était toute jeune, elle a fait une chute qui endommagea son cerveau.

Aujourd'hui, Tara ne peut marcher ou se servir de ses mains. Elle passe ses journées dans un fauteuil roulant. Mais elle a un esprit fantastique et peut parler distinctement.

En arrivant à l'hôpital, Carol s'assit à côté de Tara et se mit à lui parler. Les deux jeunes filles étaient handicapées, Carol ayant perdu une jambe dans un accident de motocyclette.

Avec un peu de tristesse, Tara disait qu'elle aimerait marcher. Et Carol ajoutait que ce serait merveilleux de retrouver sa jambe. Mais alors, elles commencèrent à parler de Jésus et de ce qu'Il signifiait pour elles. Elles disaient que, même si vous avez un handicap vous empêchant de marcher ou de courir, tout va bien si votre âme est en bonne santé. Et lorsque Jésus habite votre âme, vous vous sentez bien parce que vous êtes sauvé et pardonné. Et lorsqu'Il vous pardonnera, vous serez heureux. Et si vous êtes heureux, vous serez une merveilleuse personne à fréquenter. Et en aidant les autres, ils vous aiment et la vie est merveilleuse. «Jésus n'est-Il pas fantastique!» s'exclamèrent-elles toutes les deux.

Chaque obstacle est une occasion.

La puissance salvatrice

... Vous qui jadis n'étiez pas un peuple et qui êtes maintenant le Peuple de Dieu, qui n'obteniez pas miséricorde et qui maintenant avez obtenu miséricorde.

(1 P 2:10)

Le caractère du Christ est merveilleux. Il est reconnu comme étant le Fils de Dieu; et Il a appuyé ses dires par un engagement qui L'a mené sur la croix et s'est terminé en victoire lorsqu'Il est ressuscité trois jours plus tard. Même de nos jours, Il accomplit des merveilles dans la vie de ceux qui L'aiment. Vous devrez éventuellement répondre quand il vous demandera: *«Que pensez-vous de Jésus-Christ? M'accepterez-vous comme votre Seigneur et Sauveur?»*

Êtes-vous un chrétien, aujourd'hui? Le chrétien n'est pas parfait, mais simplement quelqu'un qui veut devenir ce à quoi Dieu le destine. Si vous n'avez jamais exploré le monde des possibilités qui peut être vôtre lorsque vous entreprenez une relation d'amour avec Jésus-Christ, il n'y a pas de meilleur moment que maintenant pour que vous commenciez. Ce monde merveilleux et différent peut être vôtre lorsque vous demandez à Jésus-Christ de vous pardonner vos péchés et lorsque vous l'acceptez comme votre Seigneur. En ce faisant, vous découvrez un nouveau monde de beauté et de merveilles. Il attend simplement de vous aimer.

JÉSUS-CHRIST, VOTRE INÉBRANLABLE AMI, VOUS PROCURE LA PUISSANCE SALVATRICE!

Vous pouvez laisser votre routine et commencer une nouvelle vie.

La puissance salvatrice

... Seule compte la foi opérant par la charité.

(Ga 5:6)

« Vous voulez dire que Jésus-Christ est vivant, réel, et qu'Il communique avec vous? Vous voulez dire qu'Il vous donne vos idées et votre énergie? Si c'est vrai, pourquoi ne me prouve-t-Il pas aujourd'hui qu'Il est vivant? » Ma réponse doit être la suivante: « Il le fait. À chaque jour. »

Et encore plus que cela, *Dieu veut que nous ayons confiance en Lui.* Si vous connaissiez toutes les réponses et pouviez prouver l'existence de Dieu par une équation mathématique, vous obtiendriez une science et non une religion ou une foi. Même la science doit conserver un certain respect face à l'univers afin de demeurer ouverte et créatrice. Vous connaissez peut-être cette comptine:

> Brille, brille, petite étoile,
> Je sais exactement ce que tu es:
> Une boule de gaz incandescente
> Se condensant en une masse solide.

Pour apprécier pleinement la vie, nous devons conserver notre sens de l'émerveillement. Il doit toujours y avoir un certain mystère. Dieu nous préserve du jour où il n'y aura plus d'inconnues, plus de montagnes à conquérir, plus de défis. Car lorsqu'il n'y aura plus d'inconnues, il n'y aura plus de place pour la foi.

Je vous invite à fermer les yeux. Regardez-Le en face. Priez-Le. Parlez-Lui, Il est vivant. Il vous entendra. Cela pourrait signifier le commencement d'une foi nouvelle pour vous. Et une nouvelle foi signifie une nouvelle vie! Il peut devenir le meilleur ami que vous aurez jamais dans la vie ou dans l'éternité! Il deviendra pour vous ce qu'Il est pour moi: *un inébranlable ami.*

Avec Dieu, oui! J'essaierai de donner à Dieu la chance d'accomplir un miracle.

La puissance évaluatrice

Mais en fait l'Écriture a tout enfermé sous le péché, afin que la promesse, par la foi en Jésus-Christ, fût accordée à ceux qui croient.

(Ga 3:22)

On raconte l'histoire d'un jeune homme qui était tombé d'une falaise et qui allait s'écraser sur les rochers lorsqu'il parvint à s'accrocher à un petit arbuste qui poussait dans une fissure de la falaise de granit. Plusieurs centaines de mètres plus bas, il pouvait voir les rochers pointus et le scintillement de l'eau. Il leva la tête vers les nuages qui recouvraient le sommet de la falaise et cria: «Au secours! Y a-t-il quelqu'un là-haut?» Dans les nuages, une voix lui dit: «Je suis là.» «Qui êtes-vous?» demanda-t-il. «Je suis votre Dieu», répondit la voix. «Pouvez-vous m'aider?» demanda l'homme d'une voix désespérée. «Ayez la foi, lui dit la voix céleste. Lâchez l'arbuste.» L'homme regarda les rochers puis il regarda vers le haut et cria: «Y a-t-il quelqu'un d'autre, là-haut?»

Il n'y a pas d'alternative à la foi! La prise de décisions est facile lorsque les choix sont clairs. Il est facile de voir qu'il n'y a pas d'autre choix que de vivre dans la foi. Chacun doit avoir foi en quelqu'un ou quelque chose.

Dieu, je crois en vos promesses. Vous promettez que, si j'essaie, vous allez m'aider à gagner.

La puissance évaluatrice

Dans la crainte de Yahvé, puissante sécurité; pour ses enfants il est un refuge.

(Pr 14:26)

Lorsque vous vous rendez à l'église le dimanche matin et que vous vous assoyez sur un banc, vous êtes certain que ce banc vous soutiendra sans s'effondrer. Vous êtes certain que le toit de l'édifice ne vous tombera pas sur la tête. Tout être humain vit constamment dans la foi. Si ce n'était pas le cas, vous passeriez tout votre temps à analyser les choses négatives et désastreuses qui peuvent survenir et vous n'oseriez jamais entreprendre quoi que ce soit de positif. Pouvez-vous être certain qu'en prenant la route, vous vous rendrez à destination sans être impliqué dans un accident fatal? Non. Lorsque vous prenez l'avion, pouvez-vous être absolument certain que vous atterrirez sans encombre? Non. Il est tout bonnement impossible de vivre sans la foi!

Mais quel est l'objet de notre foi? Qui pouvons-nous croire? Notre foi est largement basée sur des preuves fiables et sur nos expériences.

Quelles sont les expériences et les preuves fiables qui ont augmenté votre foi en Dieu? Nommez-en au moins cinq:

_____

_____

_____

_____

_____

Je crois!

La puissance évaluatrice

Il leur proposa une autre parabole: «Le Royaume des Cieux est semblable à un grain de sénevé qu'un homme a pris et semé dans son champ.»

(Mt 13:31)

On m'a raconté l'autre jour l'histoire d'un homme qui avait certains problèmes aux commandes de son petit avion. Il appela la tour de contrôle et dit: «Pilote à tour de contrôle. Je suis à 450 kilomètres de l'aéroport, à 185 mètres d'altitude et je n'ai plus de carburant. Je descends rapidement. J'attends vos conseils. Terminé.» «Tour de contrôle à pilote, répondit le contrôleur. Répétez après moi: Notre Père, qui êtes aux cieux...»

Que vous reste-t-il si vous n'avez pas la foi? Lorsque votre vie semble se désagréger, il ne vous reste qu'à vous accrocher à la foi. Qui a besoin de la foi? Moi. Vous. Quiconque veut devenir une personne inébranlable. Une personne qui tient bon dans les difficultés. Seul Dieu peut transformer un roseau blessé en un pilier d'acier. Comment? Par la foi!

« Voici que moi, aujourd'hui même, je t'ai établi comme ville fortifiée, colonne de fer et rempart de bronze devant tout le pays... » (Jr 1:18)

La puissance évaluatrice

Or la foi est la garantie des biens que l'on espère, la preuve des réalités qu'on ne voit pas.

(He 11:1)

Lors d'une tournée que j'ai faite avec l'armée de l'air, il y a quelques années, on m'a raconté l'histoire d'un homme qui n'avait pas la foi. Il était d'un cynisme incurable. On lui donna un entraînement de parachutiste. Le jour de son premier saut, les instructeurs lui prodiguèrent une dernière fois leurs conseils: «Premièrement, une fois à l'altitude voulue, nous vous pousserons hors de l'avion. Vous devez compter lentement jusqu'à dix et tirer la poignée. Si le parachute ne s'ouvre pas, tirez la seconde poignée et le parachute auxiliaire s'ouvrira. Restez calme. Vous descendrez doucement jusqu'au sol où un camion vous attendra.»

Au moment de sauter, il hésitait un peu. Mais ses instructeurs le poussèrent hors de l'avion et il commença à descendre. Il compte jusqu'à dix, mais pas aussi lentement qu'il le devait. Puis il tira la poignée, mais le parachute ne s'ouvrit pas. Quelque peu nerveux, il tira la seconde poignée. Mais le parachute auxiliaire ne s'ouvrit pas. Totalement exaspéré, il se dit: «Je parie que le camion ne sera pas là non plus!»

Les gens inébranlables ont la foi. *Si vous avez la foi, vous avez tout.*

J'ai la foi. J'ai tout!

La puissance évaluatrice

*Car en lui la justice de Dieu se révèle de la foi à la foi, comme il
est écrit: Le juste vivra de la foi.*

(Rm 1:17)

Comment peut-on devenir l'une de ces inébranlables personnes capables de procurer aux autres le soutien et la force
émotionnelle? Sont-elles formées par leur milieu? L'hérédité
est-elle un facteur important?

Si vous vous tenez au courant des progrès de la psychologie,
vous connaissez certainement, comme moi, le phénomène
social que constituent «les invulnérables». Les invulnérables
sont des jeunes gens nés et élevés dans des milieux déficients sur
les plans émotionnel, financier et culturel. Selon des prédictions basées sur les données psychologiques connues, leur
situation devrait être garante de leur échec. Pourtant, certaines
de ces personnes sont positives, brillantes, constructives et
équilibrées.

Elles semblent immunisées contre les stimuli qui devraient
les rendre pessimistes et rebelles. Au contraire, ces gens sur-
montent continuellement leurs difficultés et deviennent des
leaders et de grands bâtisseurs.

Tout comme il y a des forces qui forment les personnalités
des enfants, il y a des forces qui transforment l'individu faible
et mou en une personne forte et autonome. *Une foi dynamique
et positive transformera tout individu, quel qu'il soit, en une
inébranlable personne!*

---

*Les miracles ne se produisent jamais à moins que vous
ne vous fixiez un but humainement impossible à
atteindre.*

La puissance évaluatrice

Il réserve aux hommes droits son conseil, il est le bouclier de ceux qui pratiquent l'honnêteté; il monte la garde aux chemins de l'équité, il veille sur la voie de ses fidèles.

(Pr 2:7, 8)

Les gens inébranlables ne s'effondrent pas lorsque la vie est difficile parce qu'ils possèdent la capacité instinctive d'évaluer les possibilités et de voir les choix qui s'offrent. J'ai souvent entendu des gens aux prises avec des problèmes dire: «Je n'ai qu'un seul choix.» Cela n'est pas vrai. Quelle que soit la situation, vous avez toujours quatre possibilités:

1. Vous pouvez abandonner.
2. Vous pouvez reculer, battre en retraite.
3. Vous pouvez faire une pause et attendre.
4. Vous pouvez combattre, tenir ferme et avancer, bien que lentement, vers votre but.

Comment évaluez-vous les options qui s'offrent à vous? Où croyez-vous que la foi ait le plus de poids? Écrivez comment vous pouvez mettre à profit ces possibilités dans votre situation actuelle.

_____

_____

_____

JÉSUS ME DONNE LE POUVOIR D'ÉVALUER!

La puissance évaluatrice

Tenez pour une joie suprême, mes frères, d'être en butte à tou-
tes sortes d'épreuves. Vous le savez: bien éprouvée, votre foi
produit la constance.

(Jc 1:2)

Il y a longtemps, j'ai visité deux hommes dans deux chambres d'hôpital distinctes, dans des situations différentes.
Aucun des deux ne se laissait abattre, bien que l'on eût pu dire
qu'ils avaient des raisons de le faire.

Le premier jeune homme que j'ai visité avait dix-huit ans.
Avant sa maladie, il était joueur vedette de water polo. Au
retour d'une fructueuse tournée européenne avec son équipe, il
s'effondra, victime de douleurs au dos. Les médecins décou-
vrirent une tumeur cancéreuse de l'épine dorsale. Les cancéro-
logues lui dirent qu'il lui restait deux mois à vivre. Il y avait dix-
sept mois de cela lors de ma visite. Vingt-cinq tumeurs mali-
gnes étaient apparues. Chacune aurait dû le tuer, mais chacune
était disparue. Il combattait sa maladie avec la même détermination que celle qui donnait la victoire à son équipe.

Le deuxième homme que j'ai visité était un autre grand ami;
âgé de 37 ans, lui aussi avait le cancer de l'épine dorsale. Celle-
ci était si détériorée qu'elle ne pouvait plus soutenir sa tête et les
médecins la faisaient tenir à l'aide d'une tige d'acier. Lorsque
je m'assis à côté de lui, il dit: «Les médecins me donnent cinq
mois à vivre. Mais depuis que j'ai découvert l'existence de
Jésus-Christ, je suis heureux. J'ai découvert Jésus et maintenant Il est mon ami.» Jésus était devenu son inébranlable
force.

Les gens inébranlables ont le pouvoir d'évaluer les possibili-
tés. Ils pourraient abandonner, mais choisissent de se battre.

Je n'abandonnerai pas.

La puissance de la prière

Priez sans cesse.

(1 Th 5:17)

Une fois que vous avez évalué les choix qui s'offrent à vous, vous avez besoin de la PUISSANCE DE LA PRIÈRE, *du pouvoir de poser les bonnes questions afin d'obtenir l'information dont vous avez besoin pour faire le bon choix.* Les gens inébranlables savent quelles question poser pour être en mesure de prendre les bonnes décisions.

Vous êtes peut-être familier avec le concept de la «prière réfléchie». Chaque fois que nous devons prendre une décision en ce qui concerne l'église, nous nous posons toujours trois questions. Premièrement, nous nous demandons: «*Serait-ce une bonne chose pour Dieu comme nous Le concevons?*» Dans l'affirmative, nous nous posons alors une seconde question. «*Cela aiderait-il les gens qui souffrent maintenant?*» La réponse étant «oui», nous passons à la troisième question: «*Y a-t-il quelqu'un d'autre qui s'en occupe?*» S'il y en a, nous coopérons. Et s'il n'y en a pas, nous décidons d'aller de l'avant et de faire de l'idée une réalité. La prise de décisions est facile si votre système de valeurs n'est pas confus.

Ceux qui ne peuvent prendre de décisions lorsqu'ils possèdent toutes les données nécessaires sont généralement victimes d'une contradiction interne en ce qui concerne les valeurs humaines fondamentales. Pour prendre les bonnes décisions, vous n'avez qu'à puiser les questions appropriées dans votre système de valeurs. C'est aussi simple que cela.

Adonnez-vous à la prière réfléchie dès maintenant et notez les réponses de Dieu.

La pluie printanière des bénédictions de Dieu me pénètre l'esprit et donne naissance à un grand rêve.

La puissance de la prière

Yahvé accueillera ma prière.

(Ps 6:10)

J'ai vu un dessin animé l'autre jour. La scène se passe le lendemain de Pâques. Deux soldats romains se tiennent debout près du sépulcre vide de Jérusalem. Ils avaient la garde de la tombe, mais on a roulé la pierre et le corps a disparu. L'un des soldats est figé par la peur. L'autre soldat, pour le réconforter, lui dit: «Oh! oublie cela!. Dans cent ans, personne ne s'en souviendra.»

Deux mille ans se sont écoulés depuis la résurrection de Jésus-Christ, dont tout le monde a subi l'influence. Cela a eu beaucoup d'influence dans ma vie. Aujourd'hui, je sais que je peux trouver ma force en Jésus. Je ne sais pas comment un mort a pu ressusciter. Mais je comprends une chose: *Lorsque je Le prie, j'obtiens des résultats. Il me donne suffisamment de force pour soutenir les autres.* C'est une sensation merveilleuse!

Comme le dit le docteur Glasser: «Chacun a besoin de cet ami essentiel auquel il peut se confier.» Jésus-Christ veut être cet ami pour vous. Rapprochez-vous de Lui et Il vous rendra aussi solide qu'une colonne de fer.

Il est vivant et peut pénétrer votre vie!

La puissance de la prière

Vivez dans la prière et les supplications; priez en tout temps, dans l'Esprit.

(Ep 6:18)

Une personne inébranlable, c'est quelqu'un qui, lorsqu'elle est confrontée au découragement et aux déceptions personnelles, baisse la tête et se met à prier, mais qui émerge de la prière la tête haute et le dos droit en disant: « Je n'abandonnerai pas. »

La personne inébranlable est celle qui, lorsqu'elle connaît des périodes de douleur, de peine et de tristesse, adopte un air rayonnant. Elle trouve assez de force et d'espoir pour sourire à travers ses larmes, comme le soleil qui rayonne malgré la pluie. Lorsqu'elle pleure, le flot salé de ses larmes descend sur sa figure vers une bouche souriante.

Peut-être êtes-vous hospitalisé et venez-vous de subir une opération chirurgicale. Peut-être avez-vous perdu un bras ou une jambe et que vous ne serez plus jamais le même. Dieu a un message pour vous. Il peut vous sauver et vous transformer en une colonne de fer, une cité fortifiée. Vous ne vous apitoierez pas sur vous-même. Vous ne regarderez pas en arrière en disant: « Pourquoi ? » C'est la seule question à laquelle Dieu ne répondra jamais. Même Jésus a posé cette question et Dieu est demeuré silencieux. Après tout, lorsque vous demandez pourquoi, vous ne voulez pas vraiment une explication, mais une discussion. Vous ne seriez pas prêt à accepter la raison que Dieu vous donnerait.

Mais Dieu veut que vous sachiez que malgré vos souffrances, vous pouvez faire quelque chose que personne d'autre au monde ne peut faire. Vous pouvez vous sortir de votre ornière et entreprendre une vie nouvelle et merveilleuse.

Dieu a mis le soleil dans mon âme !

La puissance de la prière

En son nom les nations mettront leur espérance.

(Mt 12:21)

J'ai entendu l'autre jour l'histoire d'un prêtre catholique romain qui jouait au golf à toutes les semaines. Un jour, il avait besoin d'un eagle pour gagner la partie. (Un eagle, comme vous le savez peut-être, consiste à frapper la balle et à la mettre dans la coupe en deux coups de moins que la moyenne.)

Le prêtre prit son élan, mais son coup fut pitoyable. Juste au moment où la balle se mettait à tournoyer de façon incontrôlable, la foudre retentit dans un effroyable vacarme. Elle frappa la balle, qui heurta un arbre, une clôture, un deuxième arbre, rebondit dans le sable, roula sur le vert et fit deux fois le tour de la coupe et y tomba, pour un eagle. Le prêtre pieux leva les yeux vers le ciel et dit : « Merci, Père, mais je préférerais le faire moi-même. »

Et c'est ainsi qu'agissent la plupart d'entre nous. Nous aimerions réaliser nos rêves tout seuls parce que, profondément, nous désirons en garder tout le mérite. Mais souvenez-vous que *Dieu peut faire de grandes choses par le biais de celui auquel le mérite importe peu.* La vérité est que, seuls, vous ne pourrez jamais accomplir les grandes choses que Dieu vous réserve. Peu importe qui vous êtes ou d'où vous venez, Jésus-Christ viendra à vous. Vous n'avez qu'à vous agenouiller, à vous blâmer pour vos échecs, à diriger votre voix vers Lui et à prononcer son nom. Dites simplement : « Jésus, je vous accepte comme Sauveur. Je fais de vous mon Seigneur.

Dieu peut accomplir de grandes choses par le biais de celui auquel le mérite importe peu !

La puissance de la prière

Recommande à Yahvé tes œuvres, et tes projets se réaliseront.
(Pr 16:3)

L'autre jour, je suis monté à bord d'un avion. J'étais assis dans le premier siège, juste devant l'hôtesse qui, après avoir parcouru l'allée, revint et annonça que tous les sièges étaient pris. «Eh bien! dit-elle, si tout le monde est là, je crois que nous pouvons partir.» Alors on ferma la porte. On nous dit d'attacher nos ceintures. Mais soudain, quelqu'un frappa à la porte juste en face de moi. J'étais étonné, et elle aussi. Elle ouvrit, pour découvrir, l'air embarrassé, le pilote!

Nous croyons avoir tout ce qui est nécessaire pour un vol réussi. Mais comment peut-on aller quelque part sans le pilote?

Comment pouvez-vous possiblement devenir ce à quoi Dieu vous destine si vous ne reconnaissez pas le pilote de votre vie? *Jésus-Christ est mon pilote.* Cela ne signifie pas que je suis parfait ou sans tache, loin de là! Mais Il m'aime et je L'aime. Je fais de mon mieux mais lorsque je commets des erreurs, Il est toujours là pour me relever et nous allons de l'avant, sans jamais regarder en arrière ou abandonner.

Ultimement, ou bien vous devenez fort, ou bien vous êtes faible; ou vous réussissez ou vous échouez, dépendamment du leadership de votre vie. Posez-vous cette simple question: «Serais-je meilleur qu'aujourd'hui si Jésus devenait mon pilote?»

Jésus-Christ est mon pilote!

La puissance de la prière

« Heureux les cœurs purs, car ils verront Dieu. »
(Mt 5:8)

Dans notre église, nous avons plusieurs personnes inébranlables. L'une d'elles est Gail Bartosh. Je me souviens que son père me disait souvent : « Je me demande ce qu'il adviendra de Gail. » Bien que personne ne l'ait jamais dit, certains croyaient que Gail était atteinte de mongolisme; d'autres croyaient qu'elle était attardée mentalement.

Aujourd'hui, Gail est l'une des meilleures travailleuses de notre église. Elle s'occupe, avec compétence et amour, de ces petits enfants de toutes nationalités, races et couleurs dont les mères travaillent.

« Vous savez, docteur Schuller, m'a-t-elle dit un jour, lorsque j'étais enfant, on m'amenait d'un médecin à l'autre, mais personne ne pouvait dire exactement ce qui n'allait pas chez moi. Alors j'ai finalement cessé de voir des médecins. Je me suis mise à prier et à fréquenter l'église et j'ai décidé de développer de mon mieux les possibilités que Dieu m'avait données. »

Et c'est exactement ce que Gail Bartosh a fait. Elle influence quotidiennement les enfants et les encourage à être beaux, courageux et prospères. Elle a décidé de tirer le maximum de ce qu'elle avait et elle est devenue un être humain fantastique.

Vous aussi pouvez être fort et réussir!

La puissance de la prière

Espère en Yahvé, prends cœur et prends courage, espère en Yahvé.

(Ps 27:14)

Une fois que vous aurez acquis une forte volonté et que vous vous serez engagé à accomplir la volonté de Dieu en ce qui concerne votre vie, vous connaîtrez beaucoup d'ennuis et de difficultés. À certains moments, vous ne pourrez qu'attendre et Le laisser arranger les choses. Il y aura des moments où toute la volonté du monde ne pourra vous procurer le succès. Vous aurez besoin du miracle du pouvoir de l'immobilité qui vous donnera le courage d'attendre le bon vouloir du Seigneur et de L'appuyer dans la prière.

Tenez-vous immobile devant Dieu dès maintenant, et en écrivant une prière de louange, bénéficiez de sa puissance illimitée.

_____

_____

_____

_____

« Arrêtez, connaissez que moi je suis Dieu. » (Ps 46:11)

La puissance de la prière

Et il disait à tous : « Si quelqu'un veut venir à ma suite, qu'il se renie lui-même, qu'il se charge de sa croix chaque jour, et qu'il me suive. »

(Lc 9:23)

Les gens inébranlables possèdent la PUISSANCE ÉVALUATRICE, ils savent évaluer les choix qui s'offrent à eux. Ils possèdent la PUISSANCE DE LA PRIÈRE, ils savent quelles questions poser. Et lorsqu'ils ont évalué les choix et savent qu'ils ont choisi la meilleure option, ils doivent posséder le POUVOIR DE PAYER : le pouvoir de s'engager et de payer le prix.

Le docteur Joseph Jacobs, un ingénieur chimiste de renommée mondiale et un ami personnel, a appris, en tant que penseur axé sur la possibilité, quelque chose que chacun d'entre vous doit apprendre. Tout récemment, il me disait : « Il n'y a personne au monde qui accomplit quelque chose sans risquer l'échec. Celui qui réussit est celui qui refuse d'être découragé par ses échecs. » Chacun paie le prix, que ce soit en prestige, en dollars, en énergie ou en émotions.

Dans toute l'histoire du baseball, jamais un frappeur n'a eu une moyenne constante de 1000. Il n'y a jamais eu un lanceur qui a eu le dessus sur tous les frappeurs pendant toute sa carrière. Tout le monde échoue de temps à autre. Nous ne pouvons nous laisser décourager par nos échecs. Pour réussir, nous devons être disposés à payer le prix.

Quel prix devez-vous être prêt à payer pour réaliser votre rêve ?

Engagez-vous à réaliser votre rêve.

Le pouvoir de payer

Si donc vous accomplissez la Loi royale suivant l'Écriture:
«Tu aimeras ton prochain comme toi-même», vous faites
bien.

(Jc 2:8)

Une téléspectatrice de mon émission, *Hour of Power*, a reçu une de nos petites croix qui portent l'inscription: «Dieu vous aime et moi aussi.» Elle a suspendu la croix à son cou et lorsqu'elle a été hospitalisée pour une opération chirurgicale, elle a trouvé de la force et du réconfort dans ce message.

Puis, dix jours après sa sortie de l'hôpital, l'une de ses meilleures amies l'a appelée et lui a confié un terrible problème. «J'ai essayé de la rassurer au téléphone, dit-elle, mais lorsque j'ai raccroché, je me sentais vide et froide. Les mots ne suffisaient tout simplement pas. Je savais que je devais faire plus.

«Puis soudain, je pensai: Peut-être devrais-je lui donner ma croix en or. Mais la pensée de la donner me faisait presque verser des larmes. Elle était si spéciale, m'ayant aidée à traverser l'épreuve difficile et douleureuse de l'hôpital. Mais je savais, du fond du cœur, que la croix signifierait davantage pour elle parce qu'elle avait une si grande valeur pour moi. Alors je me rendis chez elle et lui racontai comment la croix m'avait aidée.

«Lorsque je lui passai la petite croix en or autour du cou, elle versa des larmes. Huit heures plus tard, elle me téléphona pour me faire part de son bonheur. Le problème s'était réglé miraculeusement. Dieu répond vraiment à la prière.

«Aussi longtemps que je vivrai, je n'oublierai jamais la joie que j'ai ressentie à partager sa douleur et à lui prodiguer l'encouragement dont elle avait besoin.»

> *Vous devez avoir le courage de devenir un appui, un*
> *secours, un soutien pour les autres.*

Le pouvoir de payer

Un ami qui aime en tout temps, un frère est engendré en vue de l'adversité.

(Pr 17:17)

Qui que vous soyez, Dieu vous dit: «Je ferai de toi une colonne de fer.» Dieu veut vous rendre fort parce que quelqu'un, quelque part, a besoin de s'appuyer sur vous. Tout au long de notre vie, quelqu'un nous regarde. Quelqu'un nous surveille pour voir comment nous nous tirons des situations difficiles de la vie. Vous pouvez être certain que vous serez pour eux une source de force ou de faiblesse.

«Une cloche n'est pas une cloche avant d'avoir sonné. Une chanson n'est pas une chanson avant d'avoir été chantée. L'amour n'est pas l'amour avant d'avoir été donné.» Et je pourrais ajouter que *la force n'est pas la force avant que vous ne releviez quelqu'un qui est tombé. Quelque part, aujourd'hui ou demain, quelqu'un aura besoin de s'appuyer sur vous. Avez-vous la force de le soutenir?*

Sinon, consacrez le moment présent à la prière. Priez pour que Jésus vous donne la force suffisante pour faire face aux situations difficiles de votre propre vie, pour qu'ensuite vous puissiez aussi soutenir ceux qui ont besoin de vous comme appui.

Si Dieu doit m'utiliser pour soutenir les autres, je dois être fort et réussir pour les autres aussi bien que pour moi-même.

Le pouvoir de payer

« En vérité, en vérité, je vous le dis, si le grain de blé tombé en terre ne meurt pas, il demeure seul. »

(Jn 12:24)

Couchée par terre, une colonne de fer n'a aucune valeur. Elle n'est d'aucune utilité jusqu'à ce qu'elle pointe vers le ciel et perde son identité en étant soudée à la masse de l'édifice.

Bien des gens ne deviennent pas inébranlables parce qu'ils craignent de s'impliquer. Ils ont peur du coût en termes de temps, d'argent ou d'implication émotionnelle, alors ils restent à l'écart. Plutôt que de devenir de fortes colonnes soutenant la structure même de l'édifice, ils préfèrent rester assis au balcon.

Dans quels domaines avez-vous évité de vous impliquer, sachant que cela serait coûteux d'une façon ou d'une autre?

_____

_____

_____

_____

Dès aujourd'hui, faites cet appel téléphonique, écrivez cette lettre ou signez ce contrat. Engagez-vous. Impliquez-vous!

> *Toute personne inébranlable doit croître, se développer et devenir suffisamment forte pour porter le fardeau du succès.*

Le pouvoir de payer

Un fruit de justice est semé dans la paix pour ceux qui produi-sent la paix.

(Jc 3:18)

Hier j'ai visité une dame à l'hôpital. « Ils disent que je suis en phase terminale. Ils ont même mis fin à la chimiothérapie. Tout a échoué », dit-elle. « Mary lou, lui dis-je doucement, si ce qu'ils veulent dire est vrai, le mot exact n'est pas terminal mais transitionnel. » « Mais tout semble tellement sans espoir », persista-t-elle. Prenant ses mains dans les miennes, je la rassu-rai : « Lorsque tout le reste échoue, préparez-vous à rencontrer Dieu, parce que c'est là où Dieu entre en scène. Il est toujours là. Il n'échoue jamais. Cela n'est pas une fin pour vous, c'est un commencement. » Ensuite elle me sourit, me serra la main et dit : « Merci. Cela me fait du bien. »

Pendant un bref moment, j'ai eu la sensation la plus mer-veilleuse. J'avais été un soutien pour elle.

Il est important que vous preniez le temps de vous impliquer et que vous deveniez ce soutien, ce secours dont tant de gens ont besoin. Lorsque vous devenez inébranlable, la vie devient plus excitante que vous ne pouvez l'imaginer !

Le succès consiste à acquérir l'estime de soi et des autres en se sacrifiant pour eux.

Le pouvoir de payer

Exhorte également les jeunes gens à garder en tout la pondération, offrant en ta personne un exemple de bonne conduite: pureté de doctrine, dignité, enseignement sain, irréprochable, afin que l'adversaire, ne pouvant dire aucun mal de nous, soit rempli de confusion.

(Tt 2:7,8)

Les gens inébranlables sont des gens qui osent poursuivre des rêves risqués. Un rêve qui ne comporte pas une possibilité d'échec n'a aucune valeur parce qu'il ne procure pas la joie et la satisfaction. C'est l'élément de la possibilité d'échec qui produit la tension qui génère l'énergie de lutter pour réaliser l'impossible.

Lorsque vous avez un rêve, vous devez être prêt à laisser l'abri du port où vous vous êtes retranché. Certains d'entre vous vivent encore dans le chagrin. Vous vous excusez en continuant à raviver le souvenir d'un être aimé et en vous retirant de la vie. Vous devez échapper à votre ornière. Peut-être êtes-vous sur un lit d'hôpital, ne vous étant pas fait soigner à temps et vous abandonnant maintenant à la maladie. Plusieurs d'entre vous sont encore aux prises avec un travail qui ne leur dit absolument rien. Il ne comporte pas de défis, pas d'avenir, pas de sens, mais vous persistez à continuer, simplement à cause du chèque de paie. Si vous vous trouvez dans une ornière, il est temps de commencer à rêver.

Priez dès maintenant pour un nouveau rêve. Écrivez-le pour marquer votre engagement : _____

_____

_____

Je dois avoir le courage de viser à réaliser un rêve impossible.

Le pouvoir de payer

« Tout est possible à celui qui croit. »

(Mc 9:23)

La seule différence entre les gens faibles et les gens forts réside dans les idées qui obtiennent leur attention. Ultimement, il n'y a pas de gens extraordinaires, il n'y a que des gens ordinaires avec des implications extraordinaires dans des idées exceptionnelles. Vous choisissez d'abord votre rêve, puis ce rêve façonnera votre avenir et votre vie.

Savez-vous que vous êtes un génie en puissance? Des études psychologiques ont démontré que les prodiges ne naissent pas ainsi, mais qu'ils le deviennent. Il y a en vous un potentiel incroyable, inexploité! «Tout est possible à celui qui croit!»

Mon ami le docteur Everett Koop, professeur de chirurgie pédiatrique à la faculté de médecine de l'Université de Pennsylvanie, détient le record de tous les temps en ce qui concerne la séparation réussie de siamois. Si ce n'était de sa ferme croyance en la souveraineté de Dieu — «avec Dieu, tout est possible» — il n'aurait jamais osé s'attaquer aux obstacles que comporte une chirurgie aussi délicate.

La grandeur provient des idées qui naissent dans le royaume de l'imagination. Quelles grandes choses pourriez-vous accomplir si vous croyiez vraiment que Dieu peut vous en donner la force?

Visez le sommet le plus élevé, le plus excitant que vous puissiez concevoir.

Le pouvoir de persévérer

Vous en tressaillez de joie, bien qu'il vous faille encore quelque temps être affligés par diverses épreuves.

(1 P 1:6)

Finalement, *vous avez besoin du* POUVOIR DE PERSÉVÉRER. *Les gens inébranlables ne savent pas abandonner*!

Je donnais une conférence dans l'est du pays lors d'un important congrès. Alors que j'attendais en coulisse d'être annoncé, une femme vint à moi et dit : « Docteur Schuller, je sais que vous devez entrer en scène dans une minute, mais il y a un homme que je veux vous présenter. C'est un handicapé qui vient de se faire amputer une jambe. Il n'a jamais eu de formation religieuse, mais depuis qu'il regarde votre émission, *Hour of Power*, il est devenu chrétien. Il ne boit plus le samedi soir et il ne parle plus de suicide. Il rêve du jour où il pourra venir, dans son fauteuil roulant, se placer dans la première rangée de la Cathédrale de Cristal! J'aimerais tellement que vous lui serriez la main! Cela est si important pour lui. »

Nous nous sommes tranquillement dirigés vers la porte arrière. Nous y avons trouvé un homme dans un fauteuil roulant. Comme la femme me l'avait dit, il était handicapé et n'avait qu'une jambe. Je l'ai salué et lui ai serré la main, mais il ne pouvait parler. Il s'était mis à pleurer. Mais malgré les larmes qui lui coulaient sur les joues, il souriait. Et ce sourire à travers les larmes me rappela un arc-en-ciel, lorsque le soleil brille à travers la pluie. Je vis un arc-en-ciel sur son âme!

Lorsqu'il pleut, persévérez et cherchez l'arc-en-ciel!

Le pouvoir de persévérer

Enfin, mes frères, réjouissez-vous dans le Seigneur...
(Ph 3:1)

J'étais dans une ville éloignée récemment et pendant ma conférence devant une foule importante, j'ai aperçu un visage très connu dans la première rangée. Cet homme occupait un poste clé au sein de l'une des plus puissantes formations politiques de son État. Je venais à peine d'apprendre sa défaite aux élections.

Après la conférence, des préposés à la sécurité accompagnèrent cet homme et sa femme en coulisse. Il s'approcha de moi et dit: «Docteur Schuller, je devais vous entendre. Je regarde l'émission *Hour of Power* depuis longtemps et je me suis engagé envers le Christ. C'est pourquoi j'ai été défait aux élections.» «Que voulez-vous dire?» demandai-je. «Il y a deux semaines, poursuivit-il, j'ai été contacté par un groupe d'hommes politiques puissants qui disposaient des 100 000 votes d'un secteur important et bien organisé de la société. Ils m'ont demandé de m'engager, mais ce qu'ils me demandaient était à la fois douteux et immoral. Je ne pouvais le faire et c'est ce que je leur ai dit.

«Mais, ajouta-t-il, je vous dirai, docteur Schuller, que je me sens très bien à propos de ce que j'ai fait!»

Qu'il s'agisse de succès ou d'échec, la base du succès véritable est le respect de soi. Vous avez besoin de Jésus-Christ parce que les pressions du monde sont trop importantes pour que vous vous en tiriez seul. Laissez Jésus être votre colonne de fer et Il vous rendra suffisamment fort et honnête pour que vous obteniez la vraie réussite.

JÉSUS ME DONNE LE POUVOIR DE PERSÉVÉRER!

Le pouvoir de persévérer

« *Tu m'as fait connaître les chemins de vie, tu me rempliras de joie en ta présence.* »

(Ac 2:28)

OUI, JÉSUS-CHRIST EST MON INÉBRANLABLE AMI! Vers la fin de sa vie, Jésus *évaluait* soigneusement ses possibilités. Il n'a pas été entraîné malgré Lui, par des mensonges, au jardin de Gethsémani. Il aurait pu fuir, mais Il a choisi de mourir sur la croix. Puis Il a prié en route vers le jardin. Il disait: «Mon Dieu, tout est possible pour Toi. Que ta volonté soit faite.» Puis Il a *payé* le prix: Il est allé vers la croix. Il a soigneusement considéré le prix qu'Il devrait payer. Il a *persévéré* dans son engagement jusqu'à la fin lorsqu'Il a crié: «Père, je remets mon âme entre tes mains.»

Jésus est mon inébranlable force parce que je sais qu'Il est vivant. Lorsque je m'approche de Lui dans la prière, j'ai l'impression de franchir les murs d'une impénétrable forteresse.

Approchez-vous dès maintenant des bras salvateurs de Jésus, à travers les murs de l'impénétrable forteresse où Il fera de vous une personne inébranlable!

Je L'aime. Je fais de mon mieux, et lorsque je commets des erreurs, Il est toujours là pour me relever et nous allons de l'avant sans jamais regarder en arrière ou abandonner.

Transformez vos blessures en étoiles !

Mon choix? Me réjouir!

Le loup habitera avec l'agneau, la panthère se couchera avec le chevreau. Le veau, le lionceau et la bête grasse iront ensemble, conduits par un petit garçon.

(Is 11:6)

Ce verset de l'Écriture signifie plus pour moi aujourd'hui, alors que je me rappelle l'été où Dieu a vraiment *transformé nos blessures en étoiles.*

Ma femme Arvella et moi étions en Corée lorsque nous avons appris que Carol, notre fille, avait eu un accident de motocyclette lors d'une randonnée avec son cousin de la ferme. Sa jambe avait été amputée au-dessous du genou et une nouvelle amputation était possible. Lors de l'opération chirurgicale, ils avaient eu du mal à obtenir un battement cardiaque ou une tension sanguine, mais à la suite de nombreuses transfusions, Dieu avait sauvé la vie de notre petite fille!

Lorsque nous sommes enfin arrivés à l'hôpital où se trouvait Carol, en Iowa, il n'y eut pas de larmes. Carol parla la première. «Bonjour, papa et maman, nous dit-elle joyeusement. Je crois que je sais pourquoi cela est arrivé.» Avant que nous puissions réagir, elle ajouta: «Je crois que Dieu me réserve une mission spéciale auprès des gens qui ont été blessés comme moi.»

Ce n'est pas ce qui vous arrive, mais la façon dont vous réagissez à ce qui vous arrive qui fait toute la différence!

Notre fille de treize ans était là, choisissant déjà de réagir de façon créatrice à une chose contre laquelle elle ne pouvait rien! Lorsqu'il vous arrive quelque chose et que vous ne pouvez rien y changer, il y a encore quelque chose que vous pouvez faire. Vous pouvez décider de ce que sera votre réaction!

Il n'y a pas de progrès sans douleur, et je dois aller de l'avant parce que je souffre. Alléluia!

104

Mon choix ? Me réjouir !

Éveille-toi, ma gloire; éveille-toi, harpe, cithare, que j'éveille l'aurore!

(Ps 57:9)

Lorsque nous sommes enfin arrivés auprès de Carol, nous avions déjà vu le jour se lever trois fois. La première fois de notre avion au-dessus du Pacifique, la deuxième au-dessus de Denver, au Colorado, et la troisième à Sioux-City, en Iowa, vingt-deux heures après l'accident. Trois aurores en une journée!

Quelle que soit la gravité de vos souffrances, de votre problème ou de votre douleur, accueillez chaque jour en chantant parce que Dieu fait partie de l'aurore! Dieu apparaît tous les matins. Et demain sera différent d'hier.

Le jour se levait comme nous entrions à l'hôpital de l'Iowa, madame Schuller et moi. Juste avant d'ouvrir la porte, je dis: « Je ne sais pas si je puis entrer dans cette chambre sans pleurer. » J'avais pleuré en survolant le Pacifique. Alors que j'étais pris de sanglots incontrôlables, j'avais décidé de transformer mon problème en possibilité. Pour atténuer mon angoisse, j'avais récité: « Alléluia! Alléluia! Alléluia! » En ce faisant, j'avais trouvé un apaisement complet!

Si jamais vous souffrez tellement qu'une simple larme vous arrache un cri incontrôlable, donnez à Dieu la chance de transformer la peine en chanson. Dites simplement: « Alléluia! Alléluia! Alléluia! »

Je ressentais une grande force en entrant dans la chambre de Carol. La douleur s'était transformée en louange! Pour quelles raisons pouvez-vous louer Dieu aujourd'hui?

> *J'accueillerai chaque aurore en chantant, en chantant les louanges de Dieu!*

Mon choix ? Me réjouir !

Confiez-vous en Yahvé à jamais !

(Is 26:4)

Carol était loin d'être guérie lorsque nous la réconfortions à l'hôpital de l'Iowa. En fait, les médecins s'attendaient à l'amputer davantage. Je discutai de cette probabilité avec Carol et je n'oublierai jamais sa réponse.

« Papa, dit-elle bravement, quoi qu'il arrive, s'ils prennent mon genou et ma cuisse, cela ne changera rien à la vie que Dieu me réserve. »

Alors quelles sont vos souffrances ? À quelles inquiétudes ou difficultés faites-vous face ? Apprenez dès aujourd'hui cette promesse : Rien de ce qui vous arrive ne peut changer un tant soit peu la vie que Dieu vous réserve !

Vous seul pouvez faire cela. Vous pouvez choisir de réagir négativement à ce qui vous arrive. Vous avez ce choix. Ou vous pouvez *changer vos blessures en étoiles* si vous choisissez de réagir positivement aux coups durs de la vie.

Comment pouvez-vous réagir positivement ? Vous choisissez de croire que Dieu est plus grand que votre souffrance et qu'Il peut transformer celle-ci en auréole.

Quelle est votre souffrance aujourd'hui ? _____

_____

_____

Dès maintenant, choisissez de croire que Dieu contrôle tout cela, et cette souffrance deviendra une auréole.

Je ne serai pas une personne amère, mais une meilleure personne.

Mon choix? Me réjouir!

Rendez grâce à Yahvé, car il est bon, car éternel est son amour!
(Ps 136:1)

Victor Frankl, un éminent psychiatre juif, était debout, nu, devant la Gestapo. Ils lui avaient pris sa montre et, voyant son jonc nuptial, le lui avaient également enlevé. En retirant ce jonc de son doigt pour le remettre à l'officier de la Gestapo, Frankl eut une pensée. Il dit à ses geôliers: «Il y a une chose que vous ne pourrez jamais m'enlever, et c'est la liberté de choisir comment je réagirai à ce que vous me faites!» Retenons bien cela.

Comment réagirez-vous à vos souffrances aujourd'hui?

Vous pouvez réagir négativement et MAUDIRE vos souffrances, blâmant les autres ou vous-même. Mais lorsque vous cherchez à blâmer quelqu'un d'autre, vous courez simplement le risque de faire naître d'autres problèmes.

Vous pouvez DORLOTER vos souffrances, les entretenant tendrement, vous apitoyant sur votre sort et vous demandant: «Pourquoi cela m'arrive-t-il à moi?»

Vous pouvez même RÉPÉTER vos souffrances, vous les rappelant sans cesse. Mais cela entretient les souffrances plutôt que de les guérir!

RENVERSEZ-LES! Retournez-les. Faites de l'obstacle une occasion, du problème une possibilité. La souffrance devient une auréole. La blessure devient une étoile!

Mon problème est un nouveau projet.

Mon choix ? Me réjouir !

Et nous savons qu'avec ceux qui l'aiment, Dieu collabore en tout pour leur bien, avec ceux qu'il a appelés selon son dessein.
(Rm 8:28)

Alors que nous attendions à l'aéroport de Séoul, en Corée, espérant prendre très vite un avion pour être aux côtés de notre fille, le pasteur avec lequel j'avais travaillé me cita le verset de la Bible mentionné plus haut. J'avais probablement entendu ce verset un millier de fois, mais maintenant je l'entendais en sachant que ma fille avait été sérieusement blessée. Je ne le rejetais pas, je n'en doutais pas, je ne le niais pas, mais je ne pouvais le ressentir.

Et lorsque vous ne pouvez le ressentir, il n'y a qu'une chose à faire : Y croire et tenir bon ! La nuit se change en aurore, éventuellement la douleur s'en va et la guérison s'installe. À travers tout cela, Dieu a son heure et sa chance de vous montrer comment Il peut transformer le pire fardeau en une auréole, votre blessure en une étoile !

Quelle souffrance avez-vous prise en note l'autre jour ? Aujourd'hui, et même si vous ne pouvez le ressentir, *croyez* ! Croyez avec un esprit ouvert au pouvoir de guérison de Dieu. Pensez à des façons de transformer cette souffrance en auréole, cette blessure en étoile ! _____

_____

_____

Mes difficultés me procureront des dividendes divins !

Mon choix ? Me réjouir !

Décharge sur Yahvé ton fardeau et lui te subviendra, il ne peut laisser à jamais chanceler le juste.

(Ps 55:23)

Lorsque j'ai visité le palais royal de Téhéran, en Iran, je ne pouvais croire en une telle beauté, une telle splendeur. L'entrée principale est resplendissante de verre scintillant, qui rappelle les diamants ou le cristal. Mais lorsque vous regardez de plus près, vous découvrez qu'il s'agit en réalité de petits morceaux de miroir. Le guide nous a expliqué que l'architecte comptait décorer le palais de très beaux miroirs. Cependant, ces miroirs étaient tous arrivés brisés en petits morceaux de leur périple. L'architecte rassembla les petits morceaux de miroir, étendit de la colle sur le mur et y disposa ces morceaux. Il travailla ainsi jusqu'à ce qu'il obtienne une énorme distorsion de reflets, étincelant d'un arc-en-ciel de brillantes couleurs. Aujourd'hui, le palais royal est un étonnant et brillant étalage de lumières de toutes couleurs.

Je ne pouvais penser qu'à une chose, me tenant, muet d'admiration, devant le spectaculaire palais: IL ÉTAIT BRISÉ POUR ÊTRE ENCORE PLUS BEAU !

Et tout cela peut vous arriver ! Ces souffrances que vous supportez ne vous détruiront pas. Si vous êtes accablé, réjouissez-vous ! Dieu vous donnera la beauté à vous aussi. Dieu est l'ultime architecte, le grand Créateur. Laissez-le rassembler les pièces brisées de votre vie. Et vous pourrez devenir un prisme de lumière pour ceux qui vous entourent !

Brisez-moi, Seigneur, pour me rendre plus beau !

Mon choix? Me réjouir!

Proche est Yahvé des cœurs brisés, il sauve les esprits abattus.
(Ps 34:19)

Je crois que ce qui est arrivé à Carol à travers son accident et ce qui est arrivé à son père et à sa mère est tout simplement ceci: Nous avons été brisés pour être plus beaux. Je relis mon message original de 1973: «Transformez vos blessures en étoiles» et, presque à la fin du texte, il y a ces lignes que j'ai écrites à l'époque:

«La vérité est que plus je rencontre les gens, plus je suis convaincu qu'il n'y a pas d'individu exceptionnel accomplissant une grande œuvre qui n'ait pas été blessé profondément un jour. En fait, j'en suis tellement convaincu qu'en livrant ce message aujourd'hui, en 1980, j'offre cette prière: 'Mon Dieu, blessez-moi davantage pour que je puisse aider les gens davantage.'»

Aujourd'hui je peux vous dire avec la joie au cœur que Dieu a exaucé ma prière!

Quelle prière offrirez-vous à Dieu aujourd'hui? Il peut transformer vos souffrances en auréoles, vos blessures en étoiles; ou Il peut vous briser pour vous rendre plus beau. Et pendant que vous poursuivez son œuvre, Il œuvrera à travers vous.

Dieu me fait souffrir davantage afin que j'aide les autres davantage.

Restez calme et priez!

Et ma chair et mon cœur sont consumés: roc de mon cœur, ma part, Dieu à jamais!

(Ps 73:26)

J'ai appris une précieuse leçon lors de l'accident de ma fille. Il s'agit d'une autre façon de transformer vos blessures en étoiles. *Ne sous-estimez jamais la capacité du penseur positif à se tirer d'une situation difficile!*

Nous étions dans l'avion traversant le Pacifique, de la Corée à Los Angeles, et nous utilisions, ma femme et moi, beaucoup de mouchoirs de papier. Notre petite fille avait perdu sa jambe et elle était à des milliers de milles de nous. J'étais submergé de douleur, lorsque cette étonnante phrase me vint à l'esprit: «Schuller, tu exagères. Reste calme et prie!»

Puis les paroles de Dieu m'arrivèrent clairement: «Schuller, elle n'a pas perdu ses mains. Elle peut encore jouer du violon. Elle peut encore jouer du piano. Elle n'a pas perdu ses deux jambes, mais une seule. Elle n'est pas un embarras pour son Seigneur, ni pour ses amis, ni pour toi. Tu exagères l'accident. Calme-toi!»

Mon expérience illustre à quel point nous avons d'abord tendance, lorsque nous souffrons, à exagérer un événement tragique. Au cours de mes 27 ans de ministère, j'ai conseillé des gens et prié avec eux dans toutes sortes de situations, et chaque fois, la première réaction était d'exagérer l'événement tragique. À cause de la réalité d'une tragédie, ce qui vous empêche normalement d'exagérer n'agit plus. C'est difficile, mais le fait de réaliser cela est la première étape vers la guérison.

Je vais prier afin que ma situation s'améliore. Alors Dieu pourra commencer à me montrer comment transformer ma tragédie en triomphe!

Restez calme et priez !

Qu'as-tu, mon âme, à défaillir ? Espère en Dieu.

(Ps 42:5)

Alors nous savons que notre première réaction est d'exagérer une tragédie, une souffrance ou un problème. Nous trouvons tout ce qui ne va pas et nous aggravons le problème. Bien des penseurs négatifs agissent ainsi chaque jour. Ils cherchent tout ce qui ne va pas dans une grande idée. Dans leurs projets d'avenir ils prévoient échouer. Ils se rendent la vie très difficile de même que celle des autres.

En tant que penseurs axés sur la possibilité, nous pouvons choisir de réagir. Comment ? Positivement ! Mais lorsqu'un vrai malheur nous affecte profondément, soyons conscients de notre tendance à l'exagération. Restons calmes ! C'est là où la foi dans le Christ nous sauve de nous-mêmes. Lorsque nous sommes blessés ou perturbés au-delà de ce que nous pouvons supporter, la foi est la solution. Faites confiance au Seigneur et il vous soutiendra !

Comment pouvez-vous être confiant lorsque vous ne savez pas ce qui vous attend ? Vous devez d'abord vous débarrasser de ce qui vous nuit le plus, écarter le désir d'exagérer l'événement tragique et demander à Dieu de vous donner la force de résister à cette tentation.

Vous pouvez le faire dès maintenant. Prenez simplement en note les problèmes ou souffrances que vous avez exagérés. Dressez la liste des souffrances que vous maîtrisez.

Maintenant revenez en arrière et éliminez ces pensées négatives. Effacez-les du papier et de votre esprit. Refusez d'exagérer !

> *Je me débarrasse des pulsions négatives et je m'accroche aux promesses de Dieu !*

Restez calme et priez !

N'entretenez aucun souci; mais en tout besoin recourez à l'oraison et à la prière, pénétrées d'action de grâces, pour présenter vos requêtes à Dieu.

(Ph 4:6)

J'ai été inspiré par l'histoire d'un pêcheur norvégien. Il vivait dans un petit cottage près de la mer avec sa femme, Ingrid, et ses deux fils. Tous les matins, le pêcheur et ses deux fils ramaient jusqu'à ce qu'ils soient assez loin des côtes pour attraper une bonne quantité de poissons. Mais un jour, ils perdirent toute notion du temps et, avant qu'ils ne le réalisent, le soleil était couché. Ils ne savaient plus dans quelle direction se diriger.

Soudain l'un des garçons aperçut au loin une lueur dorée. C'était une puissante lumière sur la berge! Quelqu'un se doutait sans doute qu'ils étaient perdus dans l'obscurité de l'océan. Les trois hommes ramèrent vers la lumière et s'aperçurent qu'il s'agissait d'un immense feu. Ils étaient sains et saufs!

En débarquant à terre, il ne restait que des cendres. Et Ingrid, la femme du pêcheur et mère des deux garçons, était là, sanglotant de manière incontrôlable. «Ingrid! cria le pêcheur. Nous sommes sains et saufs!» Elle se remit à pleurer. «Tout est perdu», disait-elle. «Que veux-tu dire?» demanda son mari. «La maison a été complètement détruite par l'incendie», s'exclama-t-elle. «Oh! mais Ingrid, le feu qui a détruit notre maison nous a sauvé la vie!»

Restez calme et priez! Ce qui est une tragédie pour vous pourrait dès demain se transformer en triomphe.

Je sais que chaque coucher de soleil me rapproche d'une nouvelle aurore!

Restez calme et priez!

« Invoque-moi et je te répondrai; je t'annoncerai des choses grandes et cachées dont tu ne sais rien. »

(Jr 33:3)

Alors maintenant vous avez cerné le problème, vous avez examiné objectivement la situation et vous avez résisté à l'exagération. C'est un grand pas vers la guérison!

Maintenant, priez! Comment? Par la «PRIÈRE POSITIVE.» Voyez ce que vous possédez! Recherchez les secrets cachés que recèle votre souffrance, et la promesse des bénédictions à venir.

Merci, mon Dieu, d'avoir permis que Carol ne perde qu'une jambe et soit encore en vie! Merci de me donner une santé me permettant de me trouver un nouvel emploi! Merci de m'avoir donné une relation amoureuse avec mon mari pendant 30 ans. Merci, mon Dieu, de m'avoir donné la foi!

Prenez le temps de noter dès maintenant votre «prière positive». Avec l'esprit de Dieu pour guérir vos blessures, vous avez tellement de raisons pour le remercier!

Les moments difficiles sont des occasions d'améliorer sa foi. J'essaie! Seigneur, Vous m'aidez!

Restez calme et priez !

Je bénirai Yahvé en tout temps, sa louange sans cesse en ma bouche.

(Ps 34:2)

Partout dans la Bible nous découvrons des gens qui ont vécu des tragédies et qui ont souffert. Mais Dieu est fidèle lorsqu'ils se tournent vers Lui. Examinons certains d'entre eux et voyons leur réaction face à la tragédie, et leurs prières dans la douleur.

Lisez :   *Leur problème :*   *Leurs prières :*

Ps 57 _____

_____

2 Co 1:8-11 _____

_____

Jb 1:13-22/42:1,2; 10 _____

_____

Lc 1:26-37; 46-56 _____

_____

Ac 16:19-32 _____

_____

> *Je choisis de louer Dieu et je me sens entouré de sa présence !*

Restez calme et priez !

Nous sommes en effet son ouvrage, créés dans le Christ Jésus en vue des bonnes œuvres que Dieu a préparées d'avance pour que nous les pratiquions.

(Ep 2:10)

En priant pour surmonter vos problèmes, petits ou grands, vous vous verrez devenir de plus en plus en accord avec Dieu. À travers Jésus-Christ nous sommes en contact direct avec Dieu. Il entendra vos prières. Elles Lui parviendront. Et Dieu prodigue d'abondantes promesses à ceux qui Le connaissent. Rappelez-vous la vie de ceux que vous avez étudiés hier. Ils ont tous reçu, à travers leurs malheurs, la présence et la paix de Dieu. David, Paul, Job, Marie et Silas ont tous été les héritiers des promesses de Dieu. Et tout ce qu'ils ont eu à faire a été de prier ! Aujourd'hui nous avons le privilège de prier par l'intermédiaire du Christ. Il est notre contact avec Dieu.

J'ai beaucoup parlé avec Jésus, et je sais qu'Il écoute. Je sens qu'Il transforme mes blessures en étoiles ! Si quelqu'un se trouve à mes côtés le jour où je prendrai le lit pour la dernière fois de ma vie, je ne lui dirai qu'une chose : « Lorsque je mourrai, restez calme et priez ! Parce que je sais où je vais et je sais qui sera là. Son nom est Jésus-Christ. »

Lorsque je suis plein de louanges, je suis plein d'espoir !

Restez calme et priez !

Qui habite le secret d'Elyôn passe la nuit à l'ombre de Shaddaï.
(Ps 91:1)

J'ai un ami qui est pasteur à Bali, et il m'a raconté la drôle d'expérience qu'il a vécue la première fois qu'il est venu en Amérique. Dans la culture indonésienne, les gens dorment directement sur le dessus du lit. À son arrivée ici, il fut ébergé dans une maison privée. Lorsque vint le temps de se retirer pour la nuit, il regarda son lit muni d'un couvre-lit brodé impeccablement disposé. Il ne réalisait pas que les couvertures étaient placées sous ce couvre-lit, alors il regarda dans les placards et sous le lit. Il faisait froid et il ne pouvait comprendre pourquoi on ne lui avait pas fourni de couverture. Finalement, il s'étendit simplement sur le lit, frissonnant et inconfortable.

Le lendemain matin, lorsqu'on lui demanda comment il avait dormi, il mentionna que sans couverture, il avait eu froid. Un peu confus tout d'abord, ses amis réalisèrent finalement ce qui était arrivé. Ils sourirent et lui dirent : « Les couvertures sont disposées sur le lit. Vous devez retirer le couvre-lit et vous glisser entre les couvertures. » Ils le conduisirent à la chambre et ajoutèrent : « Vous voyez, vous ne devez pas vous coucher sur les couvertures, mais les soulever et vous glisser entre elles. »

C'est ainsi que vous obtenez la foi nécessaire pour rester calme et prier. Vous devez pénétrer dans la Bible. Vous devez entrer en contact avec Jésus-Christ. Il n'est pas suffisant de connaître Jésus ; vous devez vous engager et vous blottir contre Lui.

Je suis prêt, Seigneur, et impatient de me rapprocher de Vous !

Ne luttez pas, approchez-vous !

... Et nous faisons toute pensée captive pour l'amener à obéir au Christ.

(2 Co 10:5)

En confiant vos problèmes au Christ dans la prière, vous découvrirez ce secret caché : Mieux vous connaissez Jésus, et plus vous connaîtrez la paix.

Si vous manquez encore d'harmonie, vous avez besoin de connaître la liberté qui ne s'obtient qu'en découvrant la captivité de votre âme à Jésus-Christ. Vous pouvez connaître une paix intérieure profonde lorsque le Christ contrôle vos pensées. Vous n'avez pas à lutter toute votre vie. Vous n'avez pas à vous laisser coincer par les problèmes, les tragédies, les blessures et les échecs. Cessez de combattre ces sentiments aliénants en vous abandonnant aux bras libérateurs du Christ. Ne luttez pas, approchez-vous ! Vous n'avez plus à lutter contre cette déception, vous n'avez qu'à vous blottir près de Dieu.

Quelle pensée captive abandonnerez-vous au contrôle du Christ aujourd'hui ?

Maintenant, dans la prière, laissez vos pensées et votre être tout entier devenir captifs de votre Seigneur. Il procure une nouvelle harmonie, une merveilleuse guérison et une paix silencieuse lorsque vous vous blotissez près de Lui.

> *Je suis libre de tout lien, de toute limite et de toute pensée négative lorsque le Christ prend le contrôle.*

Ne luttez pas, approchez-vous!

Car celui qui était esclave lors de son appel dans le Seigneur est un affranchi du Seigneur; pareillement celui qui était libre lors de son appel est un esclave du Christ.

(1 Co 7:22)

Comment pouvez-vous rendre toute pensée captive de Jésus? C'est simple. En développant un écran émotionnel à travers lequel toutes vos pensées devront être filtrées. Au moment où les pensées vous viennent à l'esprit, vous pouvez savoir si elles proviennent du Christ en vous posant les questions appropriées. Premièrement: Cette pensée stimule-t-elle ma foi? Deuxièmement: Cette pensée est-elle génératrice d'espoir et d'optimisme? Troisièmement: Cette pensée est-elle génératrice d'amour?

Si la pensée qui vous vient est filtrée par cet écran et que les réponses sont oui, oui, oui ... cette pensée doit provenir du Christ! Il vous donne une idée créatrice, une inspiration, un rêve excitant! Acceptez tout cela. Croyez-y!

Lorsque vos pensées sont captives du Christ, vous êtes vraiment libre!

Quelle pensée vous a-t-il donnée alors que vous vous rapprochiez quotidiennement de Lui? _____

_____

N'est-ce pas excitant d'avoir des pensées édifiantes? Elles proviennent de Jésus-Christ.

Je tire tellement d'enthousiasme générateur d'énergie lorsque je permets à Jésus de remplir ma vie!

Ne luttez pas, approchez-vous!

« Ma grâce te suffit : Car la puissance se déploie dans la faiblesse. »

(2 Co 12:9)

Un de mes très grands amis, Ray Lindquist, raconte cette histoire de son enfance sur une ferme du Nébraska. Il avait appuyé une échelle contre la grange et y était monté prudemment. Il allait regarder dans la gouttière et attraper des moineaux. Mais comme il se penchait au-dessus de la gouttière pour en saisir un, il alla un peu trop loin, et l'échelle glissa et tomba. Il ne s'était agrippé que du bout des doigts et ses pieds battaient le vide. « Au secours, au secours! » criait-il. Alors il entendit une voix forte qui disait : « Laisse-toi tomber. » Il regarda plus bas et aperçut son père, dont les bras attendaient à peine un pied plus bas. Il se laissa tomber et son père l'attrapa.

Votre lutte peut se transformer en un sain abandon. Ne luttez pas, approchez-vous! Laissez-vous aller et faites confiance à Dieu.

Si vous deviez vous laisser aller dans un domaine de votre vie aujourd'hui, pour vous rapprocher de Dieu, quel serait ce domaine?

Pourquoi ne vous rapprochez-vous pas du Christ dans la prière dès maintenant? Il vous promet de vous donner sa puissance. Il peut faire de vous — et Il le fera — la merveilleuse personne que vous croyez pouvoir être!

À chaque fois que Dieu enlève quelque chose, Il le remplace par une part plus importante de Lui-même!

Ne luttez pas, approchez-vous!

*Yahvé aura tout fait pour moi; Yahvé, éternel est ton amour,
ne délaisse pas l'œuvre de tes mains.*

(Ps 138:8)

Au cours de votre lecture des évangiles, vous découvrirez que Jésus n'a jamais qualifié personne de pécheur. Et vous savez pourquoi? Parce que Jésus savait que l'on ne change pas une mauvaise personne en lui disant qu'elle est mauvaise. Jamais! On transforme quelqu'un en un merveilleux disciple de Dieu en lui donnant une inspiration, un rêve lui révélant qu'il pourra être quelqu'un de merveilleux un jour!

Il y a dans votre vie une blessure que le Christ veut guérir. Il veut que vous soyez encore plus merveilleux que vous ne l'êtes déjà. C'est pourquoi il comble votre esprit de rêves nouveaux et glorieux. Lorsque vous souffrez d'un manque d'harmonie intérieure, vous croyez vraiment vous connaître. Mais est-ce le cas? Écoutez-moi. En entrant en vous encore plus profondément que vous ne l'avez jamais fait, vous découvrirez le riche gisement de la foi en Dieu. Et en vous rapprochant de Lui, vous connaîtrez le sort harmonieux, merveilleux et positif qu'Il vous destine. Vous découvrirez, au plus profond de votre être, des possibilités dont vous avez toujours ignoré l'existence. Vous serez peut-être submergé de frustrations, d'obstacles et de difficultés, mais au beau milieu de tout cela, vous aurez des pensées qui vous élèveront au-dessus du malheur, des pensées qui proviendront de Lui!

*Ma vie est rendue plus merveilleuse chaque jour grâce
au Christ qui la remplit.*

Ne luttez pas, approchez-vous !

Quiconque croit que Jésus est le Christ est né de Dieu...
(1 Jn 5:1)

Borham, le grand écrivain chrétien, a écrit, il y a plusieurs années, quelque chose qui m'a impressionné. Il a écrit : « Lorsque j'étais jeune, j'ai été invité à passer un weekend chez mon ami. C'était la première fois que j'y allais et mon ami m'informa que la chambre en face de la mienne était interdite. Personne n'était admis dans cette pièce, me dit-il, et je respectai cela. Mais une nuit je ne dormais pas, et je crus avoir entendu quelque chose. J'ouvris doucement ma porte et je regardai dans le couloir. La porte d'en face était ouverte et la pièce interdite était éclairée. Je vis quelqu'un dans un lit, un jeune homme. Mais le jeune homme avait le regard d'une personne mentalement attardée. La mère était agenouillée à son chevêt, lui caressant le front. »

Borham disait : « Je n'oublierai jamais les paroles de la mère. Elle pleurait et elle disait : « Je t'ai mis au monde. Je t'ai donné la vie. Je t'ai nourri. Je t'ai lavé et je t'ai aimé chaque jour de ta vie. Et malgré cela, tu ne me connais toujours pas. »

C'est ainsi que Dieu vous voit si vous ne Lui avez jamais donné votre vie. Il vous regarde et vous réserve son pouvoir de guérison, si seulement vous acceptez de Lui confier vos souffrances. Il désire mieux vous connaître.

Ne luttez pas dans la vie, rapprochez-vous de Dieu et Il se rapprochera de vous.

Je me repose entre les bras aimants de mon Père, et Il restaure ma vie !

Ne luttez pas, approchez-vous!

Enfin, frères, tout ce qu'il y a de vrai, de noble, de juste, de pur, d'aimable, d'honorable, tout ce qu'il peut y avoir de bon dans la vertu et la louange humaines, voilà ce qui doit vous préoccuper.

(Ph 4:8)

Pour que notre esprit et nos pensées soient en harmonie avec Dieu, il suffit de faire appel à Lui à tous les jours, en tout temps. C'est ainsi que vous pouvez rendre vos pensées captives de Jésus. En vous rapprochant continuellement de Lui. En vous blotissant près de Lui tout au long de la journée. Pourquoi? Permettez-moi de vous l'expliquer.

Lors d'un voyage en Thaïlande que j'ai fait un été, j'ai aperçu un indigène qui extrayait le venin d'un cobra. Il était incroyable de voir cet homme provoquer et agacer le cobra jusqu'à ce qu'il se dresse et qu'il commence à siffler et à s'apprêter à attaquer l'indigène avec son poison mortel. Mais l'indigène était trop rusé. Il savait exactement comment l'attraper derrière la tête et lui serrer les mâchoires. D'abord la gueule s'ouvrait, découvrant les deux crochets d'ivoire; puis, avec un doigt, il pressait les glandes de l'animal et faisait jaillir le poison mortel, un liquide blanc, qui tombait dans une petite fiole. Il pouvait obtenir un bon prix pour le venin. On l'utilisait comme contre-poison.

L'indigène me confia, avec l'aide d'un interprète, que trois heures plus tard le cobra aurait à nouveau du venin, en quantité suffisante pour tuer. Il en est de même des pensées négatives. Vous devez constamment extraire le poison de votre esprit. Nous devons constamment éliminer nos pensées négatives. Nous pouvons le faire en nous rapprochant de Jésus-Christ.

> *Mon esprit nébuleux est à chaque instant balayé par la fraîche brise de l'amour de Dieu!*

Ne luttez pas, approchez-vous !

« Je vous laisse la paix; c'est ma paix que je vous donne; je ne vous la donne pas comme le monde la donne. »

(Jn 14:27)

Il y a quelques jours, vous avez noté un sentiment qui semblait vous emprisonner. Le lendemain, vous avez noté une pensée qui, selon vous, provenait de Dieu. Aujourd'hui, dressez la liste des craintes, des souffrances, des inquiétudes ou des pensées négatives qui vous nuisent sans cesse.

Maintenant, comparez ces petits problèmes avec la puissante réponse de Dieu. Acceptez ses idées dans la prière.

Problèmes	Réponse de Dieu

Jésus-Christ génère dans votre cœur et dans votre esprit sa puissance, son amour et son espoir. Recevez-Le et vivez !

Dieu me donne des oreilles pour entendre, un cœur pour sentir et un esprit pour penser au merveilleux destin qu'Il me réserve !

Jésus-Christ donne l'exemple de la souffrance!

Si donc quelqu'un est dans le Christ, c'est une création nouvelle: l'être ancien a disparu, un être nouveau est là.

(2 Co 5:17)

L'avantage le plus excitant qu'il y a à se rapprocher du Christ est qu'Il est un parfait exemple que vous pouvez suivre. En étudiant sa vie, vous découvrirez non seulement qu'Il était vraiment Dieu, Mais qu'Il était vraiment humain! Et Il a connu chaque souffrance, chaque défi et chaque tentation que l'homme peut connaître.

Cela me rappelle l'histoire du petit garçon qui devait prendre une cuillerée d'huile de castor. Mais avant que sa grand-mère ne lui donne le médicament, elle en prenait elle-même et disait: «Tu vois, ça n'a rien de terrible. C'est facile.»

C'est ce que Dieu a fait lorsqu'Il nous a donné le Christ comme Sauveur. Il a goûté de sa propre médecine. Nous nous causons de nombreux malheurs chaque jour en faisant un mauvais usage de notre liberté. Nous laissons les pensées négatives nous envahir, nous exagérons nos maux ou nous croyons en l'échec.

Le Christ n'a jamais fait cela. Au lieu de cela, Il est venu et a subi les conséquences de notre liberté mal utilisée. Il a souffert physiquement, comme humain, pour prouver que nous aussi nous pouvons connaître Dieu, et que nous aussi nous pouvons transformer nos blessures en étoiles!

> *Mes racines s'abreuvent à la source positive de l'amour: Jésus-Christ. Je suis libre de le suivre!*

Jésus-Christ donne l'exemple de la souffrance !

« Que votre cœur ne se trouble pas! Vous croyez en Dieu, croyez aussi en moi. »

(Jn 14:1)

De son vivant, l'archevêque Fulton Sheen m'a profondément impressionné. Ses paroles, que je vais vous confier, m'ont inspiré le slogan: «Transformez vos blessures en étoiles. » Ce slogan m'a aidé dans les moments les plus difficiles, et je sais qu'il vous aide aujourd'hui.

«De nos jours, les jeunes et bien d'autres connaissent le Christ sous le nom de Super-Star. Ils commencent à Le connaître. Mais pour moi Il n'est pas cela. La super-star a toujours une étoile sur la porte de sa loge. Il n'était pas une super-star. Il n'avait pas d'étoile sur la porte de sa loge; en fait, on Le jeta dans un dépotoir et on Le crucifia. Qu'est le Christ s'Il n'est pas une super-star? Il est un exemple de souffrance! Car lorsqu'Il est ressuscité d'entre les morts, Il avait cinq hideuses cicatrices aux mains, aux pieds et au côté. Croyez-moi, l'apôtre Thomas a beaucoup de mérite. Bien sûr, il était incrédule. Bien sûr, il était un sceptique, mais il avait beaucoup de valeur et il nous a donné une excellente leçon, cette leçon étant: 'Je ne croirai personne, à moins qu'il puisse me démontrer qu'il aime au point de se sacrifier. Si le Christ a apporté l'amour de Dieu sur cette terre, alors Il doit faire la preuve de cet amour, même au point de donner sa vie. Je veux, par conséquent, voir des cicatrices, des marques d'amour, et lorsque je pourrai mettre mon doigt dans le trou de ses mains, et ma main dans son côté, alors je ne serai pas incrédule, alors je croirai.' Voilà le Christ, qui a donné l'exemple de la souffrance, Celui qui a été blessé par amour pour nous. »

JÉSUS-CHRIST DONNE L'EXEMPLE DE LA SOUFFRANCE. Le christ que nous croyons, le Christ que nous enseignons, le Christ que nous aimons.

Jésus-Christ donne l'exemple de la souffrance!

Et nous tous qui, le visage découvert, réfléchissons comme en un miroir la gloire du Seigneur, nous sommes transformés en cette même image, allant de gloire en gloire, comme de par le Seigneur, qui est Esprit.

(2 Co 3:18)

Même pour celui qui axe sa pensée sur la possibilité, il y a des choses impossibles. Se tenir debout au début d'une journée et dire au soleil: «Aujourd'hui, tu ne traverseras pas le ciel» est une impossibilité. Ou aller sur la plage et tracer, à marée basse, une ligne sur le sable en disant à la mer: «Aujourd'hui, tu ne traverseras pas cette ligne» est une impossibilité.

Les soldats romains ont placé une pierre devant la tombe de Jésus et ont dit: «Il ne se lèvera plus jamais!» Cela était une impossibilité! Et de dire: «Tu ne changeras pas si tu acceptes Jésus-Christ dans ta vie» est une impossibilité. La vérité est que le Christ est ressuscité et que rien ne peut s'opposer à Lui! Et quiconque accepte Jésus-Christ dans sa vie changera! La semence germera, les océans auront leurs marées et le soleil brillera! Le Christ est vivant et Il envahit les vies humaines, transformant les cœurs, les esprits et les personnalités. Il est impossible de recevoir Jésus-Christ dans votre vie comme Sauveur personnel sans être véritablement et merveilleusement transformé.

De quelle manière avez-vous changé depuis que le Christ est venu dans votre vie?

_____

_____

_____

Aidez-moi, Seigneur, à accepter ce que je ne peux changer, et alors je changerai.

Jésus-Christ donne l'exemple de la souffrance!

« Je vous laisse la paix... »

(Jn 14:27)

Jésus-Christ, exemple de souffrance, procure une paix indescriptible. Certains d'entre vous n'avez jamais connu cette paix dynamique. Mais cela peut vous arriver! Quelqu'un me disait: «Êtes-vous certain que Jésus-Christ est vivant aujourd'hui?» Et je lui ai immédiatement répondu: «Oh, je n'en doute pas un instant. Mais je me demande si vous, vous êtes vraiment vivant aujourd'hui. Ou y a-t-il une pierre devant votre vie qui vous empêche émotivement de jouir vraiment de la vie?» Si tel est le cas, Jésus-Christ peut vous transformer. Voici comment: Je vous donnerai simplement quatre mots faciles à retenir.

Premièrement, le COURAGE. Le Christ vous donne le courage lorsqu'Il vient à vous par la foi. Et le courage élimine la crainte, qui est la principale source d'anxiété et de dépression chez l'homme.

Le deuxième mot est CONFIANCE EN SOI. Lorsque Jésus-Christ devient vivant dans votre vie, vous avez confiance en vous-même. Et la confiance en soi élimine l'anxiété, la deuxième cause principale de malaise chez l'humain.

Le troisième mot est AMITIÉ. Lorsque le Christ vient à vous, Il vous sauve de la solitude, cette isolation de l'esprit! L'amitié!

Et le quatrième mot est COMMUNICATION. La communication est la capacité de créer, de comprendre et d'être compris.

Aujourd'hui, je regarderai les gens, Seigneur, et je verrai votre amour dans leur vie!

Jésus-Christ donne l'exemple de la souffrance !

Alors la paix de Dieu, qui surpasse toute intelligence, prendra sous sa garde vos cœurs et vos pensées, dans le Christ Jésus.
(Ph 4:7)

Lorsque vous vous rapprochez de la souffrance du Christ, Il vous donne du COURAGE ! Un vrai courage dynamique. « Je vous donne la paix », promet-il. Chacun sait que le Christ n'a pas craint la mort. Si vous éliminez la crainte de la mort, vous éliminez la mère de toutes les craintes.

Les annales britanniques relatent une anecdote intéressante. Un jour, dans les Antilles, cinq navires étaient ancrés au port. L'un était un navire britannique. Soudain une tempête inattendue se leva. L'officier britannique mit les voiles et vogua vers les énormes vagues, directement vers la tempête. Deux jours plus tard, quelque peu endommagé, le navire entra au port, pour découvrir que les quatre autres navires avaient été détruits.

Il n'y a qu'une façon de vraincre sa peur et c'est d'y faire face ! Si le Christ est votre Seigneur, vous pouvez affronter n'importe quel danger sans crainte. Le Christ donne du courage. Il vous offre la paix aujourd'hui. À quelle crainte devez-vous faire face aujourd'hui ?

Seigneur, je sens votre assurance mystérieuse, calme et tranquille surgir du plus profond de mon être.

Jésus-Christ donne l'exemple de la souffrance !

Ne perdez donc pas votre assurance; elle a une grande et juste récompense. Vous avez besoin de constance, pour que, après avoir accompli la volonté de Dieu, vous bénéficiiez de la promesse.

(He 10:35,36)

La deuxième qualité que donne la souffrance du Christ est la CONFIANCE EN SOI. La confiance en soi élimine l'anxiété qui provient d'une liberté irresponsable. N'est-ce pas intéressant que notre société soit l'une des plus portées vers l'anxiété de tous les temps, et à une époque où nous avons supposément beaucoup plus de liberté que jamais? Comment expliquez-vous cela? Lorsque vous avez une totale liberté morale, sans aucune restriction, vous risquez de vous retrouver avec de l'anxiété. Des tests ont été faits par des psychologues de l'enfance dans des terrains de jeux. L'un des tests était basé sur l'hypothèse que ceux qui jouaient dans des endroits clôturés seraient opprimés plus tard. Ils allaient grandir en sentant des interdits autour d'eux. Pour comparer, on donna à un groupe d'enfants une liberté totale. Pas de clôtures! Et devinez ce qui est arrivé. Ces enfants devinrent enclins à l'anxiété, se rassemblèrent et jouèrent au centre du terrain de jeux. Ils n'osaient pas courir, de peur de s'exposer à des dangers. Mais lorsque l'on remit les clôtures en place, ils couraient par tout le terrain de jeux, les bras grands ouverts. Les clôtures leur donnaient un sentiment de sécurité! Les dix Commandements sont les guides positifs de Dieu pour vivre sainement. Ils sont les règles d'une vie heureuse. Lorsque le Christ vient en vous, vous avez une nouvelle conscience morale. Vous avez des clôtures. Vous vous dites : « Je serai fidèle au Christ, je serai fidèle à Dieu, et par conséquent je serai fidèle à mon prochain. » Et c'est cela qui vous donne de l'assurance.

Je suis en paix avec Dieu. Il a pardonné et oublié mes péchés !

Jésus-Christ donne l'exemple de la souffrance!

Avançons-nous donc avec assurance vers le trône de la grâce afin d'obtenir miséricorde et de trouver grâce, pour une aide opportune.

(He 4:16)

Dans l'un de mes livres je raconte l'histoire de Bozo, le célèbre éléphant indien de Londres. C'était un très bel animal, une grosse masse de tendresse. Un jour il se mit en colère et se mit à charger en direction des enfants. Le propriétaire du cirque sut alors que l'éléphant était devenu dangereux et qu'il devrait l'exterminer.

À la date prévue, Bozo était dans sa cage, et trois hommes munis de puissantes carabines se levèrent et visèrent la tête de l'énorme bête. Mais juste avant que l'on ne donne le signal de tirer, un étranger s'approcha du propriétaire et dit: «Monsieur, cet éléphant n'est pas méchant. Laissez-moi seul deux minutes dans sa cage.»

Le propriétaire accepta. L'homme courageux entra dans la cage et se mit à parler à l'animal dans une langue étrange. Puis il s'approcha de l'éléphant et lui caressa la trompe. La bête enroula tendrement sa trompe autour de la cheville de l'homme, le souleva et le déposa doucement sur le sol.

En sortant de la cage, l'homme dit; «Vous voyez, c'est un éléphant indien qui ne comprend qu'une langue. Il n'avait personne qui le comprenait.» L'homme était Rudyard Kipling.

La solitude. Le remède est de savoir qu'il y a un ami qui vous comprend vraiment. Jésus est cet ami!

> *Vous n'avez jamais manqué, Seigneur, d'être mon ami intime, essentiel.*

Jésus-Christ donne l'exemple de la souffrance !

Priez sans cesse. En toute condition soyez dans l'action de grâces.

(1 Th 5:17,18)

Vous pouvez connaître toutes sortes de problèmes émotifs lorsque vous avez besoin d'un ami, de quelqu'un avec qui vous pouvez COMMUNIQUER. Voulez-vous un ami intime, avec lequel vous pourrez communiquer ?

Le Christ est si réel pour moi. Lorsque je suis seul, Il est mon ami constant. Il est très facile de prier pour moi et je le fais en tout temps lorsque je suis seul. Il est là, tout comme je sais que le pilote d'un avion est dans la cabine de pilotage.

Il y a quelques semaines, j'ai dû donner la fessée à ma petite fille qui s'était mal conduite. Elle s'enfuit dans sa chambre en pleurant. Au bout de quelques minutes, je jetai un coup d'oeil dans sa chambre. Elle était blottie dans son lit, les bras autour de sa poupée favorite. Je caressai ses cheveux et séchai ses larmes en disant : «Gretchen, je t'aime beaucoup, mais tu méritais cette fessée.»

Elle abandonna alors sa poupée, glissa ses bras autour de mon cou et m'embrassa. «Mon Dieu, murmurai-je, je vous remercie pour ma chère petite fille.»

Jésus-Christ est vivant et vient à vous par la prière ! Il veut être votre Père. Certains d'entre vous s'accrochent à leur poupée spéciale, qui remplace l'amour que vous recherchez de votre Père céleste. Ce peut être une nouvelle voiture, un hobby, une nouvelle carte de membre. *Mais une poupée ne remplace jamais un père !* Laissez Jésus-Christ vous aimer dès aujourd'hui !

Dieu se révèle davantage à moi, et cela me permet de me voir davantage !

Jésus-Christ donne l'exemple de la souffrance!

Avec cela, que la paix du Christ règne dans vos cœurs: Tel est bien le terme de l'appel qui vous a rassemblés en un même Corps. Enfin vivez dans l'action de grâces!

(Co 3:15)

Les souffrances de Jésus-Christ sont les étoiles d'espoir dans votre vie! Il a transformé votre blessure en auréole, votre tragédie en triomphe, votre douleur en louange!

Consacrez quelques moments à la réflexion. Avant d'affronter votre journée, souvenez-vous que, quoi qu'il vous arrive, vous pouvez choisir la façon dont vous réagirez. Et en faisant taire les pensées négatives qui vous viennent, vous pouvez découvrir la joie de confier vos problèmes au Christ dans la prière. Les gens qui ne craignent pas la souffrance et qui recherchent les éléments positifs que recèle chaque possibilité sont des gens qui sont en harmonie avec Jésus-Christ. Vous pouvez vous blottir auprès de Lui sans avoir à lutter toute votre vie. Après tout, Il est l'exemple de la souffrance. Il vous aime, sait qui vous êtes et pourquoi vous souffrez. Et Il est mort sur la croix afin que vous connaissiez la paix de Dieu dès aujourd'hui dans votre vie. Il transforme vos blessures en étoiles.

Louez-le pour tout ce qu'Il a fait et pour tout ce qu'Il continuera de faire dans votre vie.

Je ferai en sorte que rien ne m'enlève le don de Dieu qu'est la paix du cœur et de l'esprit!

Découvrez vos trésors cachés

Croyez aux trésors cachés

C'est la gloire de Dieu de celer une chose, c'est la gloire des rois de la scruter.

(Pr 25:2)

Dieu cache, soigneusement et en silence, ses dons les plus précieux afin que nous devenions de joyeux «rois» en les découvrant. C'est un fait universellement admis que les plus grands et les plus précieux trésors ne sont pas visibles. La perle est cachée dans l'huître dans les profondeurs de l'océan. Le diamant est profondément enfoui dans la terre. Et les pépites d'or sont dissimulées dans le flanc des montagnes.

Je crois que les solutions à nos plus grands problèmes, ceux qui portent sur l'énergie, l'économie et les richesses naturelles, sont cachées par Dieu dans l'univers. Peut-être que ce dont nous avons besoin pour résoudre nos problèmes est-il dissimulé au centre de notre propre planète.

Mais les plus grands trésors de Dieu ne se trouvent ni au fond des océans, ni dans les profondeurs de la terre, ni dans l'espace. *Les plus grands trésors de Dieu sont en vous et moi: Ce sont la créativité et les possibilités humaines!* En vous résident des pierres précieuses d'une incroyable valeur, des perles de grand prix. Le croyez-vous?

Il y a une mine de pierres précieuses attendant d'être découverte. C'est l'ensemble des dons de Dieu en moi!

Croyez aux trésors cachés

« Car je sais, moi, les desseins que je forme pour vous — oracle de Yahvé — desseins de paix et non de malheur, pour vous donner un avenir et une espérance. »

(Jr 29:11)

Des pierres précieuses et des richesses attendent d'être découvertes, même aujourd'hui. Des milliards de dollars de trésors attendent d'être découverts. Il n'y a que vingt ans que le bouddha d'or a été découvert dans la ville de Bangkok, en Thaïlande. Pendant des années, cet énorme, laid et vieux bouddha de ciment est resté au milieu de la ville. Les gens y laissaient leurs vieilles canettes de coca-cola et y appuyaient leurs colis pendant qu'ils changeaient la pellicule de leurs appareils photo. Puis un prêtre bouddhiste apporta la statue à son temple, mais au cours du transport, elle se fêla. On trouva à l'intérieur la plus grosse pièce d'or sculpté au monde, d'une hauteur de 2,40 mètres.

Ce que je veux partager avec vous est beaucoup plus valable que la découverte d'un ancien bouddha en or. La bonne nouvelle que je veux vous apprendre est que Dieu a enfoui un trésor dans votre propre vie, votre avenir, votre destinée. Vous et moi sommes semblables aux petits glands qui ont en eux ce qui est nécessaire pour devenir de grands chênes.

Quel est votre plus grand trésor? Peut-être est-ce d'être mince et élégant de stature. Peut-être consiste-t-il à vous défaire d'une mauvaise habitude. Peut-être avez-vous besoin de développer un talent que vous avez négligé. Quels que soient les trésors que Dieu a cachés en vous, vous devez commencer à les développer.

Le jour présent recèle un diamant étincelant: C'est mon potentiel caché qui apparaît!

Croyez aux trésors cachés

À peine le fis-tu moindre qu'un dieu; tu le couronnes de gloire et de beauté.

(Ps 8:6)

Comment pouvez-vous être certain qu'il y a en vous de grands trésors? Vous pouvez le savoir parce que vous êtes vous-même un trésor! Vous êtes d'une grande valeur aux yeux de Dieu. Il a envoyé Jésus-Christ mourir pour vous racheter. Pourquoi? Pour que vous soyez conscient de votre valeur.

Dieu désire que tout homme se sente roi et que toute femme se sente reine parce que nous avons été créés à son image. Nous sommes de la famille de Dieu Lui-même. Nous sommes de sang royal!

Et Dieu sait que vous vous sentirez roi ou reine lorsque vous ferez une grande découverte. Lorsque vous découvrirez les richesses qu'Il voit en vous. Il voit votre royauté. Il a caché une couronne de pierres précieuses qu'il vous faut découvrir. Il n'y a pas d'émotion plus grande que celle de faire une grande découverte.

Dieu a rendu la vie excitante! Il voit vos talents inexploités, votre leadership latent, votre beauté qui sommeille. Vous êtes l'enfant du Roi, du Maître Créateur! Et vous possédez ses dons, vous avez en vous son énergie créatrice. Cela vous vient de Lui, et c'est pour Lui. Découvrez-le et découvrez votre héritage!

> *Je suis de sang royal. Une couronne de richesse est mienne aujourd'hui, alors que je découvre les richesses de Dieu en moi!*

Croyez aux trésors cachés

J'aime ceux qui m'aiment, qui me cherche avec empressement me trouve. Chez moi sont la richesse et la gloire, les biens stables et la justice.

(Pr 8:17,18)

Dieu savait ce qu'Il faisait lorsqu'Il vous a créé. Et il a planifié la vie de manière à ce que vos plus grands trésors soient cachés, attendant que vous les découvriez. Lorsque vous ferez cette découverte, vous vous sentirez merveilleusement bien! Vous connaîtrez votre valeur.

Nul ne se sent roi parce qu'il est né parmi la royauté. Les enfants de gens très riches, qui héritent de la fortune de leurs parents plutôt que de la gagner, n'ont pas la joie, l'estime personnelle et le respect de soi que procure l'accumulation d'une telle fortune à force d'intelligence, de discipline personnelle et de dur labeur. Les enfants qui naissent dans la richesse, la gloire ou le pouvoir n'apprécient pas leur situation autant que ceux qui commencent au bas de l'échelle, qui luttent, travaillent fort et obtiennent les mêmes richesses. Dieu donne à tout être humain des occasions uniques de découvrir les possibilités réelles cachées en lui.

La chasse au trésor n'est pas un jeu pour les enfants du passé. Des trésors sont cachés dans les occasions que Dieu vous fournit chaque jour. Cherchez-les et vous les trouverez!

Je suis sur le point de faire une grande découverte:
Dieu croit en moi!

Croyez aux trésors cachés

Yahvé sans cesse te conduira, il te rassasiera dans les lieux arides

(Is 58:11)

L'une des grandes joies de toute famille, y compris la nôtre, est la chasse annuelle aux oeufs de Pâques. À Pâques, je prends de tout petits oeufs en chocolat et je les cache dans le jardin. J'en cache toujours quelques-uns dans des endroits plus faciles afin d'encourager les enfants. D'autres sont cachés dans des endroits modérément difficiles afin que les enfants demeurent motivés. D'autres sont cachés avec tellement de soin que les enfants doivent vraiment réfléchir et travailler fort pour les découvrir. Une fois la chasse terminée, le plus gros du plaisir est aussi passé. Ne serait-ce pas tragique qu'un seul enfant trouve tous les oeufs de Pâques et que chacun sache qu'il n'y en a plus à trouver? Remercions Dieu de nous avoir créés uniques, avec des possibilités cachées que nous seuls pouvons découvrir.

Dieu nous donne des talents évidents afin de nous encourager. Quels sont les vôtres?_____

_____

Il cache aussi certains de nos talents potentiels sous notre surface. Nous devons travailler fort pour les développer. Quels sont les vôtres?_____

_____

Et Dieu cache des richesses et des possibilités merveilleuses au plus profond de nous, et nous devons rêver et croire qu'elles feront un jour surface. Quelles sont les vôtres? _____

_____

Souvenez-vous que la réalité est le rêve. La chasse vient juste de commencer!

> *Dieu me montre les richesses inexploitées qui résident au plus profond de mon être. Je crois que je trouverai de l'or!*

Croyez aux trésors cachés

Heureux l'homme qui a trouvé la sagesse, l'homme qui acquiert l'intelligence! Car mieux vaut la gagner que gagner de l'argent, son revenu vaut mieux que de l'or.

(Pr 3:13,14)

Puisqu'il y a de grandes richesses cachées en vous, vous seul pouvez les découvrir.

J'ai découvert qu'il y a fondamentalement trois sortes de personnes, qui sont façonnées par leur philosophie de la vie.

Premièrement, il y a les JOUEURS. Leur philosophie de base peut se résumer en ces mots: «Mange, bois et sois heureux; car demain nous mourrons.» Leur vie est dominée par le principe du plaisir. Deuxièmement, il y a les SOUMIS. Ce sont ceux dont la philosophie de base est: «Ce qui doit arriver arrivera.» Ils disent d'un ton plaignard: «Je ne puis rien changer. Je suis né ainsi et c'est mon destin.» Ils sont encore dans une ornière. Ils préfèrent prendre la vie tranquillement et éviter de prendre des risques et de s'engager. Troisièmement, il y a CEUX QUI PRIENT. Ces gens ont une philosophie de la vie entièrement différente. Ils disent que nous ne pouvons pas comprendre tous les aspects du destin que Dieu nous réserve. Ils réalisent que ce qui se produit à l'intérieur de soi est plus important que ce qui se produit à l'extérieur. Les valeurs sont plus importantes que les situations, parce que vos valeurs influeront inévitablement sur les situations.

Savez-vous laquelle de ces personnes découvrira vraiment les trésors cachés de la vie?

J'ai l'intention de découvrir les trésors qu'il y a en moi. Et avec l'aide de Dieu, je réussirai!

Croyez aux trésors cachés

« L'homme bon, de son bon trésor tire de bonnes choses... »
(Mt 12:35)

Vous devez faire un choix. Que serez-vous ? Un joueur ? Un soumis ? Ou serez-vous de ceux qui prient ? Cette décision se reflétera sur toutes les facettes de votre vie, dans votre quête des trésors de Dieu.

Ceux qui prient ne sont pas motivés par les mêmes choses que les soumis ou les joueurs. Ce qui motive les joueurs et les soumis se résume en un mot : « J'abandonne ! » Par contre, ceux qui prient sont motivés par le principe qui dit : *C'est le temps de rêver !* Ce sont ceux qui décident d'abord de croire que Dieu a caché des trésors dans leur vie. Ils rêvent ensuite à ce que peuvent être ces trésors. Et vous savez ce qui se passe ? La réalité est dans le rêve ! Lorsque vous en rêvez, elle commence déjà à se matérialiser.

Je vous invite à devenir un de ceux qui prient, un preneur de décisions, un de ceux qui rêvent à des richesses insoupçonnées, à des pierres précieuses cachées ! Peu importe qui vous êtes, vous pouvez découvrir les possibilités et les talents inexploités que vous avez en vous lorsque vous décidez de devenir un de ceux qui prient. Prenez le temps maintenant de prendre cette décision et de signer votre nom pour devenir officiellement un de ceux qui prient dans cette nouvelle aventure appelée la « chasse au trésor ».

Moi, _____, je m'engage à devenir un de ceux qui prient, à rechercher activement et à rêver aux trésors de Dieu qui sont cachés en moi et en ceux qui m'entourent !

Je suis prêt à chercher, à travailler et à croire aux abondantes richesses de Dieu !

La voie vers les trésors cachés

Les paroles de Yahvé sont des paroles sincères, argent natif qui sort de terre, sept fois épuré.

(Ps 12:7)

Maintenant que vous êtes un de ceux qui prient, comment pouvez-vous découvrir ce que Dieu a caché en vous ? Comment pouvez-vous entreprendre votre chasse aux joyaux précieux ?

Vous découvrez vos possibilités cachées en étant en harmonie avec les directives de Dieu. Il vous fournira les indices à suivre. Ces indices sont comme les règles d'un jeu, les ingrédients d'une recette. Oubliez-en un et vous risquez de rater la joie de la découverte.

Premièrement, celui qui prie a confiance et *croit en la parole de Dieu*. La Bible dit que vous et moi, en tant qu'êtres humains, avons été créés à peine inférieurs aux anges. Nous avons été créés à l'image de Dieu et, par conséquent, nous possédons de grandes possibilités. Nous sommes uniques. L'une des raisons qui font que bien des gens n'arrivent pas à découvrir leurs talents et leurs capacités est qu'ils se comparent à ceux qui sont un peu mieux qu'eux. Dans quel domaine de la vie vous comparez-vous aux autres ?

Dieu désire que vous soyez distinct, et non pas une copie conforme de quelqu'un d'autre. Lorsque vous réaliserez cela, vous serez fantastique ! Vous aurez acquis le plus important indice dans votre quête du trésor enfoui.

Je suis une personne d'une incalculable valeur, car Dieu m'a créé et Il m'aime.

LA VOIE VERS LES TRÉSORS CACHÉS

Voilà pourquoi, de notre côté, nous ne cessons de rendre grâces à Dieu de ce que, une fois reçue la parole de Dieu que nous vous faisons entendre, vous l'avez accueillie, non comme une parole d'hommes, mais comme ce qu'elle est réellement, la Parole de Dieu.

(1 Th 2:13)

J.C. Agajanian, l'éminent promoteur de la course Indianapolis 500, m'a montré un jour une fascinante pépite d'or montée sur une chaîne qu'il porte à son cou. Il m'a raconté comment, il y a plusieurs années, il avait accepté de présenter un jeune garçon et ses cascades en motocyclette. Il avait été entendu que, pour chaque spectateur qu'il attirerait, le jeune homme recevrait un dollar. Une fois les cascades terminées, J.C. appela son trésorier et dit : « Donne-lui davantage que la somme convenue : Le gars a été fantastique. » Lorsque le jeune cascadeur reçut son chèque, il exigea de voir J.C. Il entra en coup de vent et dit : « C'est trop. Je le sais, parce que mes amis ont compté les gens qui entraient. J'ai appris il y a longtemps à ne pas faire confiance aux promoteurs comme vous. » J.C. corrigea le jeune homme : « Je n'ai pas fait d'erreur, tu l'as bien gagné. » Plusieurs années plus tard, J.C. reçut la pépite d'or avec l'inscription : « À J.C. Agajanian. Votre parole vaut son pesant d'or. » À l'endos de la pépite, on pouvait lire : « De la part de Evil Knievel. »

La parole de Dieu vaut aussi son pesant d'or ! Il dit qu'il y a un formidable trésor en vous attendant d'être découvert. Croyez à la parole de Dieu et découvrez vos possibilités !

La parole de Dieu vaut autant que de l'or. Ses richesses sont incalculables !

La voie vers les trésors cachés

Si tu la recherches comme de l'argent, si tu la creuses comme un chercheur de trésor, alors tu comprendras la crainte de Yahvé, tu trouveras la connaissance de Dieu.

(Pr 2:4,5)

La seconde étape dans la recherche de vos possibilités est la *recherche de la volonté de Dieu dans votre vie.* Premièrement vous croyez en la parole de Dieu, puis vous recherchez sa volonté. Comment pouvez-vous connaître la volonté de Dieu? Vous vous souvenez que le secret de la réussite consiste à trouver un besoin et à le combler. Commencez par rechercher quelqu'un qui souffre ou qui est aux prises avec un problème, puis guérissez la souffrance, réglez le problème. Lorsque vous découvrez un besoin légitime, apportez-y la solution la plus créatrice possible. Répondre aux besoins est ce sur quoi repose notre ministère. Nous nous maintenons en vie en sachant ce que sont les souffrances du monde moderne. Si vous trouvez un besoin et que vous le comblez, vous découvrirez la volonté de Dieu. Quels besoins voyez-vous aujourd'hui? Trouvez-en au moins cinq, qu'ils soient dans votre famille, votre communauté ou votre monde. Comment pouvez-vous commencer à les combler?

Besoins	Ma façon de les combler
1.	
2.	
3.	
4.	
5.	

Lorsque je vois un besoin, je le comble, car Dieu a comblé mes besoins!

La voie vers les trésors cachés

Nous sommes en effet son ouvrage, créés dans le Christ Jésus en vue des bonnes œuvres que Dieu a préparées d'avance pour que nous les pratiquions.

(Ep 2:10)

Comme église et comme ministère, nous avons réussi. Et nous plaçons le succès sous le contrôle de Dieu. Savez-vous pourquoi nous avons tant voulu réussir et construire la Cathédrale de Cristal? Parce que nous voulions construire une entreprise créatrice pouvant générer des ressources pour faire le bien que personne d'autre ne fait de nos jours.

Il n'y a pas longtemps, nous nous sommes engagés à construire un centre médical à Chiapas, au Mexique. Deux de nos anciens se sont rendus dans la jungle pour évaluer la situation. Ils ont rencontré un homme avec deux espèces de cornes qui lui sortaient de la jambe. L'homme, Manuel, s'était fracturé la jambe, n'avait aucun moyen de s'occuper de la blessure, et ses os saillaient, le laissant décharné et handicapé.

Je remercie Dieu de notre réussite, parce que cela nous permet d'aider les gens qui souffrent vraiment. Laissez-vous aller et laissez Dieu s'occuper de votre réussite: Vous découvrirez le trésor caché qui consiste à combler les besoins des autres!

Passez en revue la liste des besoins que vous avez dressée hier. Avez-vous commencé à combler ces besoins? Vous le pouvez… Aujourd'hui!

> *Je m'abandonnerai et je laisserai à Dieu le soin de s'occuper de ma réussite!*

La voie vers les trésors cachés

Car Yahvé connaît la voie des justes, mais la voie des impies se perd.

(Ps 1:6)

Comme personne qui prie et qui recherche les richesses de Dieu, votre prochain indice consiste à *suivre la voie de Dieu*. Qu'est-ce que la voie de Dieu? C'est la voie de la foi. Si vous croyez en sa parole et cherchez à accomplir sa volonté, une idée vous viendra à l'esprit. Elle vous semblera impossible, mais si vous faites confiance à Dieu, vous devrez prendre des risques et courir le risque de l'échec. Souvenez-vous du vieux slogan qui dit: «Même une tortue ne prend pas les devants si elle ne court pas le risque de l'échec.»

Peut-être l'idée impossible que Dieu vous a donnée concerne-t-elle les besoins que vous avez notés. Peut-être l'idée est-elle un rêve d'un certain don, d'une certaine capacité que vous avez recherchée toute votre vie. Qu'est-ce que c'est? Si elle semble impossible, elle provient de Dieu. Il vous donne toujours une idée assez grande pour qu'Il puisse en faire partie.

Suivrez-vous la voie de Dieu? Quelle est l'idée qu'Il vous inspire? _____

_____

_____

> *Si la voie sur laquelle je me suis engagé me semble impossible à suivre, je sais que c'est Dieu qui me guide dans cette voie!*

La voie vers les trésors cachés

Nous annonçons ce que l'œil n'a pas vu, ce que l'oreille n'a pas entendu, ce qui n'est pas monté au cœur de l'homme, tout ce que Dieu a préparé pour ceux qui l'aiment.

(1 Co 2:9)

Cette chasse au trésor est de plus en plus excitante chaque jour. Dieu vous dirige. Il vous prodigue des idées et des indices. En vous approchant davantage de Dieu par sa parole, vous désirez accomplir sa volonté. En cherchant à accomplir sa volonté, vous vous engagez dans sa voie.

Dieu vous a indiqué certains besoins dans la vie de ceux qui vous entourent. Il vous a aussi fourni des idées créatrices destinées à combler ces besoins. Ces idées sont-elles « impossibles » ? Bravo ! Elles proviennent de Dieu.

Pour suivre vraiment sa voie, vous devez planifier, vous fixer des buts. Tracez-vous une carte et voyez ces rêves se matérialiser.

Aujourd'hui, prenez le temps de permettre à Dieu de vous indiquer les moyens de développer vos possibilités, de réaliser votre idée et de combler les besoins. Commencez avec cinq moyens, même s'ils semblent impossibles aussi.

1. _____

2. _____

3. _____

4. _____

5. _____

Dieu réalise son dessein ; je le sais, parce qu'il semble « impossible » !

La voie vers les trésors cachés

En toutes tes démarches, reconnais-le et il aplanira tes sentiers.
(Pr 3:6)

Lorsque vous croyez en la parole de Dieu, que cherchez à accomplir sa volonté et à suivre sa voie, *vous détenez les merveilles de Dieu.* Si vous tentez l'impossible pour Lui, votre vie se transformera en une réalisation fantastique. Il y aura des moments où vous voudrez abandonner, mais c'est alors que se manifestera la splendeur de Dieu!

Vous souvenez-vous de l'histoire de la pêche miraculeuse? Pierre et les autres avaient jeté leurs filets toute la nuit sans rien attraper. Pour Pierre, ce pêcheur incomparable, ne rien prendre est comme Beverly Sills ne parvenant pas à chanter une note aiguë. C'est comme si Norman Vincent Peale, ce grand penseur positif, disait: «Ça ne marchera pas!» Mais même les superstars échouent de temps à autres.

Jésus se tourna vers Pierre et dit: «Rends-toi en eau profonde et jette tes filets de l'autre côté.» Bien qu'il eût essayé toute la nuit sans rien prendre, Pierre fit ce qu'on lui demandait. Soudain, il sentit le poids énorme des poissons dans son filet. Il y en avait tant que le filet commença à se déchirer alors qu'on tentait de le remonter.

Lorsque vous avez travaillé toute la nuit sans rien prendre, que faites-vous?

N'abandonnez pas; allez en eau plus profonde! Dieu vous réserve quelque chose de spécial: un trésor immergé! Dieu remplira votre filet vide. Jésus-Christ remplira votre vie de joie. Vous détiendrez la splendeur de Dieu!

J'irai en eau plus profonde et j'accepterai le fardeau du succès; je détiendrai la splendeur de Dieu!

Recherchez les trésors cachés

Enseigne-moi, Yahvé, tes voies, afin que je marche en ta vérité.
(Ps 86:11)

J'ai découvert que Dieu cache ses trésors à trois endroits. Premièrement, *Dieu dissimule ses trésors dans nos pensées.* Lorsque vous commencez à rechercher les trésors que Dieu a cachés en vous, vous commencez par les trouver dans votre pensée.

J'ai lu récemment l'histoire d'un auteur anglais du nom de Williams qui était obsédé par une idée. Cette idée lui était venue pendant le déjeuner : Il se voyait écrivant l'histoire d'un lapin en or transportant des messages entre la lune et le soleil. Et dans l'histoire, il donnait des indices à propos d'un trésor enfoui. Mais il chassa l'idée de son esprit. Au repas suivant, l'idée était de retour, accompagnée de plusieurs autres, et il se décida enfin à y travailler.

Williams écrivit un livre dans lequel il inclut plusieurs illustrations de ce lapin. Il construisit son histoire autour d'indices devant mener à un trésor. Puis il fabriqua un lapin en or massif, l'agrémenta de rubis et de perles et, par une nuit de pleine lune, l'enterra dans la campagne anglaise. Le lapin en or est estimé à environ 30 000 $. En suivant les énigmes et les indices contenus dans l'histoire de Williams, quelqu'un découvrira un jour le lapin en or.

Et savez-vous que, de nos jours, ce livre est sur la liste des best-sellers en Angleterre ?

Quelle est votre idée ? Acceptez-la dès aujourd'hui.

Oui, Seigneur.

Recherchez les trésors cachés

Si l'un de vous manque de sagesse, qu'il la demande à Dieu — il donne à tous généreusement, sans récriminer — et elle lui sera donnée.

(Jc 1:5)

Le docteur Paul Harrison, un missionnaire de notre église en Arabie saoudite, nous faisait part d'un problème que les Arabes, qui vivaient dans les déserts sablonneux, subissaient constamment. Il s'agissait de garder en vie leurs moutons. Il semblait que les moutons étaient constamment empoisonnés par une substance noire qui sortait du sol, contaminant leurs points d'eau. À cette époque, les Arabes ne savaient pas que la substance noire avait une valeur bien plus grande pour eux que leurs troupeaux de moutons. Sans le savoir, ils avaient découvert du pétrole.

Dieu a peut-être mis des trésors à la portée de notre main. Mais parfois nous avons l'esprit totalement fermé. Nous ne voyons que notre côté de la situation, à partir de notre propre perspective dans le temps. Nous devons nous libérer et permettre à Dieu d'insuffler ses idées créatrices dans notre esprit de manière à voir ce qu'Il nous réserve.

La prière peut être l'exercice spirituel dont vous avez besoin pour vous rapprocher de Dieu et être en harmonie avec ses pensées. Apprenez à réciter cette prière:

Merci Seigneur, pour les idées excitantes que Vous Vous apprêtez à m'inspirer! J'exploserais d'enthousiasme si je pouvais imaginer toutes les pensées positives que Dieu m'inspirera. Amen.

Les idées de Dieu abondent dans mon esprit aujourd'hui, alors que je prie constamment.

Recherchez les trésors cachés

Regardez parmi les peuples, voyez, soyez stupides et stupéfaits! Car j'accomplis de vos jours une œuvre que vous ne croiriez pas si on la racontait.

(Ha 1:5)

Je me souviens m'être promené dans un quartier très délabré de Détroit, au Michigan. Il y avait beaucoup de maisons alignées le long des rues. Presque toutes affichaient des fenêtres brisées et un délabrement presque chronique. Et plusieurs étaient habitées.

Puis je vis quelque chose qui me surprit. Au milieu de maisons décrépites, il y en avait une qui n'avait pas l'air délabré des autres. Elle frappait par sa parfaite condition: Aucune fenêtre n'était placardée ou brisée, il n'y avait aucune mauvaise herbe sur sa pelouse. Je fus particulièrement touché par deux petites boîtes de fleurs de chaque côté de la porte, dans lesquelles on pouvait apercevoir de merveilleuses petites fleurs. Sur le seuil de cette petite maison se trouvait la dame des lieux, une femme noire plutôt corpulente, et attrayante. Au milieu d'un quartier plutôt laid, elle s'était fait une jolie maison. Elle était assise comme une reine. «C'est la gloire de Dieu que de cacher une chose. Et c'est la gloire des rois que de la révéler.»

Dieu cache des trésors dans toutes les situations. Recherchez-les. Découvrez-les.

Quelle situation semble désespérée dans votre vie d'aujourd'hui?

Rien ne m'arrivera qui ne comportera en soi les richesses de Dieu!

Recherchez les trésors cachés

Car c'est une vision qui n'est que pour son temps: elle aspire à son terme, sans décevoir; si elle tarde, attends-la: elle viendra sûrement, sans faillir!

(Ha 2:3)

Le deuxième endroit où Dieu cache ses trésors est dans le temps. Avec le temps, le Grand Canyon s'est transformé, à partir d'un petit ruisseau, en un endroit d'une beauté majestueuse. Au cours du temps, un gland minuscule devient un grand chêne, l'un des chefs-d'œuvre de la nature.

Dieu dissimule ses trésors dans le temps. Lorsque Bach composait sa musique, les critiques de son époque le qualifiaient d'horrible musicien. Mais aujourd'hui, des millions de gens adorent sa musique, et personne ne se souvient des noms des critiques! Lorsque Picasso a commencé à peindre à la manière cubiste, les critiques le croyaient devenu fou. Aujourd'hui, son travail est tellement reconnu qu'une de ses toiles vous rapporterait suffisamment pour que vous puissiez prendre votre retraite.

Je crois que la valeur véritable de notre Cathédrale de Cristal est cachée dans le temps. Je ne crois pas qu'il y ait un seul être humain qui puisse dire aujourd'hui tout ce que Dieu fera, par le biais de la Cathédrale de Cristal, pour ceux qui souffrent à travers le monde.

Où recherchez-vous les trésors cachés? Regardez dans le temps. Voyez ce que vous faites aujourd'hui. Un jour le trésor vous sera révélé!

Ne sous-estimez pas la journée qui vient. Croyez aux révélations de Dieu dans le temps.

> *Je crois au temps de Dieu: Il détient le Grand Calendrier!*

Recherchez les trésors cachés

Tenez pour une joie suprême, mes frères, d'être en butte à toutes sortes d'épreuves. Vous le savez: bien éprouvée, votre foi produit la constance.

(Jc 1:2,3)

Vous devez vraiment oser vivre et aller de l'avant en vous aidant de la foi si vous désirez découvrir les récompenses cachées de Dieu. Il y aura des jours où vous vous retrouverez constamment les mains vides. Croyez au temps, ne croyez jamais au mot «jamais».

Vous connaissez l'histoire de ma fille Carol et vous savez qu'elle a presque été tuée lors d'un accident de motocyclette. La dernière photo que nous avons d'elle alors qu'elle avait encore ses deux jambes a été prise lorsqu'elle portait son uniforme de balle molle. Elle m'a dit, il y a quelques temps: «Papa, je vais me remettre à la balle molle cette année.» «C'est formidable», répondis-je, ne voulant pas la décourager. Carol a une jambe artificielle qui commence juste en-dessous du genou. Cependant son genou ne plie qu'à un angle de 30 degrés, alors elle a une démarche difficile. Elle est incapable de courir. Alors je l'ai conduite à l'école locale où les parents attendaient avec leurs filles pour qu'elles s'inscrivent dans les équipes de balle molle. Carol s'inscrivit puis elle se rendit chercher son uniforme. Alors que nous retournions à l'auto, je lui demandai: «Dis-moi, Carol, comment pourras-tu jouer à la balle molle si tu ne peux courir?» Elle me regarda droit dans les yeux et répondit: «J'y ai pensé, papa. Lorsque tu frappes un circuit, tu n'as pas à courir! Alors j'ai décidé de devenir championne des circuits.»

Des trésors sont cachés en moi. Mais je dois travailler pour les découvrir. N'abandonnez pas; acharnez-vous plutôt. Ayez la détermination de Dieu.

Les délais de Dieu ne sont pas des refus!

Recherchez les trésors cachés

Je puis tout en celui qui me rend fort.

(Ph 4:13)

Les trésors de Dieu sont cachés dans les pensées et dans le temps. *Le troisième endroit où Dieu cache ses trésors, c'est dans les difficultés.* Je suis convaincu que dans toute expérience difficile, il y a de précieux trésors qui attendent ceux qui gardent leur confiance en Dieu.

L'une des membres les plus exceptionnelles de cette église a été Jeanne Van Allen. Elle nous a maintenant quittés pour aller vers le Seigneur, mais je me souviens de la façon dont elle trouvait des trésors dans ses difficultés.

Il y a dix ans environ, son mari Ed, un grand pilote, s'est porté volontaire pour aller livrer un nouvel avion à un poste de mission situé en Nouvelle-Guinée. Ed partit de Long Beach et devait refaire le plein à Hawaï. Mais quelque part entre le continent et l'île, Ed envoya un signal de détresse. Son avion n'arriva jamais à Honolulu et on ne le retrouva jamais.

Lorsqu'il fut temps pour Jeanne de déclarer Ed légalement décédé, elle me dit : « J'ai foi en la souveraineté de Dieu. Je sais que, d'une manière ou d'une autre, Dieu a un dessein et que tout cela a un but. Alors, continua-t-elle, plutôt que de m'écrouler et de tout abandonner, je prouverai à la mémoire de mon mari quels succès je peux obtenir. Je vais avoir le courage de faire tout ce que j'ai toujours voulu faire ! Et vous savez, docteur Schuller, s'exclama-t-elle, ces projets me soutiendront ! »

Je vous mets au défi de vous trouver de tels projets. Dieu vous fournira toutes les idées. C'est à vous de chercher à les réaliser !

J'irai constamment de l'avant !

Recherchez les trésors cachés

« *Connaissons, appliquons-nous à connaître Yahvé ; sa venue est certaine comme l'aurore ; il viendra pour nous comme l'ondée, comme la pluie de printemps qui arrose la terre.* »

(Os 6:3)

Je me rappelle un matin où j'ai fait une randonnée en bateau à moteur sur la mer de Galilée. Soudain, au milieu de l'étendue d'eau, le conducteur coupa le moteur et je me demandai pendant un moment si nous n'étions pas en panne sèche. Lorsque je lui posai la question, il répondit : « Non. J'ai pensé que ce serait agréable pour vous, docteur Schuller, de pouvoir écouter la tranquillité qui règne ici. »

Chacun de nous doit, à un moment de sa vie, couper le moteur, arrêter le bateau et faire simplement une pause afin de se rendre compte de la présence de Dieu.

Prenez le temps de ressentir l'immobilité, d'entendre le silence et de consulter votre âme. Demandez-vous : « Qu'est-ce que j'attends vraiment de la vie ? Si je l'obtiens, serai-je satisfait ? Si je continue à vivre comme avant, atteindrai-je jamais ce but ? » Dans un beau et puissant verset de la Bible, Dieu dit : « Immobilisez-vous et reconnaissez que je suis Dieu. » C'est quelque chose que nous avons tous besoin de faire.

Il y a un merveilleux trésor en vous, et c'est l'idée suivante : À travers vos pensées, votre temps et vos difficultés, votre vie peut être une inspiration pour les autres si vous priez Dieu. Vous pouvez embellir le monde parce que vous êtes à Lui et qu'Il est à vous.

J'entends la douce voix de Dieu alors que je m'approche de sa présence.

La beauté : votre trésor caché

Resplendissement de sa gloire, effigie de sa substance, ce Fils qui soutient l'univers pas sa parole puissante, ayant accompli la purification des péchés, s'est assis à la droite de la Majesté dans les hauteurs...

(He 1:3)

En recherchant les trésors de Dieu, vous découvrirez la pierre précieuse la plus rare, la plus inestimable. Elle vaut plus que l'or ou l'argent. Il s'agit de la qualité pétillante, étincelante, appelée BEAUTÉ.

La beauté est le trésor caché attendant de rayonner en vous! La beauté est le trésor le plus rare et le plus riche que l'on puisse posséder! Vous le possédez: Dieu vous l'a donné! La beauté met en valeur votre dignité. La beauté élève, inspire, dirige et guide. Elle poursuit le développement de vos possibilités intérieures afin que vous deveniez la personne saine que Dieu vous destine à devenir. Jésus est ce genre de beauté. *Découvrez Jésus et découvrez la beauté!*

«*Une chose qu'à Yahvé je demande, la chose que je cherche, c'est d'habiter la maison de Yahvé tous les jours de ma vie, de savourer la douceur de Yahvé, de rechercher son palais.*» La beauté est votre passeport pour la santé mentale et émotive. Quand quelqu'un contemple la beauté du Seigneur, il devient un être humain parfaitement intégré, d'une santé émotive à toute épreuve. Contempler la beauté du Seigneur est bien plus qu'apprécier les fleurs, les arbres, la verdure et le soleil. Contempler la beauté du Seigneur, c'est devenir un reflet de la beauté du Seigneur dans son cœur et dans sa vie. Celui qui est beau est celui qui peut être une inspiration pour quelqu'un. Vous pouvez être beau.

J'ai découvert le Christ: J'ai découvert la beauté!

La beauté : votre trésor caché

Ôte mes taches avec l'hysope, je serai pur; lave-moi, je serai blanc plus que neige.

(Ps 51:9)

Avez-vous découvert vos trésors cachés, ou vous sentez-vous toujours comme un diamant brut? Laissez-moi vous montrer comment les secrets de la beauté peuvent être polis, taillés et vous donner six étincelantes qualités qui refléteront la beauté de Dieu dans votre vie quotidienne. J'ai de merveilleuses nouvelles pour vous : *Tout le monde peut être beau.*

L'un de mes versets favoris de la Bible provient du psaume 27. Le psalmiste exprime son plus profond désir : «*Une chose qu'à Yahvé je demande, la chose que je cherche, c'est d'habiter la maison de Yahvé tous les jours de ma vie, de savourer la douceur de Yahvé, de rechercher son palais.*» Le psalmiste exprime ce que nous connaissons maintenant comme un besoin psychologique profond : le besoin de beauté. La beauté n'est pas un luxe; ce n'est pas la cerise sur le gâteau. La beauté est une nécessité fondamentale pour une bonne santé émotive. Pourquoi? Parce que celui qui est sensible et qui apprécie la beauté devient naturellement joyeux et enthousiaste à propos du monde dont surgit une telle beauté. Ainsi il acquiert une paix et une sécurité intérieures qui attirent les gens.

La beauté peut vous ouvrir une porte. C'est par cette porte que l'enthousiasme, l'amour et la lumière envahiront votre vie. *La beauté n'est pas un luxe, mais une nécessité.*

Seigneur, j'ai besoin de devenir la belle personne que vous désirez que je sois!

La beauté : votre trésor caché

Que personne ne méprise ton jeune âge. Au contraire, montre-toi un modèle pour les croyants, par la parole, la conduite, la charité, la foi, la pureté.

(1 Tm 4:12)

Je veux résumer ces idées de manière à ce que vous les reteniez. Le mot beauté comporte six éléments importants. *Le premier élément est l'énergie.* Et Jésus nous donne l'énergie, l'encouragement dont nous avons besoin dans la vie. *La beauté donne de l'énergie aux gens.*

Une belle personne est une personne pleine d'énergie.

Leslie Hale, mon ami de Belfast, m'a raconté l'histoire d'un homme qui est venu le voir à la suite d'une grande réunion publique. L'homme se fraya un chemin dans la foule pour rejoindre Leslie, puis il lui tendit une lettre.

Lorsqu'il ouvrit la lettre, Leslie reconnut le sigle de l'hôpital pour malades mentaux. Il lut : « À qui de droit : Nous certifions par la présente que (nom de celui qui avait livré la lettre) a été un patient de l'hôpital pour malades mentaux de Belfast, en Irlande du Nord. Les autorités de cette institutions considèrent maintenant cet individu comme un être sain et sensé. »

« Cela prouve que je suis sain d'esprit, n'est-ce pas ? » demanda l'homme. « C'est exact, répondit Leslie. Ils doivent le savoir. Ce sont des experts. » « Ce sont des experts. Ils doivent le savoir », répéta l'homme en souriant.

C'était tout ce dont il avait besoin. Il remit la lettre dans sa poche. « Je l'ai regardé passer la porte et enfourcher son vélo, dit Leslie, et juste avant de disparaître, il se retourna, sourit et dit : « Hé, laisse-moi voir ta lettre. »

Avez-vous une lettre ? Moi pas. C'est pourquoi tout être humain a besoin de se faire remonter le moral de temps à autre.

> *C'est merveilleux d'avoir de l'énergie à revendre !*

La beauté : votre trésor caché

Quand je parlerais les langues des hommes et des anges, si je n'ai pas la charité, je ne suis plus qu'airain qui sonne ou cymbale qui retentit.

(1 Co 13:1)

Deuxième élément : Les gens qui sont beaux *éclairent* les autres. Ils révèlent aux autres les merveilleuses possibilités qu'ils recèlent en eux. Nous vivons dans un monde si saturé par la pensée négative que chacun — même celui qui réussit bien — manque parfois d'assurance et a besoin de cette énergie supplémentaire de temps en temps.

La beauté nous éclaire afin que nous puissions mieux voir les merveilleuses possibilités que nous avons en nous. La beauté aide les autres à développer une meilleure perception du monde qui les entoure et à apprécier ce monde.

Une personne éclairée nous aide à devenir plus sensibles aux merveilles qui nous entourent. Elle nous aide à apprécier nos propres possibilités et nous encourage à devenir tout ce que nous pouvons être. Elle nous permet d'adorer Dieu dans toute la beauté de sa sainteté en nous aidant à devenir plus complets et plus sains.

Qui vous vient à l'esprit lorsque vous pensez à quelqu'un qui a éclairé votre vie ? _____

_____

Maintenant, qui pensez-vous pouvoir éclairer de la même manière aujourd'hui, ou cette semaine ? _____

_____

Je suis éclairé par l'amour du Christ, qui me permet de voir les besoins de ceux qui m'entourent !

La beauté : votre trésor caché

« Heureux les cœurs purs, car ils verront Dieu. »

(Mt 5:8)

Troisième élément : Soyez une *personne amusante.* Les gens qui sont beaux peuvent vous faire rire. Qu'est-ce qui rend le pape Jean-Paul II si sympathique? Une partie de sa beauté est son sens de l'humour. Les bons comédiens sont des ministres de Dieu. Je me souviens de mon patron au seul autre emploi que j'ai eu de ma vie à Chicago, en Illinois, lorsque j'étais jeune. Il s'appelait Bill Bruin. Bill avait eu un cancer de la gorge et on avait dû lui enlever le larynx. La seule façon dont il pouvait communiquer était en utilisant un petit instrument de 7,5 centimètres de longueur qui ressemblait à une lampe de poche. Il appuyait l'instrument sur sa gorge et, lorsqu'il parlait, sa voix ressemblait à celle d'un robot.

Mais Bill transforma son problème, grâce à la pensée positive, en occasion. Il développa un merveilleux sens de la comédie. Chaque fois qu'il y avait une partie, Bill devenait le centre d'attraction. Juste au moment où les gens se mettaient à parler assez fort, il imitait le bruit d'une sirène. Tout le monde s'arrêtait alors, regardant aux alentours et tentant d'apercevoir les policiers, et Bill se mettait à rire. Il était une belle personne, un comédien sans microphone.

Vous êtes une personne amusante lorsque vous laissez rayonner votre beauté. Soyez beau pour quelqu'un dès aujourd'hui. Faites rire quelqu'un! Prodiguez de l'amour à quelqu'un! Apprenez à quelqu'un que Dieu guérit par l'humour. Il le fait vraiment!

J'aime rire parce que j'aime!

La beauté : votre trésor caché

Persévérez dans la dilection fraternelle. N'oubliez pas l'hospitalité, car c'est grâce à elle que quelques-uns, à leur insu, hébergèrent des anges.

(He 13:1-2)

Quatrième élément : Une belle personne est une *inspiration* pour les autres. Avec tous les problèmes, les obstacles et les tensions que connaissent les gens dans le monde actuel, tout le monde a besoin de se remonter le moral de temps en temps. Lorsque vous inspirez quelqu'un d'autre, vous vous sentez beau. Ce sentiment est la clé qui ouvre la porte à l'estime de soi, à l'enthousiasme et à la joie.

Jésus était ce genre de personne. Il donne de puissantes ailes aux cœurs faibles. Il nous inspire et nous encourage à continuer à faire de notre mieux et à tirer profit de la grandeur que nous possédons. Jésus nous inspire toujours pour que nous soyons conscients de nos besoins et des problèmes de ceux qui nous entourent.

Comment Jésus vous a-t-Il inspiré ? _____

_____

Comment pouvez-vous inspirer ceux qui vous entourent ?___

_____

Merci, Jésus, pour ton inspiration !

La beauté : votre trésor caché

Puisse cette foi rendre agissant son esprit d'entraide en t'éclairant pleinement sur tout le bien qu'il est en notre pouvoir d'accomplir pour le Christ.

(Phm 1:6)

Cinquième élément : *Prodiguez des conseils.* Prenez le temps d'écouter les gens qui ont besoin de conseils et de réconfort. Tout le monde a besoin d'un conseiller à un moment ou à un autre de sa vie. Je connais un ministre qui a décidé de devenir barman. Après plusieurs années d'université et de séminaire, il s'inscrivit à une école pour apprendre à préparer des boissons. Il s'était rendu compte que la plupart des gens qui ont des problèmes ne s'adressent pas aux ministres, aux psychiatres ou aux conseillers professionnels. Il avait découvert que, parmi ceux qui souffrent, plusieurs tentent souvent de s'en sortir en consommant de l'alcool au bar du quartier. Il décida de se rapprocher d'eux, et il travailla pendant trois ans comme barman. Il eut une merveilleuse influence sur la vie de bien des gens. Il inspirait, guidait et conseillait ceux qui venaient le consulter. Et il en dirigea plusieurs vers le Christ et vers l'Église.

Aujourd'hui, j'essaierai de parler à _____ de l'amour de Jésus-Christ.

Donnez-moi la patience, Seigneur, de conseiller quelqu'un.

La beauté : votre trésor caché

« Heureux les artisans de paix, car ils seront appelés fils de Dieu. »

(Mt 5:9)

Le sixième et dernier élément est la *tolérance*. Si je vous énumère certains défauts, vous comprendrez que la beauté est synonyme de tolérance : L'individu repoussant est entêté, il a l'esprit étroit, il est inflexible et intraitable ; tout est noir ou bien blanc. Il n'est pas familier avec la notion de compromis.

La personne tolérante sait se soumettre lorsque tout semble s'écrouler autour d'elle. Elle peut se relever et continuer à vivre sans être amère ou s'apitoyer sur son sort. La personne tolérante est assez grande pour dire : « Je suis désolé. J'ai eu tort. Pardonnez-moi. »

Vous êtes beau parce que vous êtes tolérant ! Où pouvez-vous exercer cette qualité dans votre vie dès aujourd'hui ? Inscrivez la réponse et priez. Dieu vous permettra d'être une inspiration pour les autres si vous le faites ! _____

_____

_____

_____

Je m'abandonne à l'amour de Dieu... Et je me sens beau !

La beauté: votre trésor caché

Car Dieu est unique, unique aussi le médiateur entre Dieu et les hommes, le Christ Jésus, homme lui-même, qui s'est livré en rançon pour nous...

(1 Tm 2:5)

Quelqu'un m'a récemment envoyé un article du *Chicago Tribune.*

Le titre disait: «Un quart-arrière découvre la religion — Evans a changé, même hors du terrain.» On racontait dans cet article l'histoire de Vince Evans, quart-arrière des Bears de Chicago, qui avait soudainement développé une assurance fantastique et qui faisait montre de remarquables possibilités. Au cours des dernières semaines, il avait réussi plus que sa part de passes de toucher. Selon Evans, quelque chose s'était passé à la dernière fête de Pâques qui l'avait rendu plus sur de lui. «Je regardais le révérend Robert Schuller, de Garden Grove, en Californie, à la télévision, racontait Evans. Il parlait de la résurrection. Le temps était nuageux à ce moment-là. À l'instant même ou il disait: 'Jésus est ressuscité', le soleil se montra. Je sus alors que Jésus-Christ était arrivé dans ma vie et j'éclatai en sanglots. J'ai toujours été porté vers la religion, mais je n'avais jamais eu un contact personnel avec Dieu jusqu'alors.» Le reste de l'article racontait comment Vince Evans s'en remettait maintenant à sa foi pour déterminer son attitude envers la vie quotidienne, même comme joueur de football.

Lorsque vous vous ouvrez à une merveilleuse idée, votre attitude se transforme! Jésus-Christ est ma notion d'une merveilleuse idée. Si vous ouvrez votre vie à Jésus, vous deviendrez une personne plus belle.

Je m'ouvrirai à la beauté. Je m'ouvrirai au changement. Je m'ouvrirai à Jésus!

La beauté : votre trésor caché

Pour moi, que jamais je ne me glorifie sinon dans la croix de notre Seigneur Jésus Christ, qui a fait du monde un crucifié pour moi et de moi un crucifié pour le monde.

(Ga 6:14)

Certains d'entre vous ont peut-être raté la découverte du plus merveilleux trésor de tous : une relation personnelle avec Jésus-Christ.

Je faisais part de cette idée à un homme dans l'avion, mais il persistait à confondre Jésus avec la Bible. Il disait : « J'essaie d'être un bon chrétien et de lire ma Bible, mais je finis toujours par oublier. »

Je lui expliquai qu'un bon chrétien n'est pas simplement quelqu'un qui fréquente l'église tous les dimanches, qui prie et qui lit la Bible tous les jours. Je lui dis : «Je vais maintenant vous dire quelque chose qui peut sembler hérétique, mais qui est vrai. La vérité est que la Bible n'est pas importante. *C'est Jésus-Christ qui est important.* C'est le sang qui sauve, et non le livre. La seule raison d'être de la Bible est de nous faire connaître Jésus-Christ.

«Votre femme porte-t-elle une bague à diamant?» lui demandai-je. «Oui, répondit-il, un très gros diamant.» «À quoi le reste de la bague ressemble-t-il?» lui demandai-je. «C'est un simple anneau d'or», dit-il. «Jésus est le diamant du christianisme, lui expliquai-je. La Bible est l'anneau d'or dont la seule raison d'être est de contenir le diamant dans toute sa splendeur. Vous dites que vous ne comprenez pas l'Ancien Testament. Dans ce cas, lisez sans cesse les évangiles.»

Jésus-Christ est la plus belle pierre précieuse de toutes. Son sang est inestimable. Son amour est sans limite et sa beauté est glorieuse! Découvrez les paroles de Jésus : Il est la plus merveilleuse idée jamais conçue.

> *Merci, Jésus. Vous êtes mon trésor vivant!*

Le jeu en vaut la chandelle

Soyez une étoile !

« En vérité je vous le dis, si vous ne retournez à l'état des enfants, vous n'entrerez pas dans le Royaume de Dieu. »

(Mt 18:3)

Jimini Cricket disait à Pinocchio : « Lorsque tu fais un vœu en regardant une étoile, peu importe qui tu es ! » Ne serait-ce pas merveilleux si nous pouvions toujours conserver ces qualités enfantines ? Il est si facile pour un enfant de s'imaginer que le monde entier est beau.

Lorsque j'étais petit garçon, j'ai passé mon enfance à la campagne, dans la région agricole du nord-ouest de l'Iowa. Je me souviens avoir attendu impatiemment la soirée pour regarder dans le ciel et découvrir la première étoile qui y apparaîtrait. La semaine dernière, un de mes bons amis me parlait d'une expérience similaire. Né en Louisiane, il guettait l'apparition de la première étoile le soir, faisait un vœu et faisait la roue. « Si tu faisais un vœu et que tu faisais parfaitement la roue, disait-il, le vœu était supposé se réaliser ! »

Le danger est qu'en prenant de l'âge, nous devenons cyniques et nous perdons la capacité de faire un vœu et de rêver. Nous devenons si intéressés par les faits que nous perdons le charme et le mystère de la vie. Dieu vous a donné la capacité d'être un enfant, de faire des vœux et de vous émerveiller. Je rencontre tous les jours des gens qui ont une foi inébranlable : Ils sont comme des enfants. Jésus a dit : « Si vous ne retournez à l'état des enfants, vous n'entrerez pas dans le Royaume de Dieu. » Lorsque je rencontre quelqu'un qui connaît Jésus-Christ, cette personne a toujours un cœur d'enfant ! Et Dieu désire que nous fassions un vœu ; Il nous a dotés de ce potentiel !

Comme un petit enfant, je crois en l'étoile de l'espoir en Jésus-Christ !

Soyez une étoile!

Dieu est là qui opère en vous à la fois le vouloir et l'opération même, au profit de ses bienveillants desseins.

(Ph 2:13)

Pourquoi ne rêvons-nous pas davantage? Pourquoi ne conservons-nous pas notre cœur d'enfant? *Parce que nous craignons d'échouer!* Nous nous gagnons une réputation, et cela rend la crainte de l'échec terrible. Pour surmonter cette crainte, vous devez simplement apprendre la leçon qui a changé ma vie. C'est cette phrase: «*Je préfère tenter d'accomplir de grandes choses et échouer, plutôt que de ne rien tenter et d'y réussir!*»

Lorsque vous réalisez que l'échec est une notion vraiment inacceptable et totalement égoïste, vous pouvez retrouver votre cœur d'enfant. Vous pouvez oser rêver. Vous pouvez avoir des rêves impossibles, parce que quand Dieu vous donne un rêve, c'est toujours un rêve impossible.

Lorsque vous étiez enfant, vous osiez rêver parce que vous aviez la sécurité. Vos parents vous encourageaient et vous soutenaient. Mais maintenant que vous êtes autonome, où puisez-vous votre soutien?

Je crois que la prière nous fournit ce soutien. Vous redeviendrez un enfant lorsque vous vous agenouillerez et apprendrez à prier comme un enfant. Alors, Dieu vous guidera. Il vous soutiendra. Il vous donnera ce rêve impossible en apparence. Il vous enlèvera aussi vos craintes et vous oserez faire des vœux aux étoiles!

Je n'ai pas peur de rêver: avec Dieu à mes côtés, je ne peux échouer!

Soyez une étoile

« Ainsi votre lumière doit-elle briller devant les hommes afin qu'ils voient vos bonnes œuvres et glorifient votre Père qui est dans les cieux. »

(Mt 5:16)

Comme êtres humains, il y a une chose qui nous distingue des autres créatures. *Nous pouvons faire un vœu aux étoiles, et nous pouvons être des étoiles!*

Nous pouvons rêver, et même rêver d'être des étoiles! De cette manière, nous vénérons vraiment Dieu. La véritable vénération, c'est lorsque vous acceptez les rêves que Dieu vous donne et que vous devenez la personne qu'Il désire que vous soyez. Vous pouvez être une étoile étincelante!

Que seraient les nuits sans étoiles? Que ferait la race humaine, avec tous ses problèmes et ses calamités, s'il n'y avait pas d'étoiles dans la famille humaine? *Les étoiles de la famille humaine sont les gens qui brillent intensément dans les nuits obscures, offrant la joie, le réconfort et l'espoir.*

Chacun de nous peut être une étoile: un enfant-étoile, une mère-étoile, un père-étoile, un patron-étoile ou un travailleur-étoile! Qui que vous soyez, vous pouvez être une étoile!

Comment pouvez-vous être une étoile pour ceux qui vous entourent aujourd'hui? Notez des moyens spécifiques de briller dans votre milieu.

_____

_____

_____

> *Merci, Seigneur, de m'avoir donné la qualité d'une étoile!*

Soyez une étoile

Mais, de même que vous excellez en tout, foi, parole, science, empressement de toute nature, charité que nous vous avons communiquée, il vous faut aussi exceller en cette libéralité.
(2 Co 8:7)

Comme nous vieillissons et que nous avons tendance à perdre notre foi enfantine dans les desseins de Dieu, nous devons nous reprogrammer. Croire comme des enfants, faire des voeux aux étoiles, décider de réaliser les rêves de Dieu. Pour y arriver, commençons par le début.

Premièrement, *décidez que vous voulez être une étoile.* Peut-être vous ditez-vous: « Je suis satisfait de ce que je suis. » J'ai dîné récemment avec un homme célèbre. Au cours de notre conversation, il a lancé une idée qui, je crois, est très révélatrice. «Docteur Schuller, a-t-il dit, l'un des grands problèmes de notre pays est qu'il manque tellement d'affection. » Son diagnostic est correct. Les gens médiocres ne connaissent pas la joie de l'affection. *Une étoile est quelqu'un qui excelle.*

La médiocrité de l'affection: Voilà pourquoi Dieu fait une telle différence. S'Il fait vraiment partie de notre vie, le bien-être des autres nous préoccupe. Vous voulez vraiment être une étoile. Vous ne vous satisfaites vraiment pas de la médiocrité. Au plus profond d'eux-mêmes, les gens ne sont véritablement heureux que lorsqu'ils excellent dans quelque chose.

Dans quel domaine voudriez-vous être une étoile?

Je veux être une étoile! Je crois!

Soyez une étoile!

Car nous avons à coeur ce qui est bien, non seulement devant le Seigneur, mais encore devant les hommes.

(2 Co 8:21)

Une étoile, c'est quelqu'un qui améliore la vie d'un autre! Et cela vous procure une joie fantastique! Vous voulez être une étoile. *Une étoile, c'est quelqu'un qui excelle dans quelque chose.* Il y a peu de satisfactions plus grandes que le sentiment que je ne suis pas médiocre, dans la moyenne ou minable; j'excelle!

L'autre jour, ma femme et moi sommes allés déjeuner à un petit restaurant que nous ne connaissions pas. Nous voulions être seuls pour parler. La table était à l'extérieur et la température, ce matin-là, était agréable. La serveuse se présenta à notre table débordante d'enthousiasme. «C'est une belle matinée, n'est-ce pas?» s'exclama-t-elle avant même de nous donner le menu. Je n'avais pas encore remarqué. «Oui, c'est une belle matinée», dis-je. «Voyez comme le soleil brille à travers ces arbres», ajouta-t-elle. «Oui, c'est merveilleux», répondis-je. «Vous allez avoir un merveilleux déjeuner», continua-t-elle avant que nous ayons passé notre commande. J'étais convaincu! Je veux retourner à cet endroit parce qu'elle excellait comme serveuse.

Vous pouvez aussi être une étoile! Lorsque vous excellez dans quelque chose, vous obtenez une satisfaction personnelle fantastique. Ce sentiment est une bénédiction de Dieu. Il vous a destiné à être une étoile. D'une manière ou d'une autre, un jour, quelque part, vous voulez être une étoile!

Oui: Je veux exceller!

Soyez une étoile !

Oui, cherchez à imiter Dieu, comme des enfants bien-aimés.
(Ep 5:1)

Deuxièmement, vous avez besoin d'être une *étoile !* Je vais vous dire pourquoi. Plus profondément que la volonté, il y a le besoin, parce que votre besoin le plus profond est que l'on aie besoin de vous. C'est vrai !

Un homme très déprimé vint me voir et me dit : «Schuller, que j'existe ou non ne fait aucune différence. Je ne suis pas important.» «Oui, vous l'êtes ! m'exclamai-je. Vous êtes important pour quelqu'un !» Mais il dit : «Non, je ne le suis pas. Prenez un seau d'eau, mettez le doigt dans l'eau et retirez-le. Vous voyez l'importance du trou laissé par le doigt ? C'est moi. Je ne suis rien. Je ne suis personne. Que j'existe ou non ne fait aucune différence.»

Je lui fis la réponse suivante : «Dans un monde où il y a tant de gens qui s'ennuient, qui sont confus, qui souffrent, qui se sentent rejetés et qui manquent de sécurité, personne n'a d'excuse pour se sentir inutile. Quelqu'un a besoin de vous ! Et si vous n'avez pas trouvé la personne qui a besoin de vous, c'est que vous n'avez pas pris de risques. Vous ne voulez pas vous engager. Vous ne voulez signer aucun papier. Vous ne voulez pas vous passer une bague au doigt. Vous voulez conserver votre liberté, alors vous ne vous impliquez pas. Si vous ne vous engagez jamais à rien, ne soyez pas désolé d'avoir l'impression que personne n'a besoin de vous. Mais vous serez perdant, parce que vous avez besoin de vous sentir important !»

Vous avez besoin d'être une étoile parce que tel est le dessein de Dieu. Pour devenir une étoile, vous devez payer le prix. Vous devez vous impliquer. Vous devez vous engager. Vous devez vous préoccuper du bien-être des autres.

> *J'ai besoin d'être une étoile ; j'ai besoin que l'on aie*
> *besoin de moi !*

Soyez une étoile !

«On t'a fait savoir, homme, ce qui est bien, ce que Yahvé réclame de toi: Rien d'autre que d'accomplir la justice, d'aimer la bonté et de marcher humblement avec ton Dieu. »

(Mi 6:8)

Vous voulez être une étoile, vous avez besoin d'être une étoile, et vous pouvez être une étoile! C'est une question de décision.

J'ai une vie à vivre. Je veux qu'elle serve à quelque chose. Je veux exceller, aimer les autres, m'occuper d'eux. Comment y arriver? Ça ne vient pas tout naturellement, mon ami. Je suis très égoïste. Vous aussi, par votre nature. Nous sommes tous enclins à l'avarice. Par nature je ne veux rien donner. Je veux tout garder. Par nature, je veux avoir tout ce que je peux. Je pense à moi d'abord, et aux autres ensuite. C'est la nature humaine. Mais vous savez qu'il est possible de transformer la nature humaine en nature divine. C'est pouquoi certains parlent de renaissance. C'est ce qui se produit lorsque vous acceptez vraiment Jésus-Christ dans votre vie.

Tout le monde peut être une étoile! Vous commencez en acceptant Jésus-Christ dans votre vie. Dites: «Jésus, voici mon esprit: Insuffle-lui tes pensées. Jésus, voici mes yeux: Brille à travers eux. Jésus, voici mon visage: Sourit à travers lui. Jésus, voici mes mains: Relève quelqu'un qui a un grand fardeau.» Et cela, c'est vivre intensément! Soyez une étoile, commencez là où vous vous trouvez!

Jésus-Christ, viens dans ma vie, et fais de moi une étoile qui reflétera ton amour!

Payez le prix

Mais vous, vous êtes une race élue, un sacerdoce royal, une nation sainte, un peuple acquis, pour proclamer les louanges de Celui qui vous a appelés des ténèbres à son admirable lumière.

(1P 2:9)

Nous venons tout juste de célébrer le 25e anniversaire de ce ministère. Lorsque nous avons commencé, il y a vingt ans, nous n'avions ni argent, ni membres ni propriété. Nous n'avions rien qu'un rêve excitant et merveilleux. Pendant toutes ces années, je m'en suis tenu à la promesse de Dieu dans le proverbe 16, verset 3 : « Recommande à Yahvé tes œuvres, et tes projets se réaliseront. »

Dieu veut que nous réussissions et que nous soyons des étoiles pour une simple raison : Dans un monde où tant de gens ont faim, souffrent et ont besoin d'aide, nous devons faire partie de la solution et non faire partie du problème. C'est pourquoi la réussite est pleinement justifiée. La seule autre alternative est l'échec. Et en échouant, nous devenons un fardeau pour quelqu'un d'autre. Mais l'une des joies de la vie consiste à doter de puissantes ailes un cœur faible. Laissez-moi partager avec vous ce qui, pour moir, est la formule de Dieu pour le succès. En regardant les progrès accomplis, je puis dire qu'elle est vraiment efficace :

RÔLE + BUT + PRIX = SUCCÈS

Comme étoile, votre rôle est de briller pour ceux qui vous entourent et d'offrir à ceux qui souffrent la réponse aux problèmes de la vie que constitue Jésus-Christ ! Il y a une autre raison pour laquelle les gens échouent. Ils se fixent des buts avant de définir leur rôle. Nous avons défini notre rôle. Fixons-nous des buts maintenant !

Lorsque tant de gens souffrent, ont faim et ont peur, je dois être une étoile d'espoir !

Payez le prix

Et tout homme à qui Dieu donne richesses et ressources, qu'il laisse maître de s'en nourrir, d'en recevoir sa part et de jouir de son travail, cela est un don de Dieu.

(Qo 5:18)

Trois principes fondamentaux vous aideront à vous fixer des buts. Premièrement: *Dieu réserve à chacun une récompense spéciale.* Deuxièmement: *Toute récompense comporte un prix à payer.* Et troisièmement: *Plus la récompense est grande, et plus le prix est élevé.*

Dieu a une récompense spéciale d'une valeur inestimable, particulièrement pour vous. En tant qu'étoile et bâtisseur, vous en bénéficierez grandement. Si vous pouviez imaginer toutes les grandes récompenses de la vie, les honneurs, les dons ou les valeurs qui peuvent vous être prodigués, quels seraient les plus importants de tous? Certains diront: «La plus grande récompense de toutes est la puissance.» D'autres diront encore: «Non, ce n'est pas la puissance, mais le plaisir.»

Certains, qui possèdent un système de valeurs inspiré par le Christ, diront: «La plus grande récompense n'est pas la puissance, le plaisir ou l'accession à un poste important. La plus grande récompense est la paix de l'esprit.» C'est en effet un sentiment merveilleux.

Mais je soutiens que la plus grande récompense que toute personne puisse posséder est de savoir, d'être conscient du fait que, avec l'aide de Dieu dans la seule vie que vous avez à vivre, vous pouvez faire de grandes choses pour Lui.

Une seule vie, qui sera vite passée. Seul ce qui sera fait pour le Christ durera. C'est un sentiment agréable que de savoir que votre vie est importante.

Seul ce qui sera fait pour le Christ durera!

Payez le prix

Celui donc qui se glorifie, qu'il se glorifie dans le Seigneur. Ce n'est pas celui qui se recommande lui-même qui est un homme éprouvé; c'est celui que le Seigneur recommande.
(2 Co 10:17,18)

Qui que vous soyez, vous pouvez décider d'accepter ou non cette récompense. Serez-vous une étoile? Serez-vous une inspiration pour les autres?

Il y a fondamentalement quatre sortes de gens. Premièrement, il y a les *décrocheurs*. Ces gens ne se fixent pas de buts et ne prennent pas de décisions. Deuxièmement, il y a les *craintifs*. Ils ont un rêve merveilleux, mais ils ont peur de relever le défi parce qu'ils ne sont pas certains de pouvoir réussir. Ces gens ont perdu leur foi enfantine. Et troisièmement, il y a les *lâcheurs*. Ils commencent à réaliser leur rêve. Ils connaissent leur rôle. Ils se fixent des buts, mais lorsque les difficultés surviennent, ils abandonnent. Ils ne paient pas le prix.

Finalement, il y a les FONCEURS. Ce sont ceux qui connaissent leur rôle. Ils ont le désir, le besoin d'être des étoiles, et ils le deviendront; des étudiants-étoiles, des parents-étoiles, des serveuses-étoiles. Ils veulent être une inspiration pour les autres. Et ils se fixent des buts. Ils se demandent: «Comment puis-je vivre ma vie et en faire quelque chose de beau pour Dieu?» Leurs buts sont une inspiration de Dieu, un travail d'équipe. Et les *fonceurs* n'abandonnent jamais. Ils persévèrent sans cesse, même lorsque cela devient difficile. Ils sont dévoués, engagés.

Vous pouvez être un *fonceur*. Vous avez le choix. Engagez-vous à exceller!

Je me consacre entièrement au rêve que Dieu m'a donné!

177

Payez le prix

Car Dieu n'est point injuste, pour oublier ce que vous avez fait et la charité que vous avez montrée pour son nom, vous qui avez servi et qui servez les saints.

(He 6:10)

Lorsque vous vous engagez à exceller, il y a toujours un prix à payer. Il n'y a pas d'honneur qui ne soit coûteux. Il n'y a pas de récompense facile à obtenir. POUR TOUTE GRANDE IDÉE, IL Y A UN PRIX À PAYER.

Peut-être avez-vous des amis chrétiens qui semblent bénéficier de l'incroyable puissance de la foi. Ils ont peut-être subi la perte tragique d'un enfant ou d'un conjoint, et ils peuvent encore sourire à travers leurs larmes. Leur visage rayonne virtuellement. Et en constatant leur calme, leur assurance tranquille, vous vous dites: «Si seulement j'avais ce genre de foi...» Ne croyez-vous pas qu'ils ont payé le prix de cette foi?

Toute chose a un prix. Vous pouvez exceller dans votre rêve. Vous pouvez réussir vos études avec les honneurs. Vous pouvez avoir une famille heureuse. Vous pouvez aider ceux qui vous entourent. Mais pour ce faire, vous devez vous engager.

Quel est l'état de vos rapports avec votre Seigneur? Avez-vous pris un engagement? Vivez-vous en *fonceur?*

Prenez maintenant ces quelques instants pour permettre à Dieu de vous parler. Réévaluez votre engagement envers Lui. Jouez-vous votre rôle de croyant dévoué? Avez-vous fixé vos buts selon la foi vivante? Paierez-vous le prix pour avoir la puissance de la foi?

Je paierai le prix pour tenir mon rôle: Je suis un serviteur de Dieu.

Payez le prix

Vous connaissez, en effet, la libéralité de notre Seigneur Jésus-Christ, qui pour vous s'est fait pauvre, de riche qu'il était, afin de vous enrichir par sa pauvreté.

(2 Co 8:9)

Jim Poppen n'était pas exactement un étudiant exemplaire. Il y avait des gens qui doutaient de sa capacité intellectuelle. Mais Jim était déterminé!

Durant une nuit de Noël, le père de Jim fut soudain réveillé par un bruit. Il descendit l'escalier et se rendit, sur la pointe des pieds, à la cuisine. Il y trouva Jim occupé à faire des nœuds autour des pattes des chaises aussi vite qu'il le pouvait. Convaincu que son fils était devenu fou, monsieur Poppen s'exclama: « Jim, veux-tu bien me dire ce que tu fais? » « Ce n'est rien papa, expliqua Jim. J'ai décidé de devenir un chirurgien du cerveau. Il faut que mes doigts s'habituent à faire des nœuds avec rapidité et précision lorsque je ne peux rien voir, comme le chirurgien qui opère sur un cerveau humain. »

Son père a ri ce soir-là, mais Jim est devenu un chirurgien du cerveau; l'un des meilleurs au monde.

Un jour un de ses grands amis le chercha, pour le retrouver finalement dans un village perdu à 12 000 pieds d'altitude dans les Andes, à Bogota, en Colombie. Jim avait une raison bien simple pour se trouver là. « Ils ne peuvent payer le coût élevé de mes soins à Boston, alors j'ai décidé de venir sur place pour les soigner. »

Lorsque Jim Poppen mourut, des gens de toutes les couleurs et de toutes les classes sociales se rendirent en foule aux funérailles pour rendre hommage à un homme qui avait prouvé qu'en donnant toute ce que l'on a à la vie, on peut laisser sa marque et faire de grandes choses.

Dieu me réserve une incroyable récompense: le salut!

Payez le prix

La tristesse selon Dieu produit en effet un repentir salutaire qu'on ne regrette pas; la tristesse du monde, elle, produit la mort.

(2 Co 7:10)

Premièrement, il y a une récompense pour chacun de nous. Deuxièmement, il y a un prix à payer. *Et troisièmement*, PLUS LA RÉCOMPENSE EST GRANDE, ET PLUS LE PRIX EST ÉLEVÉ. La plus grande récompense jamais offerte par Dieu à une personne a été l'honneur d'être appelé le Sauveur des hommes. Cet honneur, Dieu l'a accordé à Jésus-Christ. Jésus a payé ce privilège de sa vie: Il a souffert une mort atroce sur la croix. Mais grâce à son sacrifice, nous pouvons bénéficier d'une récompense d'une valeur infinie, inestimable. Quelle est la plus grande récompense que vous puissiez recevoir? Le salut!

Y a-t-il un prix pour cette merveilleuse récompense? Oui, bien sûr. Le prix à payer est un engagement total envers le Christ. Sans décrochage, sans crainte. En fonçant!

Je vous invite à payer le prix, à accepter la glorieuse récompense du salut et de l'amour éternel de Dieu. La récompense en vaut vraiment le prix. L'un des plus grands bénéfices que nous puissions tirer du salut est la conscience de l'amour inconditionnel, éternel, impérissable de Dieu.

Hier, ma fille Gretchen et moi étions dans le jardin. Elle cueillit une fleur et dit: « Papa, cette fleur est pour Dieu. » En arrachant le premier pétale, elle dit: « Il m'aime. » Au second pétale, elle répéta: « Il m'aime. » Au suivant également, jusqu'au dernier. Elle termina en disant, avec un sourire radieux: « Il m'aime. »

Il m'aime.

Payez le prix

Mais Jésus lui dit : « Quiconque a mis la main à la charrue et regarde en arrière est impropre au Royaume de Dieu. »
(Lc 9:62)

Le responsable des missions de la Cathédrale de Cristal est Paul Hostetter. Il a vécu pendant quelques années dans les jungles presque inaccessibles situées à la frontière du Guatemala et du Mexique. Un jour, il a pris l'avion et est venu me voir.

« Paul, lui demandai-je, que puis-je faire pour vous ? » « Ce dont nous avons vraiment besoin, explica-t-il, c'est d'un centre médical sur notre territoire. Nous desservons dans la région 40 000 Indiens qui ne parlent pas l'espagnol. Lorsque les médecins espagnols finissent pas les voir, ils ne peuvent leur faire part de leurs besoins.

« Il y a à peine quelques semaines, poursuivit-il, une jeune femme de dix-sept ans a donné naissance à un enfant dans une petite hutte de boue. Elle saignait abondamment, alors son mari me l'a amenée. Le voyage prenait plusieurs heures à pied. À son arrivée, elle était morte. »

« Combien cela coûterait-il, Paul ? » demandai-je. Il répondit : « Environ un million de dollars. » Sans prendre le temps de chercher mes mots, je lui dis : « Nous allons nous occuper de réunir l'argent pour construire ce centre médical. Paul, nous allons vous aider. Je ne sais pas comment, mais je sais que, d'une manière ou d'une autre, nous pouvons le faire. »

Toute récompense a un prix. Le centre médical de Chiapas, au Mexique, est un projet coûteux, mais nous avons pris un engagement. Plus la récompense est grande, et plus le prix est élevé.

Oui, mon Dieu, je paierai le prix !

Faites face aux difficultés

La fin est préférable au commencement, et l'esprit patient est mieux que l'orgueilleux.

(Si 6:8)

Mon fils, après des études au Fuller Theological Seminary, a reçu son doctorat il y a sept ans au Hope College de Holland, au Michigan. Ce doctorat a constitué l'un des plus grands moments de fierté de ma vie.

Après la cérémonie, une fois à l'extérieur, nous nous sommes embrassés et nous ommes tapés dans le dos, rayonnants de bonheur. «Tu as réussi!» m'exclamai-je. «Oui, dit-il, arborant un large sourire. J'ai réussi. Mais ç'a été difficile. Ça valait la peine, mais j'ai eu des moments de doute. J'ai eu bien des difficultés.» En entendant ces paroles, j'avais les yeux fixés sur le pompon de sa coiffure de remise des diplômes. Le touchant doucement, je dis: «*Le jeu en vaut la chandelle.*» «Tu l'as dit!» répondit mon fils avec enthousiasme.

Si vous basez vos décisions sur l'aspect facile, pratique, aisé de vos choix, ne vous attendez pas à de grands résultats. La vie sans difficultés ne comporte aucune récompense. Chaque fois que quiconque vend un produit en faisant preuve d'intégrité, vous pouvez être certain que les résultats obtenus sont proportionnels aux difficultés rencontrées. *Payez un bon prix et vous pouvez escompter un bon résultat!*

Prenez ces instants pour prier pour le dessein que Dieu vous réserve. Avec son aide, vous pourrez surmonter les difficultés.

> *Je ferai face aux difficultés dans l'espoir d'une bonne récolte.*

Faites face aux difficultés

Ainsi donc, mes frères bien-aimés, montrez-vous fermes, iné-branlables, toujours en progrès dans l'œuvre du Seigneur, sachant que votre labeur n'est pas vain dans le Seigneur.

(1 Co 15:58)

Comme êtres humains, nous avons besoin des difficultés de la vie. Nous avons besoin des luttes et des problèmes de la vie quotidienne pour nous donner des forces et des capacités. Nous avons besoin de payer le prix pour apprécier la récompense.

La vie sans difficultés ne comporte aucune récompense. Nous avons besoin des tensions que les difficultés nous procurent, parce que les tensions sont salutaires. Plusieurs d'entre vous se demandent peut-être: «Pourquoi des difficultés, des ennuis, des problèmes? Si Dieu est si bon, pourquoi ne peut-Il nous donner tout ce que nous désirons sans difficultés?»

Je veux vous faire part de trois idées qui peuvent changer votre attitude envers les difficultés. Je vous ferai faire la démarche qui m'a littéralement sauvé de la mort émotionnelle et spirituelle lorsque j'étais aux prises avec mes difficultés.

Mais maintenant, concentrez-vous sur votre rêve. Dieu vous en a donné un. Il désire que vous soyez une étoile. Vous vous êtes engagé à en payer le prix. Mais maintenant les difficultés surviennent ou vont bientôt survenir. Quelles sont les difficultés auxquelles vous faites face aujourd'hui? _____

_____

_____

_____

Mes difficultés me rappelleront de m'agripper fermement à la puissante main de Dieu!

Faites face aux difficultés

*Veillez, demeurez fermes dans la foi, soyez des hommes, soyez
forts.*

(1 Co 16:13)

Qu'est-ce qui fait qu'une difficulté est ennuyeuse? C'est
l'élément d'incertitude qu'elle comporte. Winston Churchill
disait: «Un individu peut s'élever contre à peu près n'importe
quoi. Mais il ne peut s'opposer aux incertitudes ou aux mys-
tères.»

Cela peut très bien être vrai, mais je suis certain que Winston
Churchill serait d'accord, sans hésiter, sur le fait que, sans les
tensions produites par les incertitudes, la vie serait l'enfer.
C'est l'imprévisible qualité de la vie qui laisse place à la spontanéité qui nous permet de connaître des surprises et de faire des
découvertes inattendues!

À quoi ressemblerait la vie sans la tension produite par l'incertitude? Lorsque l'acier perd sa tension, il devient un fer
friable. Si nous chassions les difficultés de notre vie, elle
deviendrait ennuyeuse et terne. Que serait un concours, une
épreuve, si on pouvait en prévoir l'issue?

Le suspense est un besoin psychologique et émotionnel fondamental. S'il n'y avait jamais de suspense d'aucune sorte, si
nous connaissions à l'avance le résultat futur de nos efforts,
nous ne ferions pas appel à Dieu et nous ne subirions pas
l'anxiété qui produit les prières authentiques et ferventes.
Nous avons besoin de difficultés parce qu'elles génèrent le suspense.

Cette difficulté génère un suspense excitant!

Faites face aux difficultés

Mais toi, Yahvé, tu me connais, tu me vois, tu éprouves mon cœur qui est avec toi.

(Jr 12:3)

D'abord, *les difficultés nous freinent* afin que nous puissions dépendre de Dieu. *Elles nous indiquent en outre nos possibilités de croissance.*

Il y a croissance personnelle lorsque nous apprenons, à travers nos difficultés, quelles sont nos capacités potentielles et nos capacités d'apprentissage. Les difficultés nous indiquent comment nous pouvons progresser.

Il y a quelque temps, j'ai entendu à la télévision une interview avec l'un des coureurs du marathon de Boston. «Pourquoi avez-vous fait cette course? demanda la jeune femme. Était-ce une expérience agréable sur le plan physique?» «Non, répondit le coureur. En fait, c'était assez douloureux, particulièrement dans les dernières montées.»

Étant moi-même un coureur, je suis d'accord: Courir peut être assez pénible. Il y a bien des matins ou je dois me forcer à sortir du lit pour courir mes quelques milles quotidiens. Je trouve bien souvent que le fait de me pousser à la limite de mon endurance peut être assez éprouvant.

J'étais très attentif alors que la reporter pressait le gagnant du marathon de lui révéler pourquoi il se soumettait à la pénible course de 26 milles. Le coureur lui dit: «Je fais la course à cause de la glorieuse impossibilité qu'elle comporte.»

Jusqu'à ce que nous soyons confrontés à une glorieuse impossibilité, nous ne savons pas ce que nous sommes, qui nous sommes et ce que nous pouvons faire.

> *Je vais prendre le chemin difficile, et je n'abandonnerai pas!*

Faites face aux difficultés

Car nous voyons, à présent, dans un miroir, en énigme, mais alors ce sera face à face. À présent, je connais d'une manière partielle; mais alors je connaîtrai comme je suis connu.

(1 Co 13:12)

Nos difficultés deviennent les miroirs à travers lesquels nous pouvons nous familiariser avec celui que nous appelons «moi». Nous nous demandons: «Ai-je, par la grâce de Dieu, la capacité de diriger ou de prendre des décisions? Ai-je en moi le potentiel de devenir un saint qui reflétera la beauté, l'amour et la bonté de Dieu? Qui suis-je, que puis-je devenir?» Nous ne connaîtrons jamais la réponse à ces questions à moins de faire face à nos difficultés.

Il y a beaucoup de chrétiens qui traversent des expériences tragiques dans la vie. Mais lorsqu'ils y repensent, ils affirment que Dieu leur a prodigué une force et un soutien additionnels. Par sa grâce, ils ont découvert qu'ils pouvaient supporter l'épreuve, qu'ils n'étaient pas les personnes faibles qu'ils croyaient être. Et à la suite de cette expérience, ils sont devenus plus forts et plus capables.

Nous avons tous besoins des difficultés pour nous aider à découvrir nos plus grandes possibilités. Et lorsque vous vous engagez à répondre à l'appel de Dieu dans votre vie, vous savez que vous allez devoir faire face à de très grandes difficultés. Parce que, lorsque Dieu vous inspire une idée ou un défi, vous pouvez être certain que cela vous amènera plus de problèmes et plus de difficultés que tout ce que vous pouvez surmonter seul. Les idées de Dieu seront toujours si grandes qu'elles seront humainement impossibles. Mais laissez-moi vous assurer que le jeu en vaut la chandelle lorsque vous suivez la voie de Dieu, la volonté de Dieu, la parole de Dieu et les merveilleux desseins de Dieu.

Le jeu en vaut la chandelle!

Faites face aux difficultés

« Reste fidèle jusqu'à la mort, et je te donnerai la couronne de vie. »

(Ap 2:10)

Finalement, *les difficultés nous stimulent.* Dieu ne veut pas que ses enfants végètent. Il veut que nous soyons productifs et pleins de vitalité. Les difficultés nous empêchent de mourir d'ennui.

Pourquoi les gens très riches et très prospères continuent-ils à travailler? J'ai quelques amis et connaissances qui sont parmi les gens les plus riches au monde. Mais ils ne prennent pas de longues vacances: Ils sont trop occupés! Ils sont trop impliqués avec les gens et avec la vie pour se borner à s'étendre au soleil.

Dieu ne vous destine pas à prospérer puis à mourir tout bonnement sur vos succès. Il a pour vous un dessein et un rêve et Il désire que votre vie soit stimulante et excitante.

J'ai des nouvelles pour vous: Votre décision de laisser Dieu prendre en charge votre vie constituera une difficulté. *Mais le jeu en vaut la chandelle.* Un jour, votre vie sur cette terre se terminera. Plus tôt que vous ne le croyez, votre âme immortelle se présentera devant Dieu. Et si vous Lui avez confié votre vie, un Ami émergera de la lumière resplendissante et pure. Vous le reconnaîtrez grâce à son nom: Jésus-Christ. Et il déposera sur votre tête la couronne du salut éternel. En vous dirigeant, dans toute votre splendeur, vers le trône de Dieu, vous saurez sans l'ombre d'un doute que le jeu en valait la chandelle.

Je suis emballé de voir plus loin que la difficulté!

Faites face aux difficultés

« Et vous serez haïs de tous à cause de mon nom, mais celui qui aura tenu bon jusqu'au bout, celui-là sera sauvé. »

(Mt 10:22)

À mesure que surviennent les difficultés de la vie, accueillez-les avec joie. Laissez-les agir pour vous. Il y a quelques jours, vous avez dressé la liste des difficultés auxquelles vous faisiez face. S'agit-il des mêmes difficultés aujourd'hui? Exercez-vous alors à transformer vos difficultés actuelles en une force positive.

Dressez d'abord la liste des difficultés. Notez à quel point chaque difficulté vous a maintenu dans un état de suspense; ensuite, notez ce qu'elle vous a appris sur vous-même; et enfin, voyez à quel point elle vous a stimulé.

Difficulté actuelle:	M'a maintenu dans l'incertitude à propos de:	M'a appris ceci à mon sujet:	M'a stimulé à:

Merci, Seigneur, pour les difficultés!

Portez la croix

En toutes tes démarches, reconnais-le et il aplanira tes sentiers.
(Pr 3:6)

Ce mois-ci, nous avons défini notre rôle: être une étoile! Une étoile de l'amitié, des affaires, du sport. Une étoile est quelqu'un qui excelle, qui reflète l'amour de Dieu avec excellence.

Deuxièmement, nous avons fait en sorte que nos buts brillent comme des étoiles. Votre but est de faire de la seule vie que vous avez une vie abondante pour Dieu.

Finalement, vous avez évalué le coût de ce projet. Vous êtes prêt à payer ce coût. Avec le coût viennent les difficultés. Les difficultés vous aident en vous maintenant dans une saine incertitude, en vous dévoilant des aspects nouveaux de vous-même et en vous stimulant à continuer à croire à «l'impossibilité» de Dieu.

Souvenez-vous de la formule:

RÔLE + BUT + PRIX = SUCCÈS

Le dernier point que je veux souligner est ceci: *Dieu vous mènera jusqu'au succès ultime.* Qu'est-ce que le succès ultime? Ce n'est sans doute pas le fait d'atteindre le but que vous poursuivez aujourd'hui. Parce que ce que vous désirez, plus profondément que le but immédiat, c'est le respect de soi lorsque vous êtes seul avec vos pensées et avec votre Dieu.

Alors Dieu vous procure un rêve. Ne le fuyez pas par crainte d'échouer. Que vous réussissiez ou non, si vous acceptez le dessein de Dieu, vous serez capable de vous respecter, parce que vous aurez fait ce que vous aviez à faire.

> *J'ai besoin de me respecter... et de croire dans le rêve de Dieu!*

Portez la croix

Ne refuse pas un bienfait à qui y a droit quand il est en ton pouvoir de la faire.

(Pr 3:27)

Comment réussir dans la vie? Le secret du succès consiste à trouver un besoin et à le combler; à trouver une souffrance et à la guérir; à trouver un problème et à le résoudre; à trouver une barrière et à la détruire. Le secret du succès est de combler un besoin.

Dans une société de libre entreprise, nulle industrie ne va réussir à long terme si elle ne cherche pas honnêtement à servir le consommateur avec intégrité. Tout homme d'affaires avisé sait qu'ultimement, c'est la seule façon de réussir.

Il y a un autre principe. Il est impossible de servir sans s'oublier. Par conséquent, *il est impossible d'être serviteur sans porter une croix.* Le concept théologique profond est ceci: *Vous ne pouvez réussir sans servir!* Vous ne pouvez servir sans vous oublier. Vous ne pouvez vous oublier sans porter une croix.

Comment servirez-vous les autres aujourd'hui? Indiquez diverses façons.

_____

_____

_____

> *Je servirai ceux qui m'entourent aujourd'hui. Je réussirai.*

Portez la croix

Certes, toute correction ne paraît pas sur le moment être un sujet de joie, mais de tristesse. Plus tard cependant, elle apporte à ceux qu'elle a exercés un fruit de paix et de justice.
(He 12:11)

Il y a dans la Bible une phrase que Jésus disait et que j'ai eu du mal à accepter pendant longtemps. Il disait: «Quiconque ne porte pas sa croix et ne vient pas derrière moi ne peut être mon disciple.» (Lc 14:27) Le problème, c'est que j'avais le sentiment de ne pas avoir de croix. Alors j'ai demandé à Dieu pourquoi je n'avais pas de croix. Et Il a répondu: «Tu en as une.»

Ensuite j'ai commencé à réaliser que depuis trois ou quatre ans, car je passais à la télévision depuis assez longtemps, j'étais un homme public. Je ne pouvais rien faire sans rencontrer des gens.

J'étais dans un café récemment, prenant un repas avec ma femme. Nous avions une conversation très intense et je ne souriais pas. En fait, je fronçais les sourcils. Arvella se pencha vers moi et murmura doucement: «Bob, il y a un couple là-bas, et je suis certaine qu'ils te reconnaissent. Souris.» Alors je poursuivis ma sérieuse conversation en arborant un sourire excessif. Je lui exprimai les frustrations que je subissais à l'époque, les difficultés, les problèmes, en affichant un large sourire.

Lorsque vous rencontrez des gens qui sourient, cela vous remonte le moral. Lorsque vous rencontrez quelqu'un qui fronce les sourcils, cela vous déprime. Je n'avais aucun droit de mépriser ces gens, même en ne leur parlant pas. J'avais l'obligation de leur remonter le moral. C'est ma croix.

Je porterai ma croix!

Portez la croix

Songez à celui qui a enduré de la part des pécheurs une telle contradiction, afin de ne pas défaillir par lassitude de vos âmes.

(He 13:3)

Lorsque vous portez la croix du succès, vous faites un sacrifice. Ce sacrifice peut être sous forme de temps ou d'argent, de perte de vie privée ou d'une possession personnelle. Tout succès comporte une croix, et toute croix est un sacrifice.

Mais la beauté de notre foi chrétienne réside dans le fait qu'il est impossible de se sacrifier pour son prochain sans en être abondamment récompensé. Notre Seigneur a voulu combler les besoins de l'humanité. Les gens avaient besoin d'être pardonnés; ils avaient besoin d'un sentiment de valeur personnelle, de dignité et de respect de soi. Jésus a vu ce besoin. Pour le combler, Il s'est sacrifié. Mais après le Vendredi saint, il y a toujours le jour de Pâques! Il y a toujours des récompenses en retour!

Le sacrifice produit toujours une forme de succès intérieur ou extérieur. Car, qu'est-ce que le succès? Le succès est un sentiment d'estime de soi qui vous vient lorsque vous avez aidé quelqu'un qui était dans le besoin. Et tout homme d'affaires avisé sait ce que je veux dire. Votre plus grande joie en affaires n'est pas de constater le profit que vous avez fait; c'est au contraire de voir le visage rayonnant d'un client qui a trouvé, dans un produit ou un service que vous offrez honnêtement, la solution à un problème.

Quel sacrifice ferez-vous aujourd'hui en portant votre croix? _____

_____

_____

Le sacrifice mène au succès!

Portez la croix

Songez-y: qui sème chichement moissonera aussi chichement;
qui sème largement moissonera aussi largement.

(2 Co 9:6)

Lorsque vous servirez les autres, vous découvrirez véritablement le succès. Il est impossible de servir les autres et de ne pas
trouver l'estime de soi et la satisfaction que vous recherchez.
Car le véritable succès est le respect de soi que l'on obtient en
aidant les autres.

En donnant à ceux qui vous entourent, vous recevrez plus
que vous n'avez jamais imaginé. Et lorsque vous donnerez
votre vie à Dieu, Il vous donnera la joie intérieure de savoir que
vous avez investi votre vie. Il est impossible de semer sans
récolter la semence originale!

Je me souviens du jour où mon père, sur sa ferme de l'Iowa,
a subi un désastre total. C'était au cours des années 1930, lors
de cette sécheresse qui nous est venue du Dakota. Le vent était
sec et violent. Il devint notre ennemi lorsqu'il se mit à souffler
la terre riche et noire dans les ravins et les canyons. La saison de
la récolte arriva et mon père, plutôt que d'obtenir une récolte
de cent wagons comme d'habitude, n'obtint qu'un maigre
demi-wagon. Mon père leva les yeux au ciel et s'écria: «Merci,
mon Dieu, car je n'ai rien perdu. J'ai récupéré la semence que
j'avais plantée au printemps!»

Réussissez: Apprenez à être généreux envers les autres, et la
vie sera généreuse pour vous.

Je sèmerai largement!

Portez la croix

Que l'amour fraternel vous lie d'affection entre vous, chacun regardant les autres comme plus méritants, d'un zèle sans nonchalance, dans la ferveur de l'esprit, au service du Seigneur.
(Ro 12:10,11)

Lorsque nous avons fondé cette église dans un théâtre en plein air, il y a 24 ans, madame Schuller et moi formions la totalité du personnel.

Finalement, après plusieurs mois, nous avons pu embaucher notre premier ministre professionnel de la musique. Elle s'appelait Lea Ora Mead et elle se chargea de notre premier chœur composé de volontaires qui se réunissaient pour répéter chez nous.

Pendant six ans, nous avons dirigé l'église dans ce théâtre. Tous les dimanches matins, je montais sur le toit goudronné et collant du petit restaurant et je livrais mes messages par temps de pluie, de grand vent ou de chaleur torride. Et derrière moi, dirigeant le chœur, il y avait Lea Ora Mead.

Lors de la construction de la Cathédrale de Cristal, un ami anonyme nous fit un don en l'honneur de cette merveilleuse femme. En apprenant cela, Lea Ora demanda : « Qui est-ce qui peut bien se souvenir de moi ? Je suis partie depuis tant d'années. » « Lea Ora, lui répondis-je, tu ne sauras jamais quel bien tu as fait aux autres dans ta vie. »

Lorsque vous faites un sacrifice, vous êtes toujours récompensé. Cela peut prendre des années avant que vous ne voyiez les résultats, mais Dieu qui voit tout vous récompensera ! Pensez à quelque chose que vous avez fait il y a plusieurs années pour un autre. Comment Dieu vous a-t-Il récompensé depuis ?

Dieu seul peut compter les pommes que recèle un pépin !

Portez la croix

« Donnez, et l'on vous donnera; c'est une bonne mesure, tassée, secouée, débordante, qu'on versera dans votre sein; car de la mesure dont vous mesurerez on mesurera pour vous en retour. »

(Lc 6:38)

Cela est tellement vrai! Ma croix consiste peut-être à sourire et à être une inspiration, mais les récompenses sont illimitées. *Vous ne pouvez donner à Dieu plus qu'Il vous donne!*

Je n'oublierai jamais le visage radieux d'une jeune Orientale qui est venue me voir un jour. Elle me dit: «Docteur Schuller, je dois vous rencontrer parce que vous m'avez sauvé la vie!» Je lui demandai: «Comment vous ai-je sauvé la vie?» Et elle me raconta son histoire.

«J'étais une piètre étudiante, à l'école secondaire, docteur Schuller, commença-t-elle. J'ai réussi, mais avec beaucoup de mal. Je savais que je n'étais pas assez brillante pour l'université. Je ne voulais pas m'imposer de nouveaux échecs. C'est alors que j'ai commencé à regarder votre émission, *Hour of Power*. Vous parliez de pensée axée sur la possibilité. Je vous ai vu sourire et je vous ai entendu dire que vous croyiez que Dieu voulait que vous construisiez une Cathédrale de Cristal et que cela allait coûter des millions de dollars. Je me suis dit: Si le docteur Schuller peut faire cela, peut-être puis-je réussir des études universitaires. J'ai décidé dès ce moment que j'essaierais de réussir au moins un semestre à l'université. Alors j'ai fait ma demande, j'ai été acceptée et j'ai terminé le premier semestre avec une moyenne de B! Vous m'avez sauvé la vie. Vous voyez, j'avais décidé de me suicider à la fin de mes études collégiales, mais maintenant je suis vivante!»

Dieu donne toujours plus que nous pouvons imaginer!

Portez la croix

« *Vous serez mon peuple et moi, je serai votre Dieu.* »
(Jr 30:22)

Le succès qui provient de Dieu nourrira votre estime personnelle, mais vous traverserez la vallée de l'humiliation potentielle avant que vous puissiez porter la couronne de la fierté de
Dieu. C'est cela que la croix signifie.

Vous vous dites : « Si Dieu a à cœur l'estime de soi, pourquoi
a-t-Il laissé Jésus mourir sur une croix ? Quelle mort honteuse.
L'estime de soi du Christ était-elle satisfaite lorsqu'Il S'est
retrouvé nu, cloué sur une croix ? » Oui !

Car il n'y a pas d'estime de soi sans sacrifice. Il n'y a pas de
sacrifice sans que l'on s'expose au ridicule.

Le succès s'accompagne toujours d'une croix, parce que la
croix sanctifie l'estime de soi qui ne serait autrement qu'un
dangereux et impitoyable orgueil.

Quelle est la différence entre le dangereux égoïsme et la saine
et divine estime de soi ? La différence est la croix que vous
acceptez de porter pour respecter la volonté de Dieu. Et ainsi,
avant que Dieu ne vous donne la couronne, la grande et glorieuse fierté rédemptrice et sainte, Il vous purgera et rendra
votre estime personnelle sainte et sacrée.

Sanctifiez-moi, Seigneur !

Portez la croix

Et le Verbe s'est fait chair et il a habité parmi nous, et nous avons contemplé sa gloire, gloire qu'il tient de son Père comme Fils unique, plein de grâce et de vérité.

(Jn 1:14)

Jésus-Christ a accompli la plus grande réussite au monde! Il connaissait son rôle. Il était le Fils de Dieu. Il a osé atteindre son but. Il a fait de sa vie quelque chose de beau pour Dieu. Il a trouvé des besoins et les a comblés. Il a découvert des souffrances et les a guéries. Et Jésus-Christ a payé le prix. Il a été ridiculisé, méprisé et est allé jusqu'à mourir sur la croix.

Mais le Christ savait le succès qui l'attendait. Le jour de Pâques, Il a défié la mort et est revenu à la vie! Et Jésus connaissait sa valeur, son succès nourrissait son estime personnelle. Il désirait attirer tous les hommes à Lui. Pourquoi? Parce qu'Il connaissait la joie du succès. Il a souffert sur la croix pour sanctifier son estime personnelle. Et Il a porté la croix pour sanctifier votre estime personnelle. Il désire attirer à Lui tous les hommes pour les attirer à Dieu. Voilà le succès! Voilà Jésus-Christ!

> *Jésus-Christ, vous êtes mon étoile polaire!*

Comment ceux qui axent leur pensée sur la possibilité deviennent des leaders prospères

Votre potentiel de leader

Et ne vous modelez pas sur le monde présent, mais que le renouvellement de votre jugement vous transforme et vous fasse discerner quelle est la volonté de Dieu, ce qui est bon, ce qui lui plaît, ce qui est parfait.

(Rm 12:2)

CHACUN DE NOUS PEUT ÊTRE UN LEADER! Un mari, une femme, un père, un parent, un employé... oui, chacun peut être un leader. Qu'est-ce qu'un leader? Un leader, c'est quelqu'un qui découvre le dessein et les possibilités de Dieu. Permettez-moi de vous montrer comment en utilisant cinq verbes faciles à retenir.

Premièrement, un leader est quelqu'un qui CROÎT! Il est juste un peu plus grand que ceux qui l'entourent. Regardez un groupe d'arbres. Il y en a toujours un qui est juste un peu plus grand que ceux qui l'entourent. C'est le leadership en croissance! Dans chaque petite communauté, colonie ou groupe de personnes, il y a quelqu'un qui s'affirme davantage! Et cette personne est un leader en croissance!

Un leader est quelqu'un qui permet à sa pensée de croître suffisamment pour qu'une idée de Dieu y prenne place. Si vous pensez plus grand que vous n'avez jamais pensé auparavant, vous êtes en croissance! Votre conscience prend de l'expansion; vous êtes un leader!

Comme le dit le verset des Écritures d'aujourd'hui, ne vous modelez pas sur le monde présent! Ce monde pense petit! Soyez transformé par le renouvellement de votre jugement, et lorsque votre jugement sera renouvelé, il deviendra élastique, il s'étirera et vous croîtrez!

Avec votre aide, Seigneur, je peux croître et devenir votre instrument. Apprenez-moi.

Votre potentiel de leader

Béni Yahvé qui fit pour moi des merveilles d'amour (en une ville de rempart)!

(Ps 31:22)

Le leader est quelqu'un qui non seulement croît, mais qui SAIT. Il connaît son affaire. Il parle avec assurance. Certains échouent parce que leur connaissance ne croît pas. Le succès est 50% de préparation et 50% d'inspiration et de transpiration.

Certains échouent comme leaders parce qu'ils cessent tout simplement de croître. D'autres échouent parce qu'ils cessent de connaître leur affaire et qu'ils prennent du retard. Le leader est celui qui sait! Il sait qu'il a le choix de dériver ou de décider.

Lorsque j'étais petit garçon sur notre ferme de l'Iowa, j'aimais aller à la rivière Floyd, un étroit et boueux cours d'eau. Un jour, je me suis assis là pendant des heures sans prendre un poisson. Puis mon frère m'indiqua quelque chose qui flottait à la surface, au centre de la rivière. C'était un poisson mort. C'est à ce moment que le concept frappa mon esprit d'enfant. Même un poisson mort peut descendre avec le courant! Les poissons vivants nagent contre le courant.

Vous et moi pouvons choisir de dériver avec les courants de la vie, abandonnant le leadership de notre vie aux forces qui nous entourent et sur lesquelles nous n'avons aucun contrôle. Nous pouvons aussi choisir d'être vivants, de nager contre le courant et d'être les forces vitales que nous devons être. N'importe qui peut être un leader! Vous prenez les décisions qui déterminent le développement de vos possibilités!

Aujourd'hui je prends la décision de vous suivre, Jésus. Guidez-moi.

Votre potentiel de leader

Heureux, impeccables en leur voie, ceux qui marchent dans la loi de Yahvé.

(Ps 119:1)

La vie de certaines personnes consiste à surmonter une urgence après l'autre, alors que d'autres semblent chaque fois réussir un peu mieux que la fois précédente. Quelle est la différence? C'est une question de leadership! Un leader croît, connaît puis AGIT! Il se prononce! Il affiche ses qualités de leader.

À l'intérieur de votre communauté, de votre comité ou de votre groupe, il y a probablement quelque chose d'imparfait et personne n'y fait rien. Le leadership consiste à croître un peu plus que les autres. C'est savoir ce qui peut être fait puis montrer aux autres comment le faire par l'exemple. Tout ce qui est nécessaire est ce que nous appelons la pensée axée sur la possibilité, ou une attitude mentale positive.

Vous faites preuve de leadership en indiquant aux gens un rêve portant sur ce qu'ils peuvent devenir. Lorsque l'on érige un rêve dans une imagination humaine, nous possédons le pouvoir. Et vous pouvez faire cela, que vous soyez une mère, un père, un mari, une épouse, un employeur ou un employé.

Pensez dès maintenant à une suggestion positive que vous pourriez faire pour un changement dans la direction voulue. Peut-être est-ce dans l'un de vos comités. Peut-être est-ce dans vos rapports avec vos enfants. Ce peut aussi être une meilleure idée pour un groupe de l'église. Écrivez-la ici.

Cette semaine, prenez le temps de présenter cette idée.

Je veux partager mon idée d'inspiration divine avec les autres.

Votre potentiel de leader

Tous les sentiers de Yahvé sont amour et vérité pour qui garde son alliance et ses préceptes.

(Ps 25:10)

Les leaders ne montrent pas simplement comment le faire, ils le font eux-mêmes! Ils indiquent la voie avant que le succès ne soit assuré! Rien n'est plus important que de chasser la crainte de l'échec.

L'échec ne signifie pas que vous êtes un raté. Il signifie que vous n'avez pas encore réussi.

L'échec ne signifie pas que vous n'avez rien accompli. Il signifie que vous avez appris quelque chose.

L'échec ne signifie pas que vous avez été déshonoré. Il signifie que vous êtes disposé à essayer.

L'échec ne signifie pas que vous ne savez pas comment vous y prendre. Il signifie que vous devez vous y prendre différemment.

L'échec ne signifie pas que vous êtes inférieur. Il signifie que vous n'êtes pas parfait.

L'échec ne signifie pas que vous avez gaspillé votre vie. Il signifie que vous pouvez recommencer.

L'échec ne signifie pas que vous devez abandonner. Il signifie que vous devez faire encore plus d'efforts.

L'échec ne signifie pas que vous ne réussirez jamais. Il signifie qu'il vous faudra plus de temps.

L'échec ne signifie pas que Dieu vous a abandonné. Il signifie qu'Il a une meilleure idée.

Que dirigeriez-vous aujourd'hui si vous saviez que vous ne pouvez échouer? Notez-le ici.

Je suis centré sur le Christ! Par conséquent, je réussis!

Votre potentiel de leader

Yahvé dit à Moïse: «Pourquoi cries-tu vers moi? Dis aux Israélites de repartir. »

(Ex 14:15)

Un leader ACCORDE DES FAVEURS! Il accorde de l'estime de soi aux autres et, en même temps, à lui-même. C'est de cette manière que nous devons réussir! *Le succès consiste à acquérir le respect de soi et des autres par le dévouement à de grandes idées.* J'ai eu le privilège de faire la connaissance de gens que l'on peut qualifier d'exceptionnels, et je connais plusieurs d'entre eux personnellement. Je tiens à dire quelque chose à leur sujet. Ce ne sont pas des gens exceptionnels, mais des gens ordinaires dotés d'une quantité extraordinaire d'énergie qui se sont engagés à la réalisation d'idées extraordinaires! C'est tout! Lorsque vous les connaissez, vous vous rendez compte que ce sont simplement des gens très ordinaires qui ont pris des décisions extraordinaires. Et dans leur cheminement, ils ont acquis le respect de soi et des autres. Un leader dépasse tous les autres. Non seulement dans sa pensée, mais dans ses actes, et c'est pourquoi les gens reculent devant le leadership. Ils ne veulent pas s'engager, parce qu'ils ne veulent pas payer le prix. Le prix augmente sans cesse, et cela est difficile. Mais c'est là la signification du leadership!

Quel prix hésitez-vous à payer? Qu'accompliriez-vous si ce n'était une question de prix?

Pensez à un petit pas que vous pourriez franchir en direction de cet objectif. Seriez-vous disposé à en faire autant aujourd'hui?

Aujourd'hui, avec l'aide de Dieu, je peux entreprendre le projet que je remettais à plus tard.

Votre potentiel de leader

Du moment donc que vous êtes ressuscités avec le Christ, recherchez les choses d'en haut, là où se trouve le Christ, assis à la droite de Dieu.

(Col 3:1)

Il y a deux sortes d'oiseaux que l'on peut trouver dans les déserts californiens : le minuscule oiseau-mouche et le grand vautour. Les vautours, les ailes déployées, volent silencieusement, jusqu'à ce qu'ils aperçoivent la carcasse d'un animal, sur laquelle ils se ruent. Dans tout le vaste désert, les carcasses sont tout ce qu'ils voient. Le petit oiseau-mouche, par ailleurs, survole le même terrain sans jamais remarquer les carcasses. Il vole près d'un cactus et regarde s'épanouir un petit bourgeon, puis, à l'aide de son long bec, il se nourrit de miel.

Le vautour ne voit que les carcasses alors que l'oiseau-mouche ne voit que les bourgeons. Chaque créature voit ce qu'elle veut voir. C'est une parabole de la vie.

Comme être humain, vous trouverez ce que vous recherchez. Si vous recherchez ce qui est négatif dans la vie, vous le verrez. Si vous cherchez ce qui est positif, c'est ce qui s'offrira à votre regard. Nous appelons ces gens des penseurs axés sur la possibilité, ou des penseurs axés sur l'impossibilité, des leaders et des suiveurs, si vous préférez.

Aujourd'hui, je veux que vous sachiez que vous avez le choix. Vous pouvez être un leader ou un suiveur. Les leaders sont des gens qui se respectent tellement qu'ils prennent en charge leur destin et façonnent leur avenir, souvent malgré des probabilités presque inexistantes. Par ailleurs, les suiveurs acceptent simplement le destin que la vie leur met devant les yeux.

Je choisis d'être un leader pour le Christ !

Votre potentiel de leader

Toutes tes entreprises réussiront et sur ta route brillera la lumière.

(Jb 22:28)

Les gens qui dirigent sont mus par des rêves, par des pensées dynamiques et positives. Si vous avez un rêve, vous avez un grand avenir. Comment choisissez-vous un rêve? En étant en harmonie avec Dieu. Lorsque nous sommes à l'écoute des idées de Dieu qui nous viennent à l'esprit, nos rêves sauvent souvent notre avenir.

En 1979, nous avons commémoré le cinquantième anniversaire de la grande dépression et du krach de Wall Street. Mais pendant que certains se suicidaient d'un côté de Manhattan, un homme du nom de J.G. Roscoe multipliait les millions au beau milieu de l'effondrement des cours de la Bourse. En 1929, juste avant que la dépression ne survienne, il eut un rêve. Il rêva de construire le plus haut gratte-ciel au monde dans la ville de New York. Les gens disaient que c'était impossible. D'autres prédisaient une catastrophe financière. Mais il vendit toutes ses actions au prix fort du marché et convainquit même d'autres personnes de faire de même pour financer son projet. Quelques jours après qu'ils eurent vendu toutes leurs actions, le marché s'effondra, jetant des milliers de personnes sur le pavé. S'il n'avait pas eu le courage d'investir tout ce qu'il avait dans son rêve, il aurait tout perdu.

Un an plus tard, il commença à construire son monument, l'Empire State Building. Quel triomphe!

Avez-vous un rêve? Croyez-vous en Dieu pour le réaliser? Sans penser au temps que prendra sa réalisation, indiquez comment vous pouvez le réaliser étape par étape.

J'aborde la journée avec un rêve! Le rêve de Dieu!

N'abandonnez jamais votre leadership

« Ne t'ai-je pas donné cet ordre: Sois fort et tiens bon! Sois sans crainte ni frayeur, car Yahvé ton Dieu est avec toi dans toutes tes démarches. »

(Jos 1:9)

Vous seul, de toutes les créatures, êtes en mesure de prendre vos propres décisions, de guider votre propre destinée. Que veut dire assumer un rôle de leader? Un leader est quelqu'un qui se fixe des buts. Un leader doit donner aux gens une idée de ce qu'ils peuvent devenir.

Lorsque j'ai commencé ma vie de prêtre, le docteur Rosenberg m'a donné ce conseil: «N'abandonnez jamais votre leadership à quiconque ou à quoi que ce soit. Vous seul êtes ultimement responsable devant Dieu du travail qu'Il vous a confié!»

Malheureusement, la vérité est que la très grande majorité des gens abandonnent constamment leur leadership dans leur vie privée, familiale, professionnelle, ainsi que dans leur carrière. Au cours de la semaine qui vient, je vous révélerai les diverses manières dont les gens abandonnent leur leadership.

Premièrement, certains abandonnent leur leadership devant leur public. Plusieurs hommes publics, qui sont censés être des leaders, se soumettent à ce genre de pression. En entrant dans un auditorium pour s'adresser aux autres, ils aperçoivent des sourcils froncés ou des regards sceptiques. Sans qu'une parole ne soit prononcée, juste à travers des attitudes, ils sentent une forme subtile de rejet, de désaccord possible. Intimidés, ils reculent. N'ABANDONNEZ JAMAIS VOTRE LEADERSHIP À UN PUBLIC!

Dieu m'a donné un esprit courageux, un esprit de conquête. Il m'a donné l'esprit de Jésus-Christ.

N'abandonnez jamais votre leadership

Le méchant s'enfuit quand nul ne le poursuit, d'un lionceau les justes ont l'assurance.

(Pr 28:1)

N'ABANDONNEZ JAMAIS VOTRE LEADERSHIP À DES FORCES!

Comme je l'ai déjà dit, la chaussure ne dicte pas au pied sa croissance. Le corps n'abandonne pas le leadership de sa croissance aux vêtements qu'il porte. La taille de votre famille n'est pas dictée par le nombre de chambres dont vous disposez. La taille d'une communauté n'est pas déterminée par l'importance des structures disponibles.

Il y a plusieurs forces négatives qui tentent de nous contrôler. Mais lorsque vous êtes confronté à des problèmes, qu'ils soient de nature financière, politique, personnelle ou professionnelle, n'abandonnez jamais votre leadership.

N'ABANDONNEZ JAMAIS VOTRE LEADERSHIP AUX FARCES! Les farces sont des mensonges, des masques qui déforment la vérité. Il y a dans ce pays des gens qui appartiennent aux minorités asiatique, africaine, mexicaine ou portoricaine, qui ont été amenés à croire qu'ils sont génétiquement et intellectuellement inférieurs aux autres races. Cette croyance est une farce monumentale. Les préjugés raciaux sont basés sur le mensonge.

N'ABANDONNEZ JAMAIS VOTRE LEADERSHIP AUX BARRIÈRES! Les barrières sont des concepts limitatifs que vous laissez pénétrer votre esprit et annihiler votre pensée. Les barrières adoptent la forme de pensées du genre: «Je ne pourrai jamais faire cela. Je ne suis pas suffisamment instruit.» Ou: «C'est impossible. Je n'ai pas les bons contacts.» Vous devez vous défaire de ces pensées limitatives, bloquées.

Jésus m'a libéré de la pensée limitative. Mon esprit est renouvelé et rafraîchi!

N'abandonnez jamais votre leadership

Car moi, Yahvé, ton Dieu, je te saisis la main droite, je te dis:
«Ne crains pas, c'est moi qui te viens en aide.»
(Is 41:13)

N'ABANDONNEZ JAMAIS VOTRE LEADERSHIP AUX AMIS!

On est toujours tenté d'abandonner son leadership aux membres de son groupe d'amis.

Il est étonnant de constater combien de gens permettent que leurs décisions vitales soient dictées par le fait qu'ils sont intimidés par le milieu social dans lequel ils évoluent. Ils sont dominés par le milieu culturel. Souvent, la structure sociale accepte des notions considérées immorales il y a dix ou vingt ans. Les gens qui se laissent dicter leur conduite par leurs pairs ont tendance à dire: «D'accord, faisons-le. Tout le monde le fait.» Et cela, même s'ils savent, au fond, que leurs actions sont répréhensibles. *Souvent les gens n'entendent pas avec leurs oreilles; ils entendent à travers leurs pairs.*

Les gens de tous âges doivent se rendre compte du danger qu'il y a à succomber aux pressions de leurs pairs. Mais les jeunes gens sont particulièrement sensibles à ce genre d'influence. Trop souvent, la société dit que nos problèmes peuvent être résolus par des produits chimiques. Bien des gens se tournent vers la cocaïne, les médicaments, l'alcool ou d'autres formes de narcotiques. Quiconque abandonne le contrôle de sa vie à quelque produit chimique que ce soit pour se remonter ou se détendre, abandonne son leadership à la bouteille, au sac, à la pilule ou à la cuiller. Cette personne n'a plus le contrôle de sa propre vie. Votre cerveau est un instrument fantastique. Stimulez-le avec des idées créatrices. N'abandonnez pas votre leadership aux amis.

> *Ce n'est qu'en Vous, Seigneur, que je trouve l'acceptation totale, car je suis votre enfant.*

N'abandonnez jamais votre leadership

Il dit : « Ne crains point, homme des prédilections ; paix à toi, prends force et courage ! »

(Dn 10:19)

N'abandonnez jamais votre leadership au public, aux forces, aux farces et aux barrières. ET N'ABANDONNEZ JAMAIS VOTRE LEADERSHIP AUX FANTAISIES NÉGATIVES !

Dieu vous mettra en tête une brillante idée, et votre première impulsion sera de l'accepter. Mais vous vous permettrez ensuite de vous dépeindre des images négatives de ce qui pourrait arriver si... « Peut-être serai-je rejeté ou mes amis riront de moi, » pensez-vous. Vous pouvez être certain que chaque fois que vous penserez plus grand que la moyenne des gens, vous serez critiqué.

N'ABANDONNEZ JAMAIS VOTRE LEADERSHIP À VOS CRAINTES ! Dieu ne nous a pas donné la crainte. Cela signifie que si vous vous soumettez à des craintes, vous pouvez être certain que ces craintes ne proviennent pas de Dieu.

N'ABANDONNEZ JAMAIS VOTRE LEADERSHIP AUX FRUSTRATIONS ! Il est impossible d'aller de l'avant sans jamais avoir de problèmes. Toute bonne idée comporte des difficultés. Les meilleures possibilités comportent des problèmes. Quelle que soit la grande idée que vous concevrez, quelqu'un lui trouvera des inconvénients. Mais les problèmes ne sont que des occasions de polir de façon créatrice un rêve ou un but, et non de le démolir. Ce qui est tout à fait différent.

Mes craintes s'estompent. Je sens croître mon courage en m'approchant de Dieu. Il vient à moi et sait qui je suis.

N'abandonnez jamais votre leadership

Mais ceux qui espèrent en Yahvé renouvellent leur force, ils déploient leurs ailes comme des aigles, ils courent sans s'épuiser, ils marchent sans se fatiguer.

(Is 40:31)

N'ABANDONNEZ JAMAIS VOTRE LEADERSHIP À LA FATIGUE!

Tout le monde a des moments de lassitude. Tout le monde est fatigué de temps à autre. C'est pourquoi il est important de vous en rendre compte lorsque vous vous fatiguez et de ralentir pendant un certain temps. Sinon vous prendrez de mauvaises décisions. Les historiens se demandent encore de nos jours si le président Franklin D. Roosevelt a abandonné son leadership à la fatigue lors de la conférence de Yalta. Il était très malade à cette époque. S'il avait été en meilleure santé, peut-être n'aurait-il jamais abandonné les pays du bloc de l'Est à l'influence soviétique. Il y a des moments où l'on ne doit pas rencontrer les gens. J'ai dû moi-même faire cette découverte. À l'occasion, j'éprouve la nécessité d'annuler un important rendez-vous à cause de la fatigue. Il y a eu des moments où j'ai dû dire: «Mon ami, je veux vraiment vous rencontrer, mais vous méritez de me voir au meilleur de ma forme, et non le contraire. Je suis trop fatigué. Je vais attendre. J'y suis tout simplement obligé.»

Même Jésus éprouvait le besoin de se reposer. Souvenez-vous de la fois où les foules Le pressaient sur les berges de la mer de Galilée. Les gens Le touchaient, L'appelaient, avaient besoin de Lui, mais Il monta dans un bateau et S'éloigna. Il les laissa pendant un certain et se rendit dans les montagnes pour Se reposer et prier.

Ce n'est qu'en Vous, Seigneur, que je trouve le repos complet et le sommeil paisible.

N'abandonnez jamais votre leadership

« Je conduirai les aveugles par un chemin qu'ils ne connaissent pas, par des sentiers qu'ils ne connaissent pas je les ferai cheminer, devant eux je changerai l'obscurité en lumière et les fondrières en surface unie. Cela, je le ferai, je n'y manquerai pas. »
(Is 42:16)

Nous avons déjà une longue liste d'éléments nuisibles au leadership, mais en voici un autre : N'ABANDONNEZ JAMAIS VOTRE LEADERSHIP À L'AFFOLEMENT.

Peut-être traversez-vous une période extrêmement difficile. Peut-être avez-vous perdu un mari, une épouse ou un enfant. Peut-être avez-vous perdu un membre ou êtes-vous sérieusement malade. Peut-être avez-vous perdu une grosse somme d'argent ou êtes-vous très affecté par l'inflation. Dans de telles circonstances, les gens ont tendance à s'affoler et à prendre les mauvaises décisions. *Face à une situation catastrophique, ne faites rien jusqu'à ce vous ayez l'esprit suffisamment clair pour fonctionner rationnellement.* Dans les moments tragiques, c'est souvent le conseil que je donne aux gens. Plus d'une fois, une veuve vient me voir et me dit : « Je vais déménager. Je crois que je vais vendre la maison et retourner dans l'Est. » Ou encore : « Je crois que je vais aller habiter avec les enfants. » Je les mets toujours en garde : « Ne prenez jamais une décision majeure dans un moment d'affolement. »

Vous souvenez-vous d'une occasion où vous avez pris une décision dans un moment d'affolement, décision qui s'est avérée par la suite bien mauvaise ? Réfléchissez à cette situation. Voyez comment vous pouvez éviter que cela ne se reproduise à l'avenir.

Vous m'apprenez, Seigneur. Je profite de mes erreurs et je Vous en suis reconnaissant.

N'abandonnez jamais votre leadership

Ayez entre vous les mêmes sentiments qui sont dans le Christ Jésus.

(Ph 2:5)

Celle-ci peut vous surprendre, mais: N'ABANDONNEZ JAMAIS VOTRE LEADERSHIP AUX FAITS! Nous sommes souvent bombardés de tristes faits. C'est peut-être un fait que vous avez des problèmes conjugaux ou professionnels. C'est peut-être un fait que vous ne savez pas comment vous allez traverser les temps difficiles qui s'annoncent. Le docteur Karl Menninger, un grand psychiatre, a fait un jour l'une des déclarations les plus intelligentes que j'aie jamais entendues. Il a dit: «L'attitude est plus importante que les faits.» Lorsque vous refusez d'abandonner votre leadership aux faits, votre attitude continue à contrôler la situation. Votre attitude doit être positive.

J'ai conseillé un jour une jeune femme qui avait de nombreux problèmes graves. Elle allait dans la mauvaise direction, une direction qui risquait éventuellement de la mener à un désastre moral. Comme je commençais à lui parler, elle m'interrompit en disant: «Mais docteur Schuller, vous ne comprenez pas les problèmes que j'ai.» Elle me raconta alors que ses parents étaient divorcés, qu'ils s'étaient disputés à son sujet et qu'ils s'étaient mutuellement dénigrés devant elle. Elle décrivit en détail ses nombreuses difficultés et conclut en disant: «C'est pourquoi je suis telle que je suis. Si vous aviez eu les problèmes que j'ai, je crois que vous seriez aussi ce que je suis. Et cela est un fait.»

«C'est un fait que vous avez des problèmes, commençai-je, mais il est vrai aussi que vous vous servez de ces problèmes comme d'une excuse.» *Lorsque vous laissez le problème devenir une excuse, vous avez abandonné le leadership de votre vie.*

Mon attitude se fait positive parce que Jésus contrôle mes pensées.

213

N'abandonnez jamais votre leadership

Fait-on une chute sans se relever?

(Jr 8:4)

N'ABANDONNEZ JAMAIS VOTRE LEADERSHIP AUX ERREURS!

L'autre jour, je parlais avec un de mes amis qui dirige un très important commerce de détail. Mais ses affaires allaient mal. «Je ne sais pas ce qui ne va pas, dit-il. Peux-tu me le dire?» Je fis une pause et je dis: «Veux-tu que je sois honnête ou gentil?» «Sois honnête», dit-il. «Eh bien, pour être honnête, commençai-je, il semble que tu n'embauches pas les bonnes personnes pour les emplois importants.»

«Que veux-tu dire? demanda-t-il. Mon vice-président, mon contrôleur et mon directeur des ventes sont vraiment les meilleurs et les plus qualifiés qui soient.» «Je suis certain que cela est très vrai, répondis-je, mais les gens les plus importants sont les commis qui parlent avec tes clients. Souvent, j'ai l'impression qu'ils ne font aucun cas de l'entreprise ou des clients.

«En d'autres mots, poursuivis-je, disons que tu aies une très belle et très dispendieuse voiture. Elle a tout le luxe possible, mais elle a une bougie défectueuse, et tu ne peux aller nulle part. Dans ton entreprise, les gens qui sont en contact avec le public sont les bougies. Et tu embauches les gens les moins efficaces pour les postes les plus importants.»

N'abandonnez pas votre leadership aux erreurs. Prenez votre vie en charge et soyez assez ouvert pour tirer profit des erreurs que vous commettez.

Je suis rempli de votre sagesse, Père, parce que je suis ouvert à votre volonté!

N'abandonnez jamais votre leadership

Mon espérance, elle est en toi.

(Ps 39:8)

Bien des gens échouent parce qu'ils s'abandonnent aux désillusions de la vie. Ils souffrent une désillusion qui les laisse sans foi pour l'avenir.

Un de mes amis, un merveilleux jeune homme de vingt-deux ans, a récemment subi une désillusion qui l'a laissé très amer. Sa jeune femme est partie avec un autre homme. « Je n'aurai jamais plus confiance en une femme », promit-il. « Laisse tes rêves façonner ton avenir, lui ai-je dit. Ne crois pas aux blessures. »

N'ABANDONNEZ JAMAIS VOTRE LEADERSHIP AUX DÉSILLUSIONS.

Ne laissez pas les coups durs, les perturbations ou la douleur déterminer vos projets d'avenir. L'une de mes anciennes secrétaires avait un caniche très beau, adorable. À la mort de celui-ci, elle fut profondément peinée. « Quand auras-tu un autre petit chien, Betty ? » lui demandai-je un jour. « Je n'aurai jamais un autre chien. Jamais », répondit-elle. « Pourquoi ? » demandai-je. « Parce que ça fait trop mal lorsque vous les perdez. » « Betty, dis-je, tu ne peux t'abandonner à un coup dur. » Ne laissez jamais la peine, les maux et les expériences douloureuses de la vie prendre vos décisions pour l'avenir.

Ne soyez pas déprimé et découragé parce que vous avez « manqué le bateau ». N'abandonnez pas le leadership de votre humeur ou de votre avenir aux expériences pénibles de la vie. Gardez en tête votre idéal. Et si, pour une raison ou pour une autre, les choses ne vont pas bien, refusez d'abandonner votre leadership aux désillusions et aux difficultés. Et acceptez l'humilité que Dieu désire vous voir inclure parmi vos valeurs humaines.

> *Je vous offre mes souffrances, ô Dieu. Prenez-les et changez-les en espoir !*

N'abandonnez jamais votre leadership

J'implorerai sans cesse ton secours. Je te louerai toujours davantage.

(Ps 7:14)

Il y a toujours des cyniques qui prédisent le pire. N'ABAN-DONNEZ JAMAIS VOTRE LEADERSHIP AUX PRÉVISIONS NÉGATIVES!

Je me souviens que je réussissais assez bien comme étudiant au collège de Hope. Mais il y a un F qui est resté gravé dans ma mémoire. C'est la note que j'ai reçue en composition anglaise. En art oratoire et en improvisation, j'ai obtenu des A. Mais en composition écrite, j'ai obtenu un F. Mon professeur d'anglais, qui connaissait ma réputation sur le campus, m'appela un jour à l'écart et me prodigua ce qu'il croyait être un bon conseil. Il me dit de m'en tenir à l'oral et de ne pas essayer d'écrire.

Et plusieurs années plus tard, lorsque mon aîné fut en âge d'aller à l'université, mon revenu était tout bonnement insuffisant pour lui payer des études. Je priai désespérément : «Mon Dieu, je veux que mes enfants reçoivent une bonne éducation. Que voulez-Vous que je fasse?»

Dieu me donna ma réponse. Il m'inspira la rédaction d'un livre intitulé *Tout est possible*. Ce livre a payé les études de trois de mes cinq enfants. Mais il n'aurait jamais été écrit si j'avais cru les prédictions négatives de mon professeur de l'époque.

De quelles prédictions négatives avez-vous été à l'écoute? __

Tournez-vous vers Jésus pour un nouvel avenir!

> *Ensemble, Seigneur, nous pouvons faire des choses qui semblent impossibles au reste du monde!*

Les leaders suivent Dieu

«Et celui qui vient à moi, je ne le jetterai pas dehors.»
(Jn 6:37)

Nous avons discuté de tous les secteurs de la vie dans lesquels nous ne devons pas abandonner notre leadership. Il faut plutôt abandonner son leadership à une force spécifique, à la force qui a créé tout cet univers: *Dieu Lui-même.*

ABANDONNEZ VOTRE LEADERSHIP À LA FOI EN JÉSUS-CHRIST! Croyez que vous pouvez être quelqu'un de merveilleux, peu importe combien de fois vous êtes tombé. Vous pouvez être sauvé, peu importe le nombre de chutes que vous avez faites. Croyez simplement que Dieu existe et qu'Il récompense ceux qui Le recherchent!

Lorsque Dieu a créé l'être humain, Il a créé une créature différente des oiseaux, poissons, reptiles et mammifères. *Il a créé un être capable d'aimer.* Maintenant, lorsque l'humain connaît l'amour, il devient un croyant naturel, car la foi est à la base de l'amour. Toute personne qui croit vraiment est profondément motivée et aiguillée par l'amour au plus profond de son être. Lorsqu'une personne accepte Jésus-Christ comme son Seigneur et son Sauveur, le Saint-Esprit descend et s'empare de cette personne.

Laissez la foi contrôler toutes les décisions que vous prendrez et tous les gestes que vous poserez. Lorsque Jésus sera la lumière de votre cœur, de votre esprit et de votre âme, vous serez rempli d'amour, la condition essentielle pour être un grand leader!

Merci, mon Dieu, de pouvoir Vous abandonner mon leadership et de savoir que Vous ne m'abandonnerez jamais.

Les leaders suivent Dieu

Allons! Discutons! dit Yahvé. Quand vos péchés seraient comme l'écarlate, comme neige ils blanchiront; quand ils seraient rouges comme la pourpre, comme laine ils deviendront.

(Is 1:18)

N'abandonnez le leadership de votre destinée qu'à Dieu Lui-même qui, à travers le Saint-Esprit, vous guidera dans votre recherche de la sagesse.

La semaine dernière, j'ai parlé avec une dame qui, sans le savoir, a été entraînée dans un réseau de prostitution très sophistiqué. D'abord, l'alcool et les drogues lui détruisirent le moral, puis elle devint finalement une prostituée. Elle me dit qu'on l'avait trompée et que ces gens l'avaient gardée sous leur influence en se servant des drogues et de l'alcool. C'était si horrible qu'elle voulait se tuer. Ses parents lui suggérèrent de regarder l'émission *Hour of Power*, ce qu'elle fit. « Je n'ai regardé votre émission que pour une seule raison, disait-elle. Pour prouver que vous étiez un charlatan et pour prouver à mes parents qu'ils avaient tort. » Puis ses paroles se firent douces alors qu'elle souriait à travers ses larmes. « C'est moi qui avais tort. Le Seigneur est venu dans ma vie et maintenant je suis une nouvelle personne. Je suis propre. Je suis sauvée. » Elle venait de renaître, elle était une nouvelle personne. Je la regardais et il était presque impossible de croire ce qu'elle avait vécu.

Il est incroyable de voir à quel point une vie humaine peut être totalement transformée lorsque Dieu pénètre dans cette vie.

Quelles transformations se sont opérées dans votre vie depuis que vous avez connu Jésus?

Quelle bénédiction pour moi que Jésus m'aime suffisamment pour me sauver et me transformer!

Les leaders suivent Dieu

... Fixant nos yeux sur le chef de notre foi, qui la mène à la perfection...

(He 12:2)

Il est si facile de perdre le contrôle de notre destinée. Il est si facile d'abandonner le leadership de notre vie à d'autres. Soudain quelqu'un prend les décisions à votre place et vous avez perdu le contrôle. Être responsable signifie que vous devez répondre de vos propres actes. Prenez vos propres décisions.

Mais il faut du courage pour prendre ses propres décisions. C'est pourquoi il est impossible de vivre sans la foi. La foi est un élément essentiel de la prise de décision avisée. Si vous n'avez pas la foi, mon ami, vous n'aurez pas le courage de prendre vos propres décisions. Et si vous ne choisissez pas, vous êtes perdant. Ou bien vous décidez, ou vous descendez la pente.

Il est étonnant de voir les idées que produit l'esprit humain. Et il semble toujours que lorsque quelqu'un a une idée formidable, il s'en trouvera trois ou quatre autres qui donneront une liste de raisons pour lesquelles cette idée ne peut être réalisée ou qu'elle ne marchera pas. Neuf penseurs négatifs sur dix sont des experts dans leur domaine ! J'ai déjà dit dans l'un de mes livres que la force la plus dangereuse au monde est un expert en pensée négative ! Il est incroyable de voir à quel point vous pouvez mener une idée loin si vous avez juste un peu de foi.

Un projet gagnant ! Et avec l'aide de Dieu, j'atteindrai mon but !

Les leaders suivent Dieu

C'est pour votre correction que vous souffrez. C'est en fils que Dieu vous traite.

(He 12:7)

L'année dernière, nous avons célébré le 25ième anniversaire de cette église. Tout au long de ces 25 ans, nous avons affiché une règle au tableau de l'église: Chaque fois que quelqu'un soumet une bonne idée, une idée emballante qui peut combler un besoin, personne n'a le droit de demander d'emblée: «Combien cela coûtera-t-il?» Nous devons plutôt poser les questions suivantes: «L'idée aidera-t-elle ceux qui souffrent? Sera-t-elle agréable à Dieu? Quelqu'un d'autre est-il en train de la réaliser?» Après avoir répondu à ces questions, nous prenons une décision. Et une fois la décision prise, nous ne demandons pas: «Combien cela coûtera-t-il?» mais plutôt «Comment financerons-nous le projet?» Il y a une différence.

Si nous commencions par nous demander le coût d'une idée, nous ne ferions jamais rien. Il est très rare que le financement d'une nouvelle idée soit immédiatement disponible. Nous n'avions jamais d'argent pour rien lorsque nous avons commencé. Mais comme je l'ai déjà dit, aucune entreprise n'a un problème d'argent. Aucune église n'a un problème d'argent. Aucune corporation n'a un problème d'argent. Aucune famille n'a un problème d'argent. C'est toujours un problème d'idées!

Si une idée a un très grand potentiel pour combler des besoins, elle s'attirera des appuis. C'est incroyablement simple, mais vrai.

N'abandonnez jamais le leadership de votre vie à autre chose qu'à la foi. Concentrez toujours vos pensées et votre attention sur la foi en Dieu et Il vous conduira au sommet de votre montagne.

Mon avenir est brillant! Dieu est mon inspiration!

Les leaders suivent Dieu

Béni l'homme qui se confie en Yahvé et dont Yahvé est la foi. Il ressemble à un arbre planté au bord des eaux, qui tend ses racines vers le courant : il ne redoute rien quand arrive la chaleur, son feuillage reste vert.

(Jr 17:7,8)

Je trouve intéressant de noter que dans tout groupe, la majorité ne fait qu'écouter. Si une suggestion survient, la plupart des gens acquiescent. Mais généralement, une ou deux personnes offriront une option créatrice ou une solution à la situation. Ces gens sont les leaders.

L'une des tragédies de notre société est que trop de familles sont dénuées de leadership parental. Trop souvent, les familles suivent la direction de la société plutôt que d'amener leur famille à créer une meilleure société.

Il n'y a pas longtemps, un père m'a dit qu'il avait donné à sa fille la permission d'aller vivre avec son ami. « Tous les autres jeunes semblent vivre avec qui ils veulent, dit-il, alors j'ai dit à ma fille d'y aller et de faire ce qu'elle voulait. Je m'en fiche. » Lorsque j'ai entendu ces mots, j'ai demandé à l'homme : « Qu'êtes-vous donc ? Un père ? Ou un perroquet ? » Un perroquet répète simplement ce qu'il entend. Mais un père est quelqu'un qui guide.

Je considère mon foyer comme un royaume. Je suis le roi. Ma femme est la reine. Et mes enfants sont un prince et des princesses. De la même manière que les lois diffèrent d'une ville à l'autre, les lois du royaume de Schuller diffèrent de celles des royaumes environnants. Nous sommes des parents, et non des perroquets.

Soyez un leader, et non un suiveur. La marque distinctive d'un leader est qu'il réfléchit de manière *critique* et *créatrice*.

> *Je dirigerai ceux qui m'entourent dans un esprit créateur et critique !*

Les leaders suivent Dieu

Il est grand, notre Seigneur, tout-puissant, à son intelligence point de mesure.

(Ps 147:5)

Un leader parle avec assurance et enthousiasme. Trop souvent, les gens négligent de s'attaquer à une idée positive simplement parce qu'ils veulent des garanties. Mais les seules garanties valables sont les promesses de Dieu.

Les leaders ne sont pas faciles à intimider. Leur discours est confiant et rationnel, et non émotif. Eric Berne, l'auteur de *Games People Play*, a dit des choses intéressantes à propos des gagnants et des perdants. Ces mêmes vérités peuvent aussi s'appliquer aux leaders et aux suiveurs. «La vie est simple, disait le docteur Berne, et tout ce que vous avez à faire concernant les problèmes est de prendre des décisions. Mais les gens veulent de la certitude. Les perdants perdent leur vie à penser à ce qu'ils vont faire. Les gagnants, au contraire, n'ont pas peur de déballer leurs idées et d'aller de l'avant. Les perdants disent 'mais' et 'si seulement'. Les gagnants utilisent trois mots dans leur vocabulaire, plus que tout autre mot. Quels sont ces mots? Oui, non et bravo.

«Bravo, poursuit le docteur Berne, est un terme qui exprime le sain émerveillement enfantin et l'enthousiasme que possède le véritable gagnant, et qui deviennent la base et la source de l'authentique confiance en soi.» Avec ce genre d'assurance, tout le monde peut être un grand leader.

Aujourd'hui, quelle idée pouvez vous présenter qui fera dire à ceux qui vous entourent: «Bravo!»

Bravo! Je suis un enfant de Dieu, oui Seigneur! Je dirigerai les autres.

Les leaders suivent Dieu

Alors, prenant la parole, Pierre lui dit : « Voici que nous, nous avons tout laissé et nous t'avons suivi... »

(Mt 19:27)

Les leaders savent que commencer, c'est faire la moitié du chemin. Il leur importe peu que la première étape soit de peu d'importance; ils essaient.

Lorsque j'étais à l'université, le docteur Bud Henga, mon professeur d'histoire, s'interrompit au milieu d'un exposé pour demander : « Combien y en a-t-il parmi vous qui ont commencé leur travail de session ? » Un ou deux étudiants seulement levèrent la main. Il semblait assez contrarié par cela et il arpentait la pièce.

Finalement il s'arrêta et, regardant chacun de nous de ses yeux perçants, il s'écria : « Vous pouvez oublier tout ce que vous avez appris à l'université. Vous pouvez jeter votre diplôme, mais n'oubliez jamais ce que je vais vous dire maintenant. Souvenez-vous de ces sept mots pour le reste de votre vie. Ils vous mèneront plus loin qu'une série de diplômes universitaires. »

Vous pensez bien qu'avec ce genre d'introduction, il avait toute mon attention. Il fit une pause puis, comptant les mots sur ses doigts, il dit : « Commencer, c'est faire la moitié du chemin. » Je crois que chacun commença son travail de session en arrivant à la maison. Moi, je l'ai fait.

Commencer, c'est faire la moitié du chemin !

Les leaders suivent Dieu

Ainsi donc, mes frères bien-aimés, montrez-vous fermes, iné-branlables, toujours en progrès dans l'œuvre du Seigneur, sachant que votre labeur n'est pas vain dans le Seigneur.

(1 Co 15:58)

Les leaders ne craignent pas de s'attaquer aux obstacles et aux problèmes qui surviennent, quelqu'insurmontables qu'ils paraissent, et de transformer ces obstacles en occasions.

En 1953, un groupe de jeunes gens d'un collège du Midwest ont décidé de faire quelque chose de leur vie. Finalement, ils ont décidé de mettre sur pied des bourses destinées au Camp Courage, un camp pour handicapés. Ils voulurent aussi amasser des fonds pour les bâtisses et les équipements nécessaires au Camp Courage. Mais comment? Comment des étudiants pouvaient-ils trouver autant d'argent?

Mais ils ne se laissèrent pas abattre. Ils dirent: «Qui sait où ce projet peut nous mener?» Cette petite étape franchie, ils commencèrent à s'attaquer à leur problème. Ils demandèrent aux fermiers la permission d'amasser une partie du maïs laissé dans les champs par les cueilleurs, de glaner si vous préférez. Les fermiers acquiescèrent et les jeunes amassèrent, épluchèrent et vendirent le maïs dans des comptoirs routiers.

Le grand total de ce qu'ils ont amassé vient de dépasser le million de dollars. Ils ont construit des édifices, acheté de l'équipement pour les handicapés et donné des bourses aux aveugles, aux amputés et aux sourds.

Il est merveilleux de voir ce que vous pouvez faire de votre vie lorsque Dieu la contrôle!

Je vais m'attaquer à l'obstacle auquel je fais face aujourd'hui!

Les leaders finissent par réussir

Et Celui qui nous affermit avec vous dans le Christ et qui nous a donné l'onction, c'est Dieu. Lui qui nous a aussi marqués d'un sceau et a mis dans nos cœurs les arrhes de l'Esprit.

(2 Co 1:21,22)

Quatre-vingt dix pour cent des gens qui ont des problèmes doivent admettre que ces problèmes sont le résultat d'une décision qu'ils ont prise ou qu'ils ont négligé de prendre. Souvent, au cours de consultations privées, des gens me disaient : « J'ai un problème. » En les écoutant décrire la situation, j'étais obligé de leur dire : « Vous n'avez pas un problème à résoudre. Vous avez une décision à prendre. »

Je vous exhorte à prendre votre vie en charge et à devenir un preneur de décisions. Apprenez à contrôler vos humeurs et vos réactions de manière à améliorer votre situation plutôt que de l'empirer. Je crois de tout mon cœur que celui qui accepte vraiment Jésus-Christ est émotionnellement transformé. Il devient le genre d'individu qui peut se contrôler. Il devient un gagnant. Jésus vous aidera à gérer votre vie avec succès.

Si vous n'avez jamais décidé de vous soumettre à Jésus-Christ, peut-être est-ce la décision que vous devez prendre aujourd'hui. Sinon Dieu vous donnera un rêve mais vous n'oserez pas vous engager. Pour être un leader, vous devez prendre des décisions. Gédéon avait du mal à décider de se soumettre à l'appel de Dieu. Mais Dieu S'est servi de Gédéon après que celui-ci eut choisi de diriger.

Quelle décision devez-vous prendre aujourd'hui?

Je prendrai mes décisions. Je contrôlerai mes émotions. Je consacrerai ma vie à celui qui me dirigera!

Les leaders finissent par réussir

*Il a tout mis sous ses pieds, et l'a constitué, au sommet de tout,
Tête pour l'Église...*

(Ep 1:22)

Les leaders réussissent parce qu'ils gèrent leur vie efficacement. Jésus était ce genre de personne. Jésus a pris en charge sa vie et son destin !

Sa mort sur la croix ne s'est pas produite parce qu'on L'avait piégé ou trompé. Il ne S'est pas suicidé non plus. Aucun peuple ou institution ne peut être blâmé pour avoir piégé et exécuté Jésus. Il S'est sacrifié de façon à faire à l'humanité la plus grande contribution que quiconque ait jamais faite. Il a livré au monde un message que nul autre ne pouvait livrer.

Ce beau et merveilleux être humain a été crucifié. Mais pendant qu'on le crucifiait publiquement, Il a regardé ses exécuteurs et a dit à Dieu, dans le ciel : «Père, pardonne-leur.» Et Dieu a pardonné. Si Dieu peut pardonner aux gens d'avoir cloué un homme comme Jésus sur une croix, Dieu peut pardonner n'importe quel péché. Cela signifie que vous et moi pouvons espérer. Par conséquent, la croix n'est pas un symbole négatif. C'est un symbole positif du salut et de la miséricorde inconditionnels de Dieu. C'était le dessein du Christ.

*Jésus est le plus grand des leaders; en Le suivant,
j'apprendrai comment réussir... à travers le sacrifice !*

Les leaders finissent par réussir

Car la construction que vous êtes a pour fondation les apôtres et prophètes, et pour pierre d'angle le Christ Jésus lui-même.
(Ep 2:20)

L'un des discours que je fais souvent aux chefs d'entreprises porte sur la gestion par objectifs. On ne réussit pas sans planification. Les leaders prennent en charge leur situation et n'abandonnent jamais leur leadership. Ils comptent réaliser des buts et des objectifs mesurables, qu'ils peuvent diriger et qui incarnent leur système de valeurs. Jésus pratiquait ce genre de gestion par objectifs.

Certains disent que ceux qui réussissent ont plus d'argent, plus de temps, de meilleurs contacts ou plus de talent, d'éducation ou de formation. Mais cela n'est pas vrai du tout, parce que le secret de la réussite ne réside pas dans ce que vous avez ou dans la façon de gérer ce que vous avez, mais dans la façon dont vous développez et contrôlez toutes les ressources dont vous disposez qui pourraient contribuer à la réalisation de vos objectifs.

Gédéon ne disposait que de 300 hommes, mais il savait qu'il pouvait réussir. Dieu était avec lui. Et il avait aussi une stratégie efficace.

Quelle est votre stratégie? Quels buts et objectifs mesurables et contrôlables vous fixez-vous? Les leaders finissent par réussir. Vous le pouvez aussi. Commencez aujourd'hui.

> *Je n'ai pas besoin de plus d'argent, de temps ou de talents! Je n'ai besoin que de gérer ce que j'ai.*

Les leaders finissent par réussir

Aigreur, emportement, colère, clameurs, outrages, tout cela doit être extirpé de chez vous, avec la malice sous toutes ses formes. Montrez-vous au contraire bons et compatissants les uns pour les autres, vous pardonnant mutuellement, comme Dieu vous a pardonnés dans le Christ.

(Ep 5:31,32)

Qu'est-ce que la gestion? La gestion consiste à apprendre à ne rien gaspiller. La gestion consiste à être productif, constructif et créateur.

Les gestionnaires réussissent parce qu'ils gèrent leur temps de la meilleure façon possible. C'est pourquoi ils semblent toujours avoir le temps de faire toutes ces choses. Ils n'inscrivent jamais à leur agenda ce qui n'est pas fondamental et essentiel. Ce qui est marginal ou insignifiant ne fait pas partie de leur horaire.

Bien des gens se demandent comment je puis avoir une vie familiale si heureuse malgré mes occupations innombrables. La raison principale est que je gère par objectifs. Un de mes principaux objectifs est d'avoir la vie conjugale et familiale la plus formidable au monde. C'est pourquoi j'inscris sur mon calendrier, tous les lundis soirs: «Rendez-vous avec ma femme, Arvella.» Je contrôle mon calendrier et mon calendrier me contrôle. Mes valeurs déterminent mes objectifs, et mes objectifs se traduisent par des engagements inscrits à mon calendrier. C'est un système qui fonctionne à merveille.

Quelles étapes devez-vous franchir pour gérer par objectifs? Peut-être la première étape consiste-t-elle à cesser le gaspillage. Apprenez à créer, et non à gaspiller. Qu'allez-vous cesser de gaspiller, maintenant que vous apprenez à gérer constructivement? _____

J'estime la vie; je ne gaspillerai jamais la mienne!

Les leaders finissent par réussir

Que tes yeux regardent en face, que tes regards se dirigent droit devant toi. Aplanis la piste sous tes pas et que tous les chemins soient bien affermis.

(Pr 4:25-26)

Vous devez gérer l'argent, l'énergie, le temps et le talent. Il y a des gens qui sont incroyablement talentueux, merveilleusement compétents, formidablement éduqués et spécialement formés, mais ils ne produisent pas. Pourquoi? Parce qu'ils ne savent pas gérer leurs ressources. C'est une compétence qu'ils n'ont pas acquise.

Certains échouent parce qu'ils ne savent pas gérer les ressources humaines. Voici ma formule en quatre points pour réussir dans ses rapports avec les gens. Premièrement, soyez amical. Deuxièmement, soyez franc. Troisièmement, soyez juste. Et quatrièmement, soyez ferme.

Vous pouvez apprendre à gérer le temps, l'argent, les occasions, les problèmes, les énergies et les gens, mais si vous ne pouvez vous gérer vous-même, vous ne réussirez pas. Comment contrôlez-vous vos humeurs, vos hauts et vos bas? Vous faut-il un verre? Vous faut-il des drogues? Vous devenez déprimé et vous abandonnez? Si tel est le cas, vous avez besoin que quelqu'un vous dirige. Ceux qui réussissent n'essaient pas d'éviter les situations difficiles en les fuyant. Ils recherchent toujours une bonne idée. Ceux qui réussissent savent utiliser les bonnes idées!

La source des grandes idées est l'intelligence créatrice qui a formé l'univers: Dieu tout-puissant. Voulez-vous réussir? Prenez-vous en charge et fixez-vous un but. Gérez le talent, la formation, le temps, l'argent, l'énergie, les problèmes et les gens, mais ce qui est plus important encore, gérez votre vie.

Je vais gérer ma vie comme Dieu la gère!

Les leaders finissent par réussir

« Il est impossible que les scandales n'arrivent pas, mais malheur à celui par qui ils arrivent ! »

(Lc 17:1)

L'autre jour je suis allé déjeuner avec un de mes amis. Je l'ai invité à un endroit où l'on sert une innombrable variété d'omelettes. Il y a un tel choix que l'homme qui était avec moi se fâcha. Il dit : « J'ai assez de décisions à prendre aujourd'hui sans avoir à subir cela ! »

J'ai amené un autre ami et il a dit : « Par où vais-je commencer ? » Alors qu'il essayait de décider, il remarqua que je n'avais pas de menu. Il dit : « Ne veux-tu pas voir un menu ? » Je répondis : « Non. » « Pourquoi ? » demanda-t-il. Alors je répondis : « J'ai décidé il y a quelque temps de ne jamais abandonner mon leadership au menu. Si je consulte le menu, je vais probablement commander quelque chose que je désire, plutôt que quelque chose qui est bon pour moi. »

Aujourd'hui, notre société abandonne son leadership au menu. Nous regardons la vie avec son menu démesuré et sans contraintes morales. Et si nous avons envie de forniquer, c'est au menu. L'adultère ? C'est au menu. Le vol, le mensonge, la tricherie ? Ils y sont aussi. Et aussitôt que nous commençons à envisager tous ces choix, nous abandonnons notre leadership au menu.

Ne vous abandonnez qu'à Jésus. Laissez-Le gérer votre vie. Nous avons besoin de quelqu'un qui est plus brillant que nous pour nous dire jusqu'où aller. Nous devons reconnaître que nous avons des choix ! Et Jésus-Christ est le meilleur de ces choix !

Jésus-Christ, je m'abandonne à Vous !

Transformez votre vie par la prière

L'objet de la prière

« Et tout ce que vous demanderez dans une prière pleine de foi, vous l'obtiendrez. »

(Mt 21:22)

Dieu accorde-t-Il à un individu tout ce qu'il demande au moment même où il le demande? Non! Notre verset de la Bible dit que Dieu exauce toutes les *prières*. Jésus n'a pas dit que Dieu exauçait toutes les demandes égoïstes, les pleurs enfantins et les supplications pleurnichardes. Jésus a dit que Dieu exauce toutes les *prières!*

J'ai vu des gens prier pour ce que je considérais n'être rien de plus que des requêtes matérialistes et égoïstes. En ne recevant pas de réponse miraculeuse à leur demande égoïste à la divinité, ils devenaient dubitatifs et cyniques et disaient: «Vous voyez, la prière est inutile!» Ils appelaient cela une prière, mais Dieu n'appelait pas cela une prière.

La prière n'est un truc par lequel nous pouvons amener Dieu dans nos vies, mais un exercice spirituel nous permettant de nous rapprocher de Dieu jusqu'à ce que nous fassions partie de son dessein et de son but. Lorsque nous sommes en harmonie avec le dessein et le but universels de Dieu, nous sommes en paix. Lorsque nous ne sommes pas en harmonie avec Dieu et avec son dessein et son but universels, nous connaissons des frustrations, des tensions et des conflits. Beaucoup des pleurs, des supplications et des plaintes que nous qualifions de prières ne sont pas du tout des prières dans l'esprit de Dieu! Maintenant que vous comprenez la définition de la prière, je voudrais vous faire part de l'une des phrases les plus positives que vous entendrez jamais:

LA PRIÈRE VÉRITABLE EST TOUJOURS EXAUCÉE PAR NOTRE DIEU VIVANT! TOUJOURS!

Aujourd'hui, Seigneur, j'obtiendrai de Vous le pouvoir de commencer une nouvelle vie de prière.

L'objet de la prière

Approchez-vous de Dieu et il s'approchera de vous.

(Jc 4:8)

Qu'est-ce que la *vraie prière*? En voici une illustration:

Vous êtes sur un bateau.

Vous approchez du rivage.

Vous lancez l'ancre sur le rivage.

Vous saisissez le câble de l'ancre et vous tirez jusqu'à ce que votre bateau atteigne la plage.

Qu'avez-vous fait? Vous n'avez pas amené le rivage au bateau. Vous avez amené le bateau au rivage.

L'objet de la prière est:

Non pas de vous donner ce que vous voulez quand vous le voulez, mais de faire de vous le genre de personne que Dieu vous destinait à devenir lorsqu'Il vous a mis sur la planète Terre.

Où en est votre vie par rapport à Dieu aujourd'hui? Devez-vous approcher le bateau du rivage? Vous pouvez le faire à travers la prière. Pourquoi ne pas consacrer ces quelques moments à vous rapprocher de Lui?

Mon cœur est en contact avec l'esprit de Dieu. Je sens que ses valeurs sont en train de devenir les miennes.

L'objet de la prière

J'aime, lorsque Yahvé entend le cri de ma prière, lorsqu'il tend l'oreille vers moi, le jour où j'appelle.

(Ps 116:1,2)

La prière la plus efficace de tous les temps a été récitée par Jésus de Nazareth. Le Notre Père contre avec efficacité, jour après jour, les six émotions les plus destructrices, les plus négatives qui pourraient nous priver de joie et de vitalité : le complexe d'infériorité, le découragement, l'anxiété, la culpabilité, le ressentiment et la crainte.

Notre Père, qui êtes aux cieux, que votre nom soit sanctifié (complexe d'infériorité), Que votre règne arrive, que votre volonté soit faite sur la terre comme au ciel (découragement).
Donnez-nous aujourd'hui notre pain quotidien (anxiété) et pardonnez-nous nos péchés (culpabilité) comme nous pardonnons à ceux qui nous ont offensés (ressentiment). Ne nous laissez pas succomber à la tentation, mais délivrez-nous du mal (crainte). Car vous possédez le royaume, la puissance et la gloire, à jamais. Amen.

Puisque Jésus nous a montré comment prier, nous analyserons chaque partie du Notre Père pour voir les innombrables et précieuses idées pouvant donner de nouvelles perspectives à notre vie de prière.

Relisez maintenant la prière et abandonnez vos émotions négatives à Jésus. Sentez sa présence au plus profond de votre esprit. Sentez sa miséricorde. Sentez son amour.

J'aime aujourd'hui avec foi et confiance, car Dieu me connaît et Il est avec moi.

L'objet de la prière

Sonde-moi, ô Dieu, connais mon cœur, scrute-moi, connais mon souci ; vois que mon chemin ne soit fatal, conduis-moi sur le chemin d'éternité.

(Ps 139:23-24)

L'ultime valeur humaine est le respect et l'estime de soi. Nous sommes tous les enfants de Dieu. Aussitôt que vous récitez les mots *Notre Père qui êtes aux cieux*, vous dites que vous acceptez tous les êtres humains de la planète Terre comme vos sœurs et vos frères potentiels. Si ce n'est pas ce que vous voulez dire, vous ne pouvez réciter le Notre Père parce que ce n'est pas *mon* Père, mais *notre* Père qui êtes aux cieux. Et cela signifie que vous êtes obligé de traiter tous les autres êtres humains avec respect !

Tous les gens sont créés à l'image de Dieu, et cela signifie que la personne la plus détestable doit quand même être traitée avec respect. Vous n'avez pas à respecter son comportement anormal et répréhensible, mais vous devez faire une distinction entre le comportement et la personne. C'est ce que Jésus a fait ! Il n'approuvait pas la conduite des pécheurs, mais Il ne traitait personne de pécheur.

Lisez chacune des histoires suivantes. Comment Jésus traitait-Il chacun de ces gens ? Le méritaient-ils ?

Lc 19:1-10 _____

Jn 8:3-11 _____

Lc 10:30-37 _____

Merci, Père, pour l'amour que Vous prodiguez à tous vos enfants. Je suis si heureux d'être un membre de votre famille.

L'objet de la prière

L'Esprit en personne se joint à notre esprit pour attester que nous sommes enfants de Dieu.

(Rm 8:16)

«Notre Père qui êtes aux cieux.» Arrêtez-vous! Tout être humain est un enfant de Dieu pour lequel Jésus-Christ est mort sur la croix, est ressuscité le jour de Pâques et a envoyé son Esprit-Saint le jour de la Pentecôte. Le Notre Père commence en disant que tous les êtres humains sont frères et sœurs, et parce que nous avons été créés à l'image de Dieu, nous devons être traités avec respect et dignité!

Je n'oublierai jamais le colonel King. C'était un Noir qui était né et avait grandi dans le Sud. Nous nous sommes connus lorsque j'étais à Okinawa, en mission pour l'armée de l'air américaine. Dès ma descente d'avion, il était à mes côtés, offrant de m'escorter et de me guider. Ce que son aide m'a été précieuse! À la fin de ma visite, je lui dis: «Comment puis-je vous remercier pour tout ce que vous avez fait pour moi? Vous m'avez vraiment traité comme un roi!» Il fit une courte pause et il dit: «Je vous ai traité ainsi au cours de votre visite, non pas parce que vous êtes le docteur Schuller, mais parce que vous êtes un être humain. Tout être humain mérite d'être traité ainsi.»

Réfléchissez à ce que vous avez fait la semaine dernière. Avez-vous traité quelqu'un moins bien que vous auriez dû? Notez l'incident et indiquez des façons dont vous auriez pu vous y prendre pour mieux traiter cette personne.

Aujourd'hui, je traiterai tous mes frères et sœurs dans le Christ avec le respect et l'amour que chacun mérite en tant qu'enfant de Dieu.

L'objet de la prière

...Ta promesse a même surpassé ton renom.

(Ps 138:2)

Notre Père, qui êtes aux cieux, que votre nom soit sanctifié.

Si Dieu est votre père et que vous êtes son enfant, vous êtes quelqu'un de formidable! Le Notre Père chasse votre complexe d'infériorité une fois pour toutes!

Jésus commence par nous guérir complètement du complexe d'infériorité. La tendance évidente de l'être humain est de se rabaisser. Le Notre Père s'attaque à cet état de choses à la source. Dieu est notre Père! Nous sommes ses enfants! Nous sommes membres de sa famille! Nous portons son honorable nom!

Vous sentez-vous assez près de Dieu pour L'appeler votre père? Vous sentez-vous assez près pour aller à Lui en tout temps?

Écrivez à votre Père céleste une lettre Lui disant pourquoi vous êtes fier d'être membre de sa famille.

_____

_____

_____

_____

Mon Père céleste est présent. Il est près de moi. Je me blottis dans son profond amour pour moi.

L'objet de la prière

Aussi bien, Dieu est là qui opère en vous à la fois le vouloir et l'opération même, au profit de ses bienveillants desseins.

(Ph 2:13)

Que votre règne arrive, que votre volonté soit faite.

La deuxième émotion négative que détruit le Notre Père est le découragement. Dieu a un dessein et un rêve pour votre vie, et Il n'a pas l'intention d'échouer ; vous pouvez être certain de cela. Dieu a une volonté en ce qui concerne votre vie, et Il n'a pas non plus l'intention que vous soyez un perdant. Comme le disait Ethel Waters : « Dieu ne commandite pas les échecs. » Par conséquent, vous ne serez pas découragé si vous marchez à ses côtés.

À quel découragement avez-vous fait face récemment ?

_____

_____

_____

Récitez les mots : « Que votre règne arrive, que votre volonté soit faite. » Maintenant, chassez littéralement le découragement.

DIEU NE COMMANDITE PAS LES ÉCHECS !

La volonté de Dieu surgit en moi. Je veux Lui plaire.

La paix de la prière

« ...*Car votre Père sait bien ce qu'il vous faut, avant que vous le lui demandiez.* »

(Mt 6:8)

La troisième émotion négative, l'anxiété, peut être paralysante, déprimante, suffocante et, ultimement, décourageante. On combat l'anxiété par les mots : *Donnez-nous aujourd'hui notre pain quotidien.* Pourquoi être anxieux lorsque Dieu pourvoit à nos besoins ?

Je me souviens de ces mois difficiles de 1978 alors que madame Schuller et moi avons passé de nombreuses heures avec notre fille Carol qui venait de se faire amputer la jambe au-dessous du genou. Nous luttions avec l'incertitude, ne sachant pas si les médecins seraient capables de sauver son genou ou sa cuisse. Et je me souviens de notre réconfort lorsque Carol nous a regardés et nous a dit : « Je te dirai, papa, que s'ils prennent mon genou et s'ils prennent ma cuisse, cela ne changera pas du tout le dessein de Dieu pour ma vie. »

Dieu connaît vos besoins. Il y eut une époque où Carol croyait avoir besoin d'un genou et d'une cuisse, mais elle s'est rendu compte que le dessein de Dieu ne se limite pas à un genou, une cuisse ou un œil, non plus qu'au fait que vous puissiez parler ou entendre. Dieu seul sait ce dont vous avez besoin, et c'est cela qu'Il vous donnera.

Le mot pain recouvre les *nécessités* de la vie. Nous devons conséquemment *faire confiance à Dieu pour la croûte.* Ce dont vous avez besoin, Il vous le donnera. C'est excitant !

Examinez vos demandes les plus récentes à Dieu à la lumière de vos *besoins* et de vos *désirs*.

Seigneur, je vous laisse avec confiance déterminer mes besoins et les combler. Merci, Père, de m'aimer autant.

La paix de la prière

Jésus leur dit: « Je suis le pain de vie. »

(Jn 6:35)

Voici maintenant des nouvelles excitantes! Lorsque Dieu nous donne ce dont nous avons besoin, cela ne semble pas toujours digne de mention. Les choses les plus importantes de la vie ne sont pas très frappantes, spectaculaires ou remarquables. Qu'y a-t-il de spectaculaire dans une croûte de pain? Et c'est quand-même cette simple chose qui nous permet de survivre. De même, Jésus est venu dans le monde sans fanfare, sans trompettes, sans une grande parade. Un bébé né dans une mangeoire au milieu des animaux. Malgré cela, Il disait: «Je suis le pain de vie.» La croûte ne semblait pas avoir tellement de classe.

Quel est le pain que Dieu vous donne? Nous appelons cela la pensée axée sur la possibilité. C'est ce dont vous avez besoin. Et lorsque Dieu nous donne quelque chose, ce n'est jamais un objet, c'est toujours une *pensée*! Les objets s'usent, rouillent, se démodent, mais les *pensées sont éternelles*! Vous avez besoin de pensées, de pensées positives, axées sur la possibilité.

Donnez-nous aujourd'hui notre pain quotidien. Dieu vous donnera ce dont vous avez besoin: des idées créatrices, vivifiantes, remplies de possibilités! Vous avez besoin de ces pensées inspirées par Dieu lorsque vous avez des problèmes. Dans de telles circonstances, le pain est la pensée de Dieu qui dit: «N'abandonne pas» ou «Essaie de cette manière». Il vous aide à voir la possibilité de la victoire dans les moments les plus difficiles. Le Christ est mon pain de vie. Il me donne des idées, et plutôt que d'être dépassé lorsque je fais face à un problème, le problème se transforme en occasion!

Ô Christ, pain de vie, soutiens-moi grâce à ton amour et ta compréhension. Fais que tes pensées deviennent mes pensées.

La paix de la prière

Il n'y a donc plus maintenant de condamnation pour ceux qui sont dans le Christ Jésus.

(Rm 8:1)

La culpabilité est la quatrième émotion négative que combat Jésus dans le Notre Père. *Pardonnez-nous nos péchés.*

Fred Smith l'a dit : « Vous savez ce que serait l'enfer pour moi ? Ce serait de paraître devant Dieu et qu'Il me dise tout ce que j'aurais pu faire dans la vie, si seulement j'avais eu une foi plus grande. » L'enfer serait que Dieu m'énumère toutes les idées précieuses que j'ai laissées se gaspiller dans mon esprit. L'enfer serait que Dieu me dise toutes les rencontres merveilleuses que j'aurais pu faire si seulement j'avais été plus patient. L'enfer serait que Dieu me dise toutes les réalisations que j'aurais pu accomplir dans la vie si j'avais été prêt à en payer le prix.

Et ça, c'est la culpabilité. Au plus profond de nous, nous avons le sentiment dévorant que nous ne faisons pas ce que nous devrions faire. Et ma culpabilité peut m'assaillir et détruire mon bonheur en un instant. Alors comment faire face à la culpabilité ? Premièrement, nous devons définir les secteurs dans lesquels nous nous sentons coupables. Faites une liste des choses à propos desquelles vous vous sentez coupable.

———————————————————————

———————————————————————

Deuxièmement, nous devons demander à Dieu de nous pardonner pour toutes ces occasions perdues. Faites-le dès maintenant.

Merci, Seigneur, pour votre pardon total. Ma culpabilité fait place à votre paix.

La paix de la prière

« Et quand vous êtes debout en prière, si vous avez quelque chose contre quelqu'un, remettez-lui, afin que votre Père qui est aux cieux vous remette aussi vos offenses. »

(Mc 11:25)

Rien ne détruit plus rapidement l'estime de soi que le ressentiment. Mais le Notre Père nous débarrasse de cette émotion négative lorsque nous disons sincèrement : *Comme nous pardonnons à ceux qui nous ont offensés.*

Pendant la première guerre mondiale, les troupes allemandes balayèrent la Belgique, détruisant plusieurs villes sur leur passage. Le lendemain de la fin de la guerre, une religieuse catholique et son groupe d'écoliers s'arrêtèrent à un petit sanctuaire catholique à la limite du village. Ils s'agenouillèrent pour prier et commencèrent à réciter le Notre Père. Mais il y avait une phrase qu'ils ne pouvaient prononcer. Autour d'eux s'étalait la ruine et la désolation, le ressentiment et la souffrance des années de guerre. Le petit groupe recommença : « Pardonnez-nous nos offenses comme nous... » Ils ne pouvaient continuer, jusqu'à ce que, derrière eux, la voix puissante d'un homme se fasse entendre. « Comme nous pardonnons à ceux qui nous ont offensés. » Ils se retournèrent et aperçurent le roi Albert ! Avec son esprit de miséricorde, il avait donné l'exemple !

Le Christ, notre Roi, nous montre comment surmonter le ressentiment et la souffrance. C'est notre Roi qui a crié de la croix : « Père, pardonnez-leur, car ils ne savent pas ce qu'ils font. » Peut-être avez-vous besoin de pardonner à quelqu'un. Demandez à votre Roi, Jésus-Christ, de vous en donner la capacité. Dieu peut vous aider à être miséricordieux. Et il remplira votre être d'amour, de paix et de joie !

Vous m'aidez, Seigneur, à pardonner aux autres comme vous m'avez pardonné.

La paix de la prière

Celui qui a commencé en vous cette œuvre excellente en poursuivra l'accomplissement jusqu'au Jour du Christ Jésus.
(Ph 1:6)

Et ne nous laissez pas succomber à la tentation...

Dieu sait à quel point vous êtes tenté, mais lorsque vous êtes tenté de pécher, c'est que vous ne connaissez pas votre valeur. Les gens de valeur refusent la honte du péché!

L'estime de soi, qui prend sa source dans l'appel de Dieu, génère de l'enthousiasme pour l'œuvre de Dieu, qui élimine la tentation de votre vie.

Dieu vous éloigne de la tentation en vous impliquant de manière si enthousiaste dans son œuvre que vous n'avez pas le temps d'être tenté.

Vous êtes un enfant de Dieu! La tragédie est que trop de gens n'ont pas découvert leur héritage divin, alors ils vivent comme des animaux. Quelqu'un m'a dit récemment: « Le plus grand problème en Amérique de nos jours est le crime. » Pourquoi les gens sont-ils des criminels? S'ils avaient le sens de la fierté et de l'estime de soi qui provient d'un contact étroit avec Dieu le Père céleste, ils ne succomberaient pas au crime. Ce serait indigne d'eux.

Il y a certaines choses que notre famille ne fera jamais. Il en est de même de la famille de Dieu. Lorsque vous êtes conscient d'appartenir à la famille de Dieu, vous développez un sens de la fierté des plus sains, des plus utiles et des plus divins. Ce n'est pas une fierté répréhensible, mais une fierté rédemptrice.

> *Je suis rempli d'enthousiasme pour les idées, les desseins et les œuvres de Dieu.*

La paix de la prière

« Repentez-vous donc et convertissez-vous, afin que vos péchés soient effacés et qu'ainsi le Seigneur fasse venir le temps du répit. »

(Ac 3:19)

Le Notre Père est la prière la plus significative qui ait jamais existé dans quelque religion que ce soit parce qu'elle s'attaque aux émotions humaines négatives les plus profondes qui peuvent bloquer ou détruire l'esprit d'*enthousiasme*! Je crois que si le Seigneur avait à reformuler cette prière, il dirait trois choses: D'abord, *j'ai besoin de vous*. Deuxièmement, *je vous guiderai*. Et troisièmement, *je vous nourrirai*.

Dieu a besoin de vous. C'est la base de l'authentique estime de soi. Que vous soyez un artiste, un chauffeur de camion, un enseignant, un avocat, un mécanicien ou autre, Dieu a besoin de vous. C'est un sentiment puissant!

Dieu vous guide. Dieu a vraiment besoin que vous accomplissiez son dessein, et Il vous guidera vers une occupation spéciale et significative là où vous vous trouvez.

Dieu vous nourrit. Dieu ne nous nourrit que lorsque nous acceptons d'aller là où Il nous guide. Si vous attendez, pour suivre sa voie, d'être certain qu'Il vous nourrira, Il ne Se manifestera jamais.

Lorsque Dieu vous donnera un rêve, ce sera si important que vous devrez continuer à dépendre de Lui. C'est sa manière de vous garder humble. Comment la pensée axée sur la possibilité agit-elle sur le problème de l'humilité? C'est bien simple! Vous envisagez des possibilités jusqu'à ce que vous obteniez de Dieu une idée assez importante pour qu'Il en fasse partie, si importante que si vous ne vous en remettez pas totalement à Lui, vous ne pourrez jamais réussir!

Merci, Seigneur, de la sécurité que je ressens lorsque je sais que Vous êtes mon associé dans la vie. Ma réussite est alors assurée!

La paix de la prière

« Le mal que vous aviez dessein de me faire, le dessein de Dieu l'a tourné en bien, afin d'accomplir ce qui se réalise aujourd'hui : sauver la vie à un peuple nombreux. »

(Gn 50:20)

Je crois que la plus belle phrase du Notre Père est *Délivrez-nous du mal.* Cette petite phrase pleine de puissance est l'une des raisons qui font que le Notre Père procure une paix de l'esprit aussi fantastique, éternelle et profonde à ceux qui le récitent et qui sont conscient de la signification de ce qu'ils disent.

Il est intéressant de voir que Jésus n'a pas dit : « Délivrez-nous de la douleur. » Il savait qu'il y aurait de la douleur. Il n'a pas dit : « Délivrez-nous des problèmes. » Il savait qu'il y aurait des problèmes pour quiconque croît et se développe. Les grandes réussites génèrent toujours de grands défis. Il n'a pas dit : « Délivrez-nous des larmes. » Il savait qu'il y aurait des larmes. Jésus a pleuré.

Jésus ne nous a pas appris à prier pour nous délivrer des larmes, de la douleur, de la lutte, des difficultés et même de l'appréhension. Mais Il nous a enseigné à dire : « Délivrez-nous du mal. »

Saint Paul dit : « Vous ne vous appartenez pas, vous avez été rachetés. » Dieu ne vous loue pas ; Il vous rachète. Il a des droits sur vous. Vous devenez son fils, sa fille, son enfant, lorsque vous en faites le Seigneur de votre vie. Et lorsque Dieu vous adopte et fait de vous son enfant, Il le fait dans un but précis. Dieu a un dessein en ce qui vous concerne. Vous êtes sauvé du mal ; vous êtes sauvé pour servir ; et votre salut est significatif. Votre vie a une valeur et une importance réelles. Jésus a dit : « Je connais mes brebis, et rien ni personne ne peut me les enlever. »

Jésus transforme ma vie. Mon cœur déborde d'assurance et d'enthousiasme !

La paix de la prière

Ne te laisse pas vaincre par le mal, sois vainqueur du mal par le bien.

(Rm 12:21)

Dieu nous promet que tout être humain qui désire le salut l'aura. Cela signifie qu'Il viendra dans votre vie et qu'Il y fera un changement qui transformera irréversiblement et divinement votre caractère de façon à ce que jamais vous ne viviez d'une manière honteuse ou répréhensible pour vous ou les autres. Il vous aidera à développer votre potentiel intérieur de manière à ce que, par la poursuite des possibilités de Dieu dans votre vie, vous deveniez celui qu'Il veut que vous soyez. Lorsque vous êtes occupé à faire ce qu'Il désire, vous ne pouvez être distrait ou détruit par le mal potentiel qui vous entoure. *Délivrez-nous du mal.*

Le salut est un don de Dieu. Lorsque Dieu fait un don, ce n'est pas un prêt! Si vous obtenez un prêt de quelqu'un, vous lui serez redevable; mais un don est à vous pour toujours. Une fois que Dieu S'engage à vous sauver de la menace du mal, rien ne peut Lui faire renier sa promesse de vous protéger.

Lorsque Dieu nous délivre du mal, Il nous transforme en individus merveilleux. Souvenez-vous que n'importe qui peut compter les pépins que recèle une pomme, mais que Dieu seul peut compter les pommes que recèle un pépin. Si vous demandez à Dieu de vous sauver, Il vous sauvera pour l'éternité. Et Il Se servira de vous sans même que vous en soyez conscient. Croyez moi, Dieu fera quelque chose de merveilleux avec la vie que vous Lui donnerez!

Servez-vous de moi pour agir, pour œuvrer, pour aimer, Seigneur. Je m'en remets à Vous.

La puissance de la prière

« *Sois sans crainte, petit troupeau, car votre Père s'est complu à vous donner le Royaume.* »

(Lc 12:32)

Le Notre Père se termine par cette phrase sublime: *Car tu possèdes le royaume, la puissance et la gloire, à jamais.*

Qu'est-ce que Dieu essaie d'accomplir? Il veut construire un royaume, une société d'êtres humains où le respect de soi, l'estime de soi et la dignité humaine constituent le cœur du mouvement. Il veut créer un royaume où les gens ne se crient plus d'insultes et n'essaient plus de se faire honte ou de s'embarrasser les uns les autres.

Nous vivons tous trois vies. La première de ces vies dure neuf mois. À ce stade, nous ne pouvons comprendre le fait que, bientôt, notre environnement sécuritaire et confortable sera violé par un véritable bombardement de lumière, de sons et de sensations. Sommes-nous vraiment nés, ou mourons-nous? L'un et l'autre. C'est au cours de cette seconde vie que l'âme évolue en préparation de l'Éternité. Au cours de ces quelques brèves années que nous passons sur la terre, nous devons apprendre à avoir des rapports cordiaux et respectueux avec les gens, parce que c'est de cette façon que nous glorifions Dieu. Et lorsque cette vie prendra fin, si nous avons appris nos leçons et nous sommes préparés par la rédemption, nous entrerons dans le Royaume des Cieux. Qu'est-ce que Dieu construit? Il construit sur terre un royaume en prévision du Ciel éternel.

Aujourd'hui, je glorifierai le Seigneur en soignant mes rapports avec les autres.

La puissance de la prière

Que le Dieu de la constance et de la consolation vous accorde d'avoir les uns pour les autres la même aspiration à l'exemple du Christ Jésus.

(Rm 15:5)

Si Dieu veut construire un royaume où nous ne nous insulterons pas les uns les autres, Il doit commencer par s'attaquer au problème de l'insécurité. Le pouvoir qu'a Dieu de surmonter nos insécurités cachées s'exprime de trois façons : *par la puissance du salut, la puissance de l'inspiration et la puissance de l'exemple.* La puissance du salut s'exprime dans la puissance de la croix.

Dieu connaît notre nature. Les faiblesses de la nature humaine peuvent se résumer en deux phrases simples : Les imperfections observées deviennent des insécurités affichées ; les insécurités affichées deviennent des insultes proférées.

Lorsque vous vous rendez compte que vous n'êtes pas parfait, cela provoque une insécurité interne que vous tentez de dissimuler. Vous craignez, au cas où vos faiblesses ou vos fautes seraient exposées, d'être jugé par les autres. Les imperfections que vous dissimulées deviennent des insultes que vous criez à ceux qui vous entourent.

Rappelez-vous une occasion où vous avez insulté quelqu'un. Quelle insécurité ressentiez-vous ? Notez-la ici. _____

_____

Maintenant, confiez ces sentiments à Jésus. Demandez-Lui de vous révéler la source de l'insécurité. Puis remettez le tout sous sa toute puissante protection.

> *Je suis libre ! Jésus se charge de mes insécurités et de mes fardeaux ! Je suis libre de faire sa volonté !*

La puissance de la prière

Car tout est de lui et par lui et pour lui. À lui soit la gloire éternellement! Amen.

(Rm 11:36)

Si quelqu'un insulte, embarrasse ou offense la dignité d'une autre personne, vous pouvez être certain qu'il a un problème d'insécurité. Les insultes qui découlent d'insécurités cachées peuvent s'exprimer de trois façons: *Verbalement*, c'est-à-dire par la parole; par l'attitude; par les soupirs et les grognements. Quelle que soit la façon dont elles sont exprimées, les insultes révèlent simplement qu'il y a insécurité.

Comment Dieu fait-Il face à ce problème? *Car tu possèdes la puissance...* Dieu a envoyé son Fils dans ce monde. Lorsque vous allez à Jésus par la prière, c'est comme s'Il vous appelait dans son bureau et qu'Il fermait la porte. Là, alors que vous êtes en sa présence, Il sort votre dossier. «Je vous connais, dit-Il, et je sais tout ce qu'il y a à savoir sur votre vie.» Alors que vous vous agenouillez devant Lui, attendant la condamnation, vous remarquez les cicatrices de ses mains et vous voyez l'ombre de la croix sur Lui.

Et Il vient à vous et vous embrasse, et les larmes aux yeux Il murmure: «Ça ne fait rien. Je t'aime, de toute façon.»

Vous venez d'être exposé, pardonné et accepté! Vous vous éloignez avec votre dignité retrouvée. Le paradis perdu devient le paradis retrouvé.

Par votre puissance, j'ai été racheté! Dieu soit loué!

La puissance de la prière

Aussi soyez accueillants les uns pour les autres, comme le Christ le fut pour vous à la gloire de Dieu.

(Rm 15:7)

Pourquoi Dieu se préoccupe-t-Il d'une race de gens qui le traitent avec arrogance, hauteur et orgueil? La réponse est simple: Dieu a créé la race humaine, et Il refuse d'être un perdant. Il paiera le prix pour nous réconcilier avec Lui-même car Il désire la gloire de la réussite. Le désir de Dieu est d'ériger une nouvelle culture dans la société humaine, un royaume qui s'étendra dans l'Éternité. *Car tu possèdes la gloire, à jamais.*

En psychologie, il y a un vieux dicton qui dit: « La maturité émotionnelle se mesure à la capacité d'une personne de se priver d'une gratification immédiate pour réaliser un objectif à long terme, plus important. » Si vous êtes une personne qui peut sacrifier son plaisir immédiat pour un but à long terme et de plus grande valeur, c'est un signe de maturité.

Dieu regarde longuement les choses et voit le résultat final. Un jour, le rideau tombera définitivement. Si vous acceptez le salut, vous ferez partie du royaume de Dieu pour toujours.

Dieu a un caractère centré sur l'honneur. Il vous a promis l'esprit du Christ afin que vous vous sentiez suffisamment en sécurité pour traiter votre prochain avec dignité. En prononçant les mots: *Car tu possèdes le royaume, la puissance et la gloire, à jamais*, rappelez-vous à quel point Il vous aime. Il ne vous rejettera jamais.

Tu es mon ultime sécurité, Seigneur. Grâce à Toi, je suis éternel!

La puissance de la prière

Proche est Yahvé de ceux qui l'invoquent, de tous ceux qui l'invoquent en vérité.

(Ps 145:18)

Il y a deux niveaux de prière. Le premier niveau est celui de la communication: verbale, paraverbale et non verbale. Les prières qui ne sont que du niveau verbal ne produisent pas souvent de miracles. Les grands miracles se produisent lorsque la prière passe de la verbalisation au second niveau, celui de la *visualisation*. Ici, la prière entre dans le royaume de l'imagination et de l'esprit! Une image mentale se dessine, portant sur l'objet de la prière. Vous pénétrez dans le royaume de l'univers spirituel, et dans ce royaume vous découvrez les forces spirituelles positives et négatives.

La puissance de la visualisation n'a jamais été pleinement exploitée. C'est une puissance incroyable, incalculable! Lorsque la prière entre dans le royaume de la visualisation et de l'imagination, elle peut accomplir des guérisons physiques miraculeuses. En fait, le simple fait de prier pour une guérison sans parvenir au niveau de la visualisation mène toujours à la frustration et à l'échec. La prière doit accéder au niveau de la visualisation métaphorique que nous appelons imagination panoramique.

Dans votre esprit, créez dès maintenant l'image mentale d'un endroit que vous aimez. Visualisez toutes les raisons pour lesquelles vous aimez vous trouver à cet endroit. *Voyez* tous les aspects de la chose. *Sentez* les odeurs familières. *Touchez* les objets spéciaux. *Ressentez* la joie de vous y trouver. Dans votre esprit, vous pouvez ressentir la joie de vous trouver à cet endroit et vous sentir revivifié par l'expérience. Ce qui est étonnant, c'est que vous pouvez accomplir cela à partir d'un fauteuil de votre salon!

> *Mon Dieu, Vous ouvrez des portes dans mon esprit pour m'attirer encore plus près de Vous.*

La puissance de la prière

... Que pour toi le vœu soit acquitté: tu écoutes la prière.
(Ps 65:2)

La puissance de l'imagination panoramique! Cela peut transformer votre personnalité! Cela peut renforcer votre foi! Cela peut mettre une lueur dans votre regard. Si vous avez un problème avec quelqu'un, vous seul pouvez transformer cette relation en possibilité en visualisant cela, non pas comme un problème, mais comme une possibilité.

Aussi longtemps que nous visualisons une personne comme un ennemi, un obstacle ou un problème, cette personne demeure un problème, parce que nos expériences avec les gens sont toujours le reflet de ce que nous pensons. Vous pouvez donc transformer la pire personne en la meilleure personne au monde, en l'imaginant comme une personne merveilleuse.

L'imagination panoramique a le pouvoir de faciliter les rapports avec les gens! C'est ainsi que l'on peut corriger, restructurer et remanier ses rapports avec les autres! Cela recèle un incroyable pouvoir miraculeux, le pouvoir de prendre vos rêves impossibles et d'en faire des réalités!

Avez-vous des difficultés dans vos rapports avec quelqu'un? Visualisez cette personne comme un merveilleux enfant de Dieu. Défaites-vous de vos reproches et remplissez votre cœur de bonnes pensées concernant cette personne. Dans la prière, visualisez des rapports renouvelés et améliorés, et attendez-vous à un miracle!

La puissance de la prière rehausse ma vie et celle des autres!

La puissance de la prière

Soyez assidus à la prière; qu'elle vous tienne vigilants, dans l'action de grâces.

(Col 4:2)

Votre imagination peut vous guérir! C'est là où les guérisons prennent place, qu'il s'agisse du corps, de l'esprit, de la mémoire ou de l'âme. Votre imagination peut transformer votre vie! L'imagination panoramique est le moyen par lequel se produisent les miracles! Et elle peut améliorer votre taux de réalisations.

La réalité scientifique est que nous avons six sens, et non cinq. Le toucher, le goûter, la vue, l'odorat, l'ouïe et, *le sixième sens, l'imagination*! C'est un sens qui transcende le temps et l'espace. Les cinq autres sens subissent des contraintes de temps et d'espace, mais le sixième sens est éternel. Vous pouvez utiliser votre imagination dans la région la plus éloignée du monde. Un jour d'hiver, vous pouvez imaginer avoir chaud et vous pouvez transpirer littéralement! C'est un fait!

Dans votre esprit, imaginez clairement Jésus, les bras ouverts. Voyez ses mains se tendre vers vous, ses bras puissants vous entourer, son épaule vous réconfortant. Imaginez-vous en sécurité alors que vous vous blotissez dans ses bras en vous détendant. Restez-y aussi longtemps que vous le voulez et « faites l'expérience » de son amour profond pour vous.

Je suis totalement immergé dans la puissance apaisante de Dieu.

Les possibilités de la prière

« Vous me chercherez et vous me trouverez, car vous me rechercherez de tout votre cœur. »

(Jr 29:13)

La prière vous donnera *la sagesse de connaître.*

Lorsque je fréquentais l'Université de Hope, au Michigan, je rentrai chez moi une fin de semaine pour prêcher le dimanche dans une petite église de campagne. J'ai vu l'organiste et j'ai eu l'impression d'avoir été frappé par la foudre. Je l'ai aimée immédiatement et je lui ai fixé un rendez-vous pour le lendemain.

Le lendemain matin, j'ai écrit à un ami et lui ai dit que j'avais rencontré la femme que j'allais épouser. Et je l'ai épousée! Nous sommes mariés depuis 30 ans, et je ne connais personne qui ait une vie conjugale plus heureuse et plus réussie.

Comment une telle chose a-t-elle pu se produire? J'avais prié pendant des années pour trouver la femme qu'il me fallait. «S'il vous plaît mon Dieu, avais-je prié plusieurs fois, ne me laissez pas commettre une erreur.» Je sais combien il est facile de commettre de telles erreurs. Mais je puis dire que je savais, sans l'ombre d'un doute, qu'Arvella DeHaan était la femme qu'il me fallait. Il n'y eut pas un moment d'hésitation ou une once de réserve. Je savais!

LA PRIÈRE DONNE LA SAGESSE DE CONNAÎTRE!

Je puis agir avec confiance car je suis entre les mains capables de Dieu!

Les possibilités de la prière

En définitive, rendez-vous puissants dans le Seigneur et dans la vigueur de sa force.

(Ep 6:10)

À travers la prière, Dieu vous donne la sagesse de connaître, puis Il vous donne *le courage de foncer*!

Même si je savais qu'Arvella était la femme qu'il me fallait, il m'a quand même fallu du courage pour réaliser nos projets. Une semaine avant notre mariage, j'ai dit à ma mère: «Je ne crois pas pouvoir le faire. Je ne crois pas pouvoir abandonner ma liberté. Je ne m'y habituerai jamais.» Mais Dieu bénisse ma mère qui est au ciel aujourd'hui, car elle m'a donné le courage d'aller de l'avant. «Harold, m'a-t-elle dit en utilisant mon autre prénom, tu vas être prêtre, n'est-ce pas?» «Oui», répondis-je. «Cela signifie que tu vas exhorter les gens à prendre des décisions basées sur la foi. Le temps est venu pour toi de prendre la bonne décision. Tu sais qu'Arvella est la femme qu'il te faut.» «Oui, je sais cela», répondis-je avec une foi et un courage renouvelés. Dieu m'avait donné la sagesse de savoir et, dans ce dernier moment d'hésitation, Il m'a donné *le courage de foncer*.

Pourquoi avons-nous besoin d'avoir le courage de foncer alors que nous avons déjà la sagesse de connaître? Pour une raison bien simple: Dieu nous donne toujours une occasion remplie de problèmes. Il ne nous incite jamais à une activité qui ne comporte pas de risque, car rien ne pourrait être plus dangereux. Lorsque vous avez *la sagesse de connaître*, vous avez besoin du *courage de foncer*.

> *J'affronte la journée qui vient avec courage, le courage de Dieu! Je sens circuler sa puissance en moi!*

Les possibilités de la prière

C'est toi que je prie, Yahvé! Au matin tu écoutes ma voix; au matin je fais pour toi les apprêts et je reste aux aguets.

(Ps 5:3)

En réalité, la prière se pratique à quatre niveaux. Première-ment, il y a la prière de *requête*. À ce niveau, vous demandez à Dieu une réponse matérielle à votre prière. Par exemple: «Dieu, sauvez-moi la vie» est une prière de requête. La requête est reconnue dans la Bible comme étant une forme légitime de prière.

Faites une liste de vos requêtes.

_____   _____

_____   _____

_____   _____

Le second niveau de prière est *l'intercession*, qui est un niveau un peu plus élevé et que la Bible mentionne également. Dans l'intercession, je ne prie pas pour moi-même, mais pour un autre. Cela nous permet de faire preuve de compassion et d'altruisme.

Dressez la liste de ceux pour lesquels vous voulez intercéder dans la prière.

_____   _____

_____   _____

_____   _____

Vous entendez et exaucez mes prières, Seigneur. Je Vous suis reconnaissant!

Les possibilités de la prière

À la louange de gloire de sa grâce, dont il nous a gratifiés dans le Bien-Aimé.

(Ep 1:6)

Au troisième niveau de prière, *la louange*, on ne demande rien à Dieu, mais on Le remercie pour ce qu'Il est, ce qu'Il a fait et ce qu'Il fera. Peut-être avez-vous assisté à une réunion de prière qui était en réalité une réunion de louange. Il y a un temps pour rendre grâces.

Un jour que j'étais assis à mon bureau, j'ai reçu un appel de Lois Wendall, ma première secrétaire de direction qui a servi si loyalement pendant les douze premières années de ce ministère. Lorsqu'elle me dit qu'elle avait un cancer, je me rendis chez elle pour être à ses côtés et la réconforter.

Sept ans plus tard environ, elle me demanda si je me souvenais de la prière que j'avais faite lorsque j'étais allé chez elle. Lorsque je lui dis que je ne m'en souvenais pas, elle dit : « Je n'oublierai jamais. Pendant toute votre prière, vous n'avez rien fait d'autre que de remercier Dieu. Vous disiez : 'Merci, mon Dieu, de vivre dans un pays où la chirurgie existe. Merci de l'existence de la chimiothérapie. Merci de donner à Lois le réconfort d'un mari. Merci de faire en sorte que nous ayons des assurances médicales qui peuvent se charger des factures. Merci mon Dieu pour sa foi : Elle n'aura pas à traverser cette épreuve sans ressources spirituelles.' J'étais en état de choc lorsque vous êtes arrivé, mais lorsque vous êtes parti, j'avais le courage d'affronter ma thérapie. »

Je veux simplement Vous louer, Père, Fils et Saint-Esprit !

Les possibilités de la prière

Pour moi, vers Dieu j'appelle et Yahvé me sauve; le soir et le matin et à midi je me plains et frémis.

(Ps 55:17,18)

Et puis il y a le plus haut niveau de prière, un genre de prière que, malheureusement, bien des gens ne connaissent jamais. *C'est le dialogue.*

Dans un dialogue avec Dieu, vous Lui posez des questions, puis vous attendez, vous vous mettez à l'écoute de la «petite voix» dans votre tête, qui vous fournira sa réponse.

Plusieurs d'entre vous savent que lorsque nous avons déclenché la construction de la Cathédrale de Cristal, nous n'avions pas l'argent nécessaire. Nous ne pouvions même pas obtenir un prêt bancaire raisonnable. Mais nous avons procédé à l'excavation parce que Dieu nous disait: «Allez-y.» Il nous donnait le courage de Le suivre.

Pratiquez le dialogue dès maintenant. Ayez une conversation avec Dieu. Parlez-Lui. Posez-Lui des questions. Puis écoutez, et Il vous répondra.

Notez maintenant ses réponses.

> *Père céleste, je me consacre entièrement à Vous. Je serai à l'écoute de vos directives.*

Les possibilités de la prière

Sois calme devant Yahvé et attends-le.

(Ps 37:7)

Comment Dieu exauce-t-Il la prière? Dieu exauce la prière de quatre manières.

Lorsque les conditions laissent à désirer, Dieu dit: «Non!» En fait, Il vous donne alors ce que vous voulez vraiment, c'est-à-dire ce qui est le mieux pour vous. Ce que vous voulez vraiment, c'est être la personne la plus formidable que vous puissiez être! Alors lorsque Dieu dit non à votre prière, c'est qu'Il a un meilleur moyen de faire de vous une personne plus formidable!

Lorsque le temps n'est pas encore venu, Dieu dit: «Attends.» Dieu connaît parfaitement le temps propice!

La patience est ce dont nous avons besoin dans la prière. Je connais des gens qui souffrent davantage de l'impatience que du doute. Relisez le psaume 37:7, qui suit:

Sois calme devant Dieu,
attends patiemment,
attends patiemment,
attends-Le patiemment.

Une véritable, honnête et sincère prière que l'on offre à Dieu ne meurt jamais. Dieu ne l'oublie pas. Elle est comme une semence jetée en terre, qui s'épanouira et croîtra en temps propice.

Je suis la créature de Dieu. Il sait ce qui est bon pour moi! J'ai confiance en Lui lorsqu'Il dit: «Non» ou «Attends.»

Les possibilités de la prière

Je ne crains aucun mal car tu es près de moi.

(Ps 23:4)

Lorsque vous n'êtes pas prêt, Dieu répond: «Croît!» Dieu n'exauce jamais les prières des gens s'ils ne sont pas prêts.

Si vous avez des prières qui ne sont pas exaucées, peut-être devez-vous croître! Si vous faites face à un problème sans solution, peut-être devez-vous le régler vous-même.

L'égocentrique doit croître jusqu'à l'altruisme.
Celui qui est trop prudent doit croître jusqu'au courage.
Le négligent doit croître jusqu'à la prudence.
Le timide doit croître jusqu'à l'assurance.
Celui qui se rabaisse doit croître jusqu'à l'amour de soi.
Le dominateur doit croître jusqu'à la sensibilité.
Le critique doit croître jusqu'à la tolérance.
Le négatif doit développer des attitudes positives.
Celui qui a soif de pouvoir doit croître jusqu'à la bonté et à la douceur.
Celui qui recherche le plaisir doit croître jusqu'à la compassion.
L'âme qui ignore Dieu doit devenir une âme qui adore Dieu.

Consacrez à nouveau votre vie à Jésus dès maintenant. Demandez-Lui de vous toucher au plus profond de votre cœur. Donnez-Lui la permission de vous changer de la façon qu'Il considère la meilleure pour votre croissance.

Je suis à Vous, Seigneur. Je Vous donne la permission de Vous servir de moi comme instrument, de me changer comme Vous le croyez souhaitable.

Les possibilités de la prière

Nous sommes en effet son ouvrage, créés dans le Christ Jésus en vue des bonnes œuvres que Dieu a préparées d'avance pour que nous les pratiquions.

(Ep 2:10)

Lorsque tout est en ordre, Dieu dit : « Allez-y ! » C'est alors que les miracles se produisent !

Un alcoolique irrécupérable se libère !

Un drogué se défait de son habitude !

Un incrédule développe une foi d'enfant !

Une église surgit d'une orangeraie !

Des tissus malades réagissent à un traitement, et la guérison survient !

La porte de nos rêves s'ouvre soudainement... et Dieu apparaît et dit : « ALLEZ-Y ! »

À quelle prière Dieu a-t-Il répondu « Allez-y ! » aujourd'hui ?

_____

_____

_____

Regardez les miracles se produire !

Jésus me rend merveilleux et Il fait de même de ma vie !

Les possibilités de la prière

La supplication fervente du juste a beaucoup de puissance.
(Jc 5:16)

Cher Père céleste, nous Vous remercions pour votre présence en nous, en ce nouveau jour merveilleux où nous pouvons lever les yeux vers Vous dans les chants et les louanges.

Ô Dieu, de tant de manières, à travers tant d'influences, Vous venez vers nous jusqu'à ce que nous réagissions et que nous établissions avec Vous des rapports merveilleux.

Dans ce monde où il y a tant de souffrances, Vous êtes venu, ô Dieu, pour nous sauver à travers votre Fils, Jésus-Christ. Nous Vous remercions infiniment!

Vous nous adoptez dans votre famille.

Vous nous donnez une fierté sanctifiée.

Vous nous donnez des rêves excitants.

Nous Vous demandons maintenant d'élever nos pensées à de plus hauts sommets, d'augmenter notre foi, de clarifier nos pensées et de renouveler nos forces.

À travers votre Fils Jésus-Christ, nous prions,

Amen.

par Robert H. Schuller

La prière est un progrès!

Si vous avez du cran, vous n'abandonnerez jamais!

La foi qui déplace les montagnes

Or la foi est la garantie des biens que l'on espère, la preuve des réalités qu'on ne voit pas.

(He 11:1)

La foi est la capacité d'avoir confiance en Dieu, c'est-à-dire de croire en Lui, de compter sur Lui, de Lui obéir. La foi consiste à garder les yeux sur Jésus-Christ.

La première étape dans le développement d'une foi puissante consiste à entreprendre une relation personnelle et intime avec Jésus.

Pensez à votre meilleur ami. Comment avez-vous développé tous les deux ces rapports étroits ? Si vous êtes comme la plupart des gens, vous avez beaucoup parlé. Vous avez tout découvert l'un sur l'autre, les goûts, les aversions, les problèmes, les déceptions, les échecs, les moments heureux, les succès et les triomphes, etc.

Eh bien ! apprenez à connaître Jésus de la même manière. Dites-Lui tout sur vous ! Et découvrez-en autant que vous le pourrez sur Lui. Commencez par sa Parole, la Bible. Lisez les passages suivants des Écritures. Que vous révèlent-ils à propos de Jésus ?

Lc 2:41-52 _____

Mt 4:1-11 _____

Jn 2:1-12 _____

Jn 10:22-30 _____

Mc 2:1-12 _____

Jn 14:6-11 _____

Mes pensées sont concentrées sur Jésus. Je sens son esprit en moi.

La foi qui déplace les montagnes

« Écoutez ma voix, alors je serai votre Dieu et vous serez mon peuple. Suivez en tout la voie que je vous prescris pour votre bonheur. »

(Jr 7:23)

La Bible constitue la Parole de Dieu pour tous. Elle est la Parole vivante de Dieu. À travers sa Parole, Dieu Se révèle et livre son dessein pour tous ses enfants. Examinons la vie de certains des personnages de la Bible et voyons comment leur foi a influé sur leur vie.

Noé est un bon exemple. Noé a eu confiance en Dieu. Lorsqu'il a entendu la mise en garde de Dieu à propos du déluge, Noé L'a cru même s'il n'y avait alors aucun signe de pluie. Pouvez-vous imaginer la réaction de ses voisins à son égard? Ils ont certainement cru qu'il était devenu complètement fou en le voyant construire une arche énorme sur la terre ferme, à des milles de tout cours d'eau. Mais Noé croyait *quand même*, contrairement au reste du monde qui vivait dans le péché et dans l'incrédulité. Il a obéi alors que tous les autres désobéissaient! Et grâce à sa foi, Dieu l'a honoré. Qu'est-ce que Noé peut nous apprendre à propos de la foi? Noé a obéi à la Parole de Dieu. Savez-vous à quel moment Dieu veut que vous obéissiez? Lisez les commandements livrés à Moïse dans Exode 20:1-17. Écrivez-les dans vos propres mots.

En comprenant ce que Vous attendez de moi, Seigneur, je puis me rapprocher de Vous en entretenant des rapports étroits et aimants avec Vous.

La foi qui déplace des montagnes

C'est elle (la foi) qui a valu aux anciens un bon témoignage.
(He 11:2)

Lisez les passages suivants de l'Écriture pour voir comment Dieu fait appel à des gens ordinaires pour relever des défis extraordinaires!

Les nombreux miracles que Dieu a faits et qui sont relatés dans l'Exode aux chapitres 1 à 14, avec l'aide de Moïse, dont la foi avait besoin d'être renforcée pour qu'il puisse conduire les enfants de Dieu hors de la captivité.

La foi qui a sauvé Rahab, la prostituée, et l'obéissance de Josué envers Dieu, dans le livre de Josué, chapitre 6.

La foi de Daniel fut mise à l'épreuve lorsqu'il fut jeté dans la fosse aux lions. Lisez Daniel, chapitre 6.

La foi de Paul ne fut pas ébranlée lorsqu'il était emprisonné ou enchaîné; il garda au contraire son regard tourné vers Jésus. Lisez l'épître aux Éphésiens, chapitre 6:10-20.

Auquel de ces gens ordinaires ayant la foi vous identifiez-vous le plus?

_____

Pourquoi?

_____

_____

Je sens la puissance du Christ dans ma vie, me remplissant d'une foi inébranlable.

La foi qui déplace les montagnes

« Oui, l'obéissance vaut mieux que le sacrifice. »

(1 S 15:22)

L'histoire d'Abraham et de Sarah démontre à quel point la confiance et l'obéissance sont étroitement reliées à la foi.

Sarah *faisait confiance* au Seigneur qui lui avait promis qu'elle aurait un enfant. Grâce à sa foi, malgré qu'elle fût trop vieille pour avoir des enfants, elle donna naissance à un fils. Et Dieu récompensa davantage sa foi en faisant en sorte qu'une nation entière résulte de cette union.

Abraham fut lui aussi mis à l'épreuve par Dieu. Il offrit Isaac, l'enfant que Sarah lui avait miraculeusement donné, et il était prêt à le sacrifier comme Dieu l'avait commandé. Imaginez la douleur d'Abraham, déchiré entre son amour paternel pour son fils qu'il avait désiré pendant de si longues années, et l'amour profond qu'il ressentait pour son Dieu tout-puissant qui lui demandait d'obéir.

Y a-t-il un secteur de votre vie que vous devez soumettre à l'obéissance de Dieu? Notez-le ici. Et donnez dès maintenant des explications à Dieu.

_____

_____

Pardonnez-moi, Seigneur, ma désobéissance. Je sens déjà l'assurance m'envahir alors que je reconnais que Vous prenez ma vie en charge.

La foi qui déplace les montagnes

« Car, je vous le dis en vérité, si vous avez de la foi comme un grain de sénevé, vous direz à cette montagne: Déplace-toi d'ici à là, et elle se déplacera, et rien ne vous sera impossible. »

(Mt 17:20)

Vous avez vu ce qu'a donné la foi à certains personnages de la Bible. Croyez-vous que la foi vous donnera des résultats?

Certains d'entre vous m'ont écrit en me disant: «Docteur Schuller, vous parlez de la pensée axée sur la possibilité. Vous dites que la foi déplace des montagnes. Mais je suis toujours angoissé parce que ma montagne n'a pas bougé. Jésus se trompait-Il? A-t-Il commis une erreur?»

Je réponds sans hésiter: «Nous avons tous beaucoup à apprendre, particulièrement en ce qui concerne la foi et la pensée axée sur la possibilité.»

Par exemple, un enfant se construit un langage à partir de sons monosyllabiques, jusqu'à ce que son vocabulaire s'améliore et que sa communication devienne plus claire. À mesure que progresse son éducation, le dictionnaire lui offre des ressources presque illimitées, et la clarté de sa communication s'améliore d'autant.

Il en est de même de la foi. Commencez avec une compréhension minimale de la Parole de Dieu. Augmentez jusqu'à une foi inébranlable dans la puissance et les promesses du Christ. Et votre montagne se déplacera!

Avec l'aide du Christ, je puis acquérir la foi qui déplace les montagnes!

La foi qui déplace des montagnes

Au nom de la grâce qui m'a été donnée, je le dis à tous et à chacun: ne vous surestimez pas plus qu'il ne faut vous estimer, mais gardez de vous une sage estime, chacun selon le degré de foi que Dieu lui a départi.

(Rm 12:3)

D'abord, rendez-vous compte que Dieu vous a donné le degré de foi dont vous avez besoin maintenant! Vous avez suffisamment de foi *maintenant* pour commencer à accomplir son dessein dans votre vie! La foi est semblable à un muscle. En l'exerçant, elle se développe, se renforce et acquiert de la maturité. De la même façon qu'une semence dans le sol a besoin de soins, d'eau, de soleil et de bonne terre pour fleurir, notre foi requiert la connaissance de la Parole de Dieu et le courage de mettre en pratique ses préceptes. La plupart du temps, les solutions aux problèmes nous viennent à travers les idées créatrices que Dieu nous envoie. Croyez-vous en votre habileté créatrice? Croyez-vous en votre propre intelligence? Puisque le Dieu tout-puissant vous a créé, et puisque nous savons qu'Il ne peut faire d'erreur, nous pouvons conclure que nous possédons en nous les ressources nécessaires pour résoudre nos problèmes. Dieu nous les a données! Quel problème avez-vous qui vous semble insurmontable? Confiez-le à Dieu dès aujourd'hui. Commencez à exercer le muscle de votre foi en croyant que Dieu vous aidera à trouver une solution. Croyez que Dieu a pris le contrôle de votre problème. Croyez qu'une solution se présentera sous la forme d'une idée créatrice et positive. Et écrivez-Lui dès maintenant une note de remerciement.

J'ai mon degré de foi, la plus grande puissance permettant d'accomplir des miracles. Je vais commencer à l'exercer.

La foi qui déplace les montagnes

Ainsi la foi naît de la prédication et la prédication se fait par la parole du Christ.

(Rm 10:17)

Voici l'histoire d'un Oriental qui voyageait partout dans le monde à la recherche du meilleur gourou. On lui dit que le vieux sage vivait dans une caverne sur les sommets de l'Himalaya, alors il s'y rendit.

Après des mois de voyage, il arriva au pied de l'Himalaya. Il conduisit son cheval sur un étroit sentier jusqu'à ce qu'il parvienne à une caverne. «Êtes-vous le gourou qui est réputé pour sa sagesse dans le monde entier?» cria-t-il. Il attendit longtemps, jusqu'à ce que, finalement, un vieillard sorte dans la lumière du jour, afin qu'on le voie. «Vieillard, comment puis-je devenir brillant? Où puis-je trouver la sagesse?» demanda le voyageur fatigué. Le sage et vieux gourou leva la tête et regarda dans les yeux anxieux du jeune homme. «Où pouvez-vous trouver votre cheval?» Sur ces paroles, il retourna dans la sombre caverne.

Son cheval avait été avec lui pendant tout ce temps! L'intelligence et la sagesse l'avaient accompagné pendant tout ce temps!

Qui vous êtes m'importe peu. Votre pauvreté m'importe peu. Que vous soyez illettré m'importe peu. Vous avez le même cerveau que tout autre être humain! Croyez en vous-même!

Dieu est en vous à cette minute même, à travers les idées qui vous viennent à l'esprit! Croyez-le!

Je crois à l'intelligence et à la sagesse que Dieu m'a données.

Connaissez votre foi

Car nous cheminons dans la foi, non dans la claire vision.
(2 Co 5:7)

La foi commence lorsque vous commencez à croire aux idées que Dieu vous envoie! Le président d'une compagnie bien connue a un jour décidé de mettre à l'épreuve la créativité de gens moyens, alors il a sélectionné, dans l'une de ses usines, dix hommes sans grande éducation. Il les a amenés à la salle du conseil d'administration et leur a dit de s'asseoir dans les grands fauteuils de cuir qui entouraient l'immense table. Il leur dit: « Je vous ai observés depuis quelque temps maintenant et j'ai remarqué que vous avez tous des dons de créativité remarquables, et c'est pourquoi je vous ai rassemblés aujourd'hui. Notre compagnie fait face à un problème et je crois que vous tous pouvez y trouver une solution. » Il leur expliqua tous les détails, puis il quitta la pièce pendant quelques heures, doutant quelque peu de son idée. À son retour, il découvrit qu'ils avaient trouvé une solution!

Un grand pas venait d'être franchi! Ils avaient trouvé une réponse au problème que les cadres de la recherche et du développement avaient négligée! L'ouvrier moyen est potentiellement aussi créateur et aussi intelligent que le cadre supérieur qui trône dans son grand bureau.

Souvent la seule différence réside dans le fait que celui qui est au bas de l'échelle ne réalise pas qu'il est intelligent et ne croit pas en ses propres idées.

Tout individu est intelligent! C'est un fait. Tout individu a un incroyable potentiel de créativité! Et toutes les idées créatrices viennent de Dieu.

Les gens ordinaires sont intelligents; si seulement ils croyaient à leurs propres idées.

Connaissez votre foi

De telle sorte que vous ne deveniez pas nonchalants, mais que vous imitiez ceux qui, par la foi et la persévérance, héritent des promesses.

(He 6:12)

J'ai découvert que la foi comporte cinq phases et qu'en éliminant n'importe laquelle de ces phases, vous ne pouvez obtenir de résultats satisfaisants.

La foi est comme la semence. Si on ne la sème pas, elle ne portera pas de fruits. Vous devez d'abord planter la graine de semence. Mais ce n'est que la première phase. À moins que cette graine ne soit arrosée, elle ne germera pas, ce qui est la deuxième phase. Une fois qu'elle aura été plantée et arrosée, la croissance pourra commencer; mais à moins qu'elle ne soit nourrie, elle n'atteindra pas sa pleine maturité. Elle ne fleurira pas! C'est la troisième phase. Si elle n'a pas le climat approprié lorsque les bourgeons commenceront à se former, vous n'obtiendrez pas de fruits, ce qui constitue la quatrième phase. Et lorsque le fruit sera mûr, il doit être récolté, sinon les vents et la pluie le feront tomber, le rendant improductif, ce qui est la cinquième phase.

Alors il y a cinq phases, de la mise en terre à la récolte, et il y a cinq phases au cycle entier de la foi! J'appelle ces phases *le couvage, l'essai, l'investissement, les difficultés et le sommet.*

Nous parlerons en profondeur de chaque phase au cours des prochains jours.

Mon esprit vit d'idées et de rêves. Dieu m'ouvre de nouveaux horizons!

Connaissez votre foi

« Arrêtez, connaissez que moi je suis Dieu. »

(Ps 46:10)

La première phase de la foi est la PHASE DU COUVAGE. Un œuf tombe dans le nid, une idée est née, une pensée survient dans le nid de l'esprit. Il y en a certains qui croient que c'est la seule phase de la foi qu'ils connaîtront jamais. L'œuf n'éclot jamais! Il ne va jamais au-delà de la phase du couvage. Ces gens ne font rien de leur idée. Elle arrive et ils la laissent aller. Elle meurt dans le nid.

Dieu nous envoie beaucoup d'idées! Des solutions aux relations difficiles. Des moyens de réussir financièrement. Des méthodes pour entreprendre notre propre croissance personnelle.

Quelles idées couvent dans votre esprit aujourd'hui? Sur quelles merveilleuses possibilités Dieu essaie-t-Il d'attirer votre attention? Arrêtez-vous complètement pendant quelques minutes et sachez que Dieu vous dirige. Notez les idées qu'Il dépose dans votre nid. Incluez-les toutes, y compris celles qui, à prime abord, peuvent vous sembler impossibles!

_____

_____

_____

_____

Souvenez-vous que la phase du couvage n'est que le début!

> *Mon esprit est immobile. Je suis réceptif aux idées que Dieu dépose dans mon nid.*

Connaissez votre foi

Béni l'homme qui se confie en Yahvé et dont Yahvé est la foi. Il ressemble à un arbre planté au bord des eaux, qui tend ses racines vers le courant.

(Jr 17:7,8)

Une fois l'idée déposée dans le nid, nous entreprenons la PHASE D'ESSAI de la foi. C'est le moment de poser des questions. Et vos questions seront reliées à votre système de valeurs. J'ai donné des conférences sur ce sujet à des étudiants et à des leaders dans les écoles et dans l'industrie. Et j'insiste toujours sur le fait que la prise de décisions est facile si votre système de valeurs est clair et sans équivoque.

Une fois que vous connaissez la bonne question, vous pouvez savoir immédiatement si vous avez une bonne ou une mauvaise idée. Voici les questions que j'utilise: Est-ce vraiment nécessaire? Cela répond-il à un besoin? Est-ce une belle idée? Puis-je demander à Dieu de S'associer à moi dans cette entreprise? La foi se renforce lorsque ces questions très importantes obtiennent une réponse affirmative. *Lorsque l'idée vous vient, mettez-la à l'essai!*

Dieu me guide à travers des idées qui apporteront des solutions à mes problèmes.

Connaissez votre foi

Mais quiconque se confie en moi héritera du pays, il possédera ma montagne sainte.

(Is 57:13)

La raison qui fait que certains deviennent des bâtisseurs extraordinaires est qu'ils apprennent à se servir des idées positives que Dieu leur inspire. La vérité est qu'une idée qui mène au succès est donnée à une multitude de gens, mais seul l'individu exceptionnel s'en empare et en fait quelque chose. C'est pourquoi tant de gens entendent parler de quelqu'un qui a accompli quelque chose et disent: «J'ai pensé à cela, mais je n'ai rien fait pour le réaliser.» Comment utilisez-vous une idée?

L'idée se forme dans votre esprit. À ce moment, vous pouvez la chasser ou l'accepter. La véritable tragédie de la vie, qui selon moi est la principale cause de la tristesse humaine, est ceci: Nous sommes enclins à être positifs à l'égard des pensées négatives, et négatifs à l'égard des pensées positives.

Comment savoir quand il faut dire non? Comment savoir quand il faut dire oui? Pour savoir si c'est la volonté de Dieu ou celle du diable, posez la question: «Dieu, est-ce bien?»

Il est impossible de prendre une mauvaise décision si vous vous abandonnez véritablement et entièrement de la manière que vous connaissez au Seigneur Jésus-Christ.

Lorsque je saurai qu'une idée est la volonté de Dieu, je dirai oui!

Connaissez votre foi

Remets ton sort à Yahvé, compte sur lui, il agira.

(Ps 37:5)

Aucune idée n'est parfaite! Aucune idée n'est dénuée de problèmes. Dieu le veut ainsi pour que nous soyons assez humbles pour rechercher son aide tout au long de la route. Il y a un verset de la Bible qui dit: «Si vous attendez que les conditions soient parfaites, vous ne ferez jamais rien.»

Vous souvenez-vous de l'histoire célèbre de Steinbeck intitulée «La perle»? Un homme trouva une très belle perle, mais elle avait une petite imperfection. Il se dit que s'il pouvait juste enlever cette imperfection, la perle serait la plus grosse et la plus précieuse au monde. Alors il enleva une première épaisseur, mais l'imperfection était toujours là. Pensant qu'elle disparaîtrait, il enleva ensuite l'épaisseur suivante, mais sans succès. Il continua à enlever des épaisseurs jusqu'à ce que, finalement, il ne reste rien de la perle. L'imperfection avait disparue, mais la perle aussi.

La foi ose risquer les imperfections. La tragique vérité est que la majorité de nos efforts seraient couronnés de succès si nous osions courir le risque de la médiocrité. Ce que nous considérons médiocre peut être jugé excellent par les autres! Notez une des choses que vous feriez si vous pouviez la faire parfaitement! Souvenez-vous que commencer, c'est faire la moitié du chemin!

Il est préférable de faire quelque chose imparfaitement que de ne rien faire parfaitement.

Connaissez votre foi

« Et tout ce que vous demanderez dans une prière pleine de foi, vous l'obtiendrez. »

(Mt 21:22)

La foi commence par une idée ou un rêve, mais doit être approfondie avant que le succès ne soit atteint. Elle doit devenir un désir! Vous devez vouloir quelque chose à un point tel qu'un jour, d'une manière ou d'une autre, quelque part, vous savez que vous l'obtiendrez. La foi est davantage menacée par le manque de désir que par le doute véritable.

Pour commencer, vous devez savoir ce que vous voulez. Certaines personnes échouent parce qu'elles ont négligé de visualiser en détail ce qu'elles essayaient d'accomplir. Si vous avez une notion confuse et embrouillée de ce que vous poursuivez, ne soyez pas surpris si vous échouez. Par conséquent, l'étape préliminaire de la foi qui déplace les montagnes consiste à avoir une notion détaillée de votre rêve.

Laquelle de vos idées qui ont passé la phase de l'essai désirez-vous le plus réaliser? Décrivez-la ici en détail. Pouvez-vous la visualiser clairement?

_____

_____

_____

_____

Je peux voir mon rêve avec clarté et, avec l'aide de Dieu, le réaliser!

Augmentez votre foi

Les apôtres dirent au Seigneur: «Augmente en nous la foi.»
(Lc 17:5)

L'étape suivante de la foi est la PHASE DE L'INVESTIS-SEMENT!

Lorsque la foi en est rendue à la phase de l'investissement, vous prenez un engagement et allez de l'avant! Vous consacrez du temps, de l'argent, de l'énergie et possiblement ce que vous avez de plus valable, le prestige, au projet. Mais lorsque vient le temps d'investir votre argent, votre énergie ou votre prestige, votre foi risque de commencer à faiblir.

Si tel est le cas, souvenez-vous que la foi ne vous délaisse pas, mais que vous délaissez la foi lorsque vous refusez de faire cet investissement. Lorsque vous devez appuyer vos idées avec de l'argent, il est facile de se laisser avoir par la crainte. La démarche devient difficile lorsque vous devez appuyer vos dires avec de l'argent, particulièrement s'il s'agit de ce que l'on appelle le «capital de risque». Vous risquez de tout perdre. Certains échouent parce qu'ils ne veulent pas investir d'argent. D'autres, parce qu'ils ne veulent pas investir leur temps ou leur réputation. Même une tortue ne prend pas les devants à moins de prendre des risques.

Étudiez l'idée que vous avez clairement visualisée hier. Elle a atteint cette troisième phase de la foi. Maintenant, que pouvez-vous investir? Du temps, de l'énergie, de la fierté, de l'argent? Qu'est-ce que Dieu vous demande de faire? Osez croire que votre idée provient de Dieu, et consacrez-vous à celle-ci. Que coûtera-t-elle? Faites une liste aussi précise que possible.

Mon idée réussira parce que Dieu en fait partie!

Augmentez votre foi

Je puis tout en Celui qui me rend fort.

(Ph 4:13)

La foi consiste à croire au succès *avant* qu'il arrive. La foi consiste à prétendre à la victoire avant qu'elle soit acquise. Cela est très difficile à faire, mais très important.

Notre sens instinctif de la modestie et de l'honnêteté a tendance à nous empêcher de déclarer publiquement que nous allons réussir. Nous avons l'impression qu'annoncer notre réussite avant de l'obtenir est prétentieux et vantard. Alors nous sommes naturellement portés à ne rien dire, à garder le silence, à espérer que tout ira pour le mieux et qu'une fois que nous aurons gagné, nous le crierons joyeusement.

Saint Paul était-il modeste lorsqu'il disait : « Je puis tout en Celui qui me rend fort » ? Exagérait-il un peu ? Son affirmation était-elle littéralement vraie ? Ou cet exercice de foi qui déplace des montagnes n'était-il que des paroles en l'air ?

La vérité est que ceux qui déplacent des montagnes sont des gens qui prédisent carrément leur réussite. Ils savent que rien ne réussit comme le succès. Alors leur franche prédiction, leur annonce surprenante n'est pas un manque de modestie, ni de la malhonnêteté, ni de la fierté excessive, mais *une foi profonde* !

Votre foi est-elle assez profonde pour que vous prédisiez votre réussite avant de l'avoir atteinte ? Exercez votre foi dès maintenant et faites votre déclaration.

Je sens en moi le courage qui guide ma foi alors que je révèle publiquement mon but.

Augmentez votre foi

… Car je sais en qui j'ai mis ma foi et j'ai la conviction qu'il est capable de garder mon dépôt jusqu'à ce Jour-là.

(2 Tm 1:12)

À la quatrième phase de la foi, la PHASE DES DIFFICUL-TÉS, les problèmes semblent vous submerger. Vous vous demandez si vous vous êtes trompé dans votre investissement. La phase des difficultés est une épreuve de Dieu avant la récolte finale. Serons-nous vraiment reconnaissants? Sommes-nous prêts pour la grande réussite? Vous avez investi du capital. Vous y avez mis votre nom. Vous avez finalement tenté le grand coup. Maintenant vous faites face à des problèmes inattendus d'une gravité inimaginable et il semble que vous allez couler.

Mon témoignage personnel est que chaque idée que Dieu m'a inspirée m'a demandé beaucoup de foi pour que j'y investisse mon temps, mon énergie et ma réputation. Et après que je l'ai fait, j'ai à chaque fois connu un problème qui menaçait le projet tout entier, juste avant que la réussite ne survienne.

Mais Dieu éprouve simplement notre fiabilité et notre humilité. Alors soyez patient lorsque les ennuis surviennent et soyez reconnaissant à Dieu de faire quelque chose. Les difficultés existent, mais je crois que Dieu vous donne des idées qui comportent une phase de difficultés pour vous mettre à l'épreuve!

Les délais de Dieu ne sont pas des refus.

Augmentez votre foi

Qui s'appuie sur Yahvé ressemble au mont Sion: rien ne l'ébranle, il est stable pour toujours.

(Ps 125:1)

Pour vous aider à traverser la phase de difficultés de la foi, vous avez besoin d'une *Source*, d'une *Voie* et d'une *Force*! Vous avez besoin de Jésus-Christ. Il est la *Source* de l'inspiration. Il trace aussi la *Voie* de l'inspiration et dirige l'énergie de manière à ce que quelque chose de constructif se produise sans qu'elle dévie sur une tangente dangereuse. Et Il est la Force qui maintient le flot d'inspiration et d'énergie en mouvement pour que la foi ne meure pas lors de la phase des difficultés.

Disons que vous allez escalader le mont Everest. Vous avez tout préparé, et vous avez traversé l'océan en direction de l'Inde. Vous vous êtes posé à l'aéroport de Katmandou et vous êtes au pied de la montagne. Vous êtes à 22 000 pieds d'altitude! Il fait un froid intense et les vents soufflent. Vous apercevez le sommet, mais où trouverez-vous l'énergie nécessaire pour l'atteindre? De la phase du couvage jusqu'à celle des difficultés, Jésus est la source! Jésus trace la voie! Jésus est la force qui est en vous! Il vous mène à la phase du sommet de la foi.

Jésus est la force en moi.

Augmentez votre foi

« Car je sais, moi, les desseins que je forme pour vous — oracle de Yahvé — desseins de paix et non de malheur, pour vous donner un avenir et une espérance. »

(Jr 29:11)

La foi donne des résultats si vous n'abandonnez pas! Si vous persistez!

Je me souviens avoir envoyé un télégramme avec le verset des Écritures mentionné plus haut à mon ami Hubert Humphrey juste avant qu'il subisse une importante intervention chirurgicale. Et il me téléphona pour me dire toute la force qu'il puisait de ce message.

Chacun a besoin de cette force intérieure qui ne peut provenir que de Dieu, qui est plus grand que vous et moi. Maintenant, lorsque la douleur frappera, lorsque les difficultés vous empêcheront d'avancer ou retarderont votre progression, tenez bon! N'imaginez jamais que vous avez échoué avant que Dieu ne vous le dise! Qui saura jamais combien de gens ont échoué parce qu'ils ont abandonné la foi. N'abandonnez jamais!

J'ai écrit le Crédo du penseur axé sur la possibilité pour me rappeler et rappeler aux autres que nous devons avoir du cran pour ne pas abandonner.

CRÉDO DE CELUI QUI AXE SA PENSÉE SUR LA POSSIBILITÉ

Face à une montagne, je n'abandonnerai pas. Je vais poursuivre mes efforts jusqu'à ce que je l'aie surmontée, jusqu'à ce que j'aie trouvé un passage, un tunnel ou, simplement, je persisterai et je changerai la montagne en mine d'or, avec l'aide de Dieu!

À travers les idées qui me viennent à l'esprit, Dieu accomplit le dessein qu'Il réserve à ma vie.

Augmentez votre foi

« *...Tout est possible à celui qui croit.* »

(Mc 9:23)

N'ABANDONNEZ PAS

« Lorsque tout va mal, comme cela arrive parfois,
Lorsque le chemin pénible semble monter sans cesse,
Lorsque l'argent est rare et les dettes sont élevées,
Et vous voulez sourire, mais vous soupirez,
Lorsque les soucis vous pèsent un peu,
Reposez-vous s'il le faut, mais n'abandonnez pas!

« La vie est étrange, avec ses problèmes et ses surprises,
Comme chacun de nous le découvre un jour.
Et plusieurs connaissent l'échec,
Alors qu'ils auraient réussi s'ils avaient tenu bon.
N'abandonnez pas, même si vous semblez progresser lentement,
Vous réussirez peut-être au prochain effort.

« Le succès, c'est l'échec transformé,
La teinte argentée des nuages du doute.
Et vous ne savez jamais à quel point vous êtes près du but,
Il peut être près lorsqu'il semble si loin.
Alors continuez la lutte lorsque vous êtes durement touché,
C'est dans ces moments que vous ne devez pas abandonner! »

> *Les impossibilités d'aujourd'hui sont les possibilités de demain!*

Augmentez votre foi

« Selon le mot de l'Écriture : De son sein couleront des fleuves d'eau vive. »

(Jn 7:37)

La dernière étape de la foi est la PHASE DU SOMMET. Nous atteignons le sommet en arrivant en haut de la montagne, en atteignant la réussite. Tous les problèmes sont résolus. Le salut nous arrive. L'habitude est perdue. L'argent est là. Le projet est réalisé. Les chaînes sont brisées et la délivrance est arrivée.

Voyez comment ces cinq phases de la foi se sont déroulées dans la vie de Jésus-Christ. L'idée de son ministère a commencé à se concrétiser lorsqu'Il avait 12 ans. Il savait que Dieu Le destinait à quelque chose. La *phase du couvage* s'est produite lorsqu'Il a réalisé qu'Il devait Se consacrer à l'œuvre de son Père.

La *phase d'essai* est survenue lorsqu'Il a passé 40 jours dans le désert, tenté par Satan. La *phase d'investissement* s'est déroulée pendant les années où Il a parcouru la plaine et le désert, prêchant, enseignant et transformant la vie des gens. Il connaissait une grande popularité auprès des foules.

Ensuite est venue la *phase des difficultés*, lorsque les gens se sont détournés de Lui. L'agonie dans le Jardin des Oliviers et la grande honte de la croix ont arraché ce cri à Jésus : « Mon Dieu, pourquoi m'as-tu abandonné ? » Il semblait que son rêve venait d'échouer. Mais alors s'est produite la *phase du sommet*. Il est ressuscité le troisième jour ! Le matin de Pâques, Il était au sommet ! Et Il vit aujourd'hui ! Soyez patient. Dieu est à l'œuvre. Si vous continuez à croire, vous atteindrez le sommet !

> *J'y suis presque, Seigneur. J'aperçois le sommet ! Je sens votre esprit qui me pousse à aller plus loin et plus haut. Merci.*

Augmentez votre foi

«... Grande est ta foi! Qu'il t'advienne selon ton désir!»
(Mt 15:28)

Quel est le plus grand problème auquel vous faites face aujourd'hui et que faites-vous pour y remédier?

Par exemple, disons que vous êtes un cadre au sein d'une grande corporation et que vous avez l'habitude d'attendre l'après-midi pour affronter vos plus gros problèmes. Vous consacrez vos pires heures à vos problèmes les plus difficiles, plutôt que de consacrer vos meilleures heures à votre plus grand défi.

Si j'ai à fixer l'heure d'une très importante rencontre de prise de décisions, je l'inscris toujours à 9 heures le matin. Consacrez à vos plus gros problèmes vos meilleures heures et le meilleur de votre temps! Vous serez surpris de découvrir que votre problème le plus important devient votre plus grande occasion! Lorsque vous tardez à affronter votre plus grand problème, subconsciemment, vous devenez fatigué ou déprimé parce que vous avez constamment en tête le fait qu'il y aura un problème auquel vous devrez vous attaquer. Et le simple fait de penser à cela est suffisant pour vous fatiguer!

Avec une foi forte, vous pouvez faire face à un grand problème et balayer quelques-unes de ses complexités chaque jour, jusqu'à ce qu'il soit facile à résoudre. Vous vous demanderez peut-être alors pourquoi il semblait si important. Souvenez-vous: *Pouce par pouce, rien n'a d'importance!* Et *une once à la fois, tout compte!* Quel est votre plus grand défi? Qu'allez-vous faire pour le relever aujourd'hui?

Dieu et moi formons une équipe imbattable!

Augmentez votre foi

« Car voici que le Royaume de Dieu est au milieu de vous. »
(Lc 17:21)

Profondément en vous réside la puissance de Dieu. Et Dieu attend de vous donner ce dont vous avez besoin pour que vos rêves deviennent réalité.

CROYEZ EN UN DIEU DE GRANDEUR ! Et faites en sorte que vos buts et vos objectifs soient assez importants pour qu'Il y ait sa place. Demandez-vous et demandez à Dieu ce que vous pourriez faire de grand avec ce qui reste de votre vie. Faites-le maintenant et notez la réponse.

_____

_____

_____

_____

Décidez dès maintenant de le faire. S'il vous faut des études plus poussées, faites-les. Si c'est d'argent dont vous avez besoin, trouvez-le ! Vous avez besoin de talent ? Apprenez, ou trouvez quelqu'un qui s'y connaît pour partager votre rêve. L'important, c'est de commencer... aujourd'hui !

Dieu me fait surpasser toutes les limites !

Faites rayonner votre foi

En toutes tes démarches, reconnais-le et il aplanira tes sentiers.
(Pr 3:6)

Mary Crowley, présidente de Home Interiors, une entre-prise très prospère, était à Nassau, aux Bahamas, avec son mari il y a quelques années. Le dimanche matin, ils décidèrent d'aller à l'église. Ils trouvèrent l'église locale remplie des gens de l'endroit. Ils étaient tous noirs; elle et son mari étaient les seuls Blancs de toute l'assistance. Elle raconte que le prêtre, très gros, les cheveux gris, répétait sans cesse d'une voix toni-truante et graveleuse le même thème. Il hurlait: «Soyez quel-qu'un! Dieu ne perd jamais de temps à créer des gens insigni-fiants! Chaque être humain que Dieu crée est destiné à devenir quelqu'un!»

Ce prêtre noir ne se doutera jamais de l'inspiration qu'il a été pour Mary Crowley et, à travers elle, pour vous et moi.

Qui pouvez-vous inspirer de la même manière aujourd'hui?

Faites rayonner votre foi!

Je peux être quelqu'un! Dieu ne perd jamais de temps
à créer des êtres insignifiants!

Faites rayonner votre foi

Car ce n'est pas un esprit de crainte que Dieu nous a donné, mais un Esprit de force, d'amour et de maîtrise de soi.

(2 Tm 1:7)

Si vous écoutez Dieu, Il vous aidera. Il ne vous détruira jamais. Il vous élèvera; Il ne vous condamnera pas. Évangile signifie *bonne nouvelle* et non mauvaise nouvelle! *Dieu est positif.*

J'étais à Washington récemment et j'ai parlé à un homme dont les deux filles détenaient des postes importants au Capitole. J'ai dit à l'homme: «Comment êtes-vous arrivé à avoir deux filles à des postes d'une telle importance au Capitole?» Et il me répondit: «Je les emmenais au Capitole lorsqu'elles étaient petites afin qu'elles voient où se trouve le pouvoir. Lorsque ma première fille a terminé ses études collégiales, je voulais qu'elle aille à l'université. Mais elle me dit qu'elle voulait travailler et devenir la secrétaire d'un grand sénateur.» Il poursuivit: «Je ne voulais pas la laisser aller. Je n'osais pas laisser mes deux filles quitter la maison et se rendre dans cette ville sans chaperons ou sans protection.»

Je lui demandai qui avait cédé et voici ce qu'il m'a dit: «Je suis amateur de football, alors je regardais un match et je vis mon équipe favorite recevoir une pénalité. Ils étaient pénalisés pour avoir retenu. Ce fut comme un message de Dieu qui me disait: 'Ne sois pas pénalisé pour avoir retenu. Ne retiens pas tes filles! Laisse-les aller! Laisse-les voler de leurs propres ailes! Laisse-les répondre à leur destin!'»

Certains d'entre vous sont pénalisés pour avoir retenu. Dieu a un dessein pour votre vie. Dieu a un rêve pour vous.

La volonté de Dieu surgit en moi. Je veux Lui plaire.

Faites rayonner votre foi

Car c'est bien par la grâce que vous êtes sauvés, moyennant la foi. Ce salut ne vient pas de vous, il est un don de Dieu.
(Ep 2:8)

Chaque être humain que Dieu met sur terre a la responsabilité d'être une inspiration pour ceux qui l'entourent. *Tout le monde peut être une inspiration pour quelqu'un!*

Plusieurs d'entre vous pensent peut-être qu'ils ne sont pas importants, mais cela est dû au fait qu'ils ne voient pas la vie dans une perspective globale. Nous avons à la maison une fournaise qui possède une lampe pilote. Cette petite flamme doit être fiable pour que la grosse fournaise fonctionne. Elle allume en effet la fournaise qui chauffe la maison tout entière.

Personne ne louange la petite flamme et pourtant, dans toute institution ou entreprise prospère, il y a au moins une personne qui est le pilote. Cette personne actionne la grande fournaise, et tout arrive!

Chacun de nous peut jouer ce rôle, mais nous devons d'abord reconnaître les qualités positives que nous possédons et qui peuvent aider les autres. Peut-être êtes-vous un bon auditeur ou avez-vous un bon sens de l'humour. Inscrivez au moins cinq qualités positives que vous possédez et qui pourraient aider ceux qui vous entourent.

_____

_____

_____

Lorsque ma foi semble faible, je sais que Dieu fait de moi une source d'inspiration pour quelqu'un!

Faites rayonner votre foi

« *… Si le grain de blé tombé en terre ne meurt pas, il demeure seul.* »

(Jn 12:24)

Vous êtes un appelé! Il y a un dessein et un rêve pour vous. Toute vie a un but; et toute vie peut être un rayonnement.

Peut-être dites-vous: «Je ne peux rayonner. J'ai trop de noirceur en moi. J'ai besoin que quelqu'un d'autre m'éclaire.» Vous savez comment voir clair si vous êtes dans l'obscurité? Le secret est de trouver quelqu'un qui a besoin d'aide plus que vous! Oubliez-vous, laissez le Christ entrer en vous et tout s'éclairera!

Aujourd'hui ou demain, vous influencerez quelqu'un pour le meilleur ou pour le pire. Vous pouvez l'aider ou lui nuire. Vous pouvez lui apporter de la joie ou du désespoir. Ayez une personnalité étincelante. Les gens qui «étincellent» savent «écouter». Ils savent entendre. Ils sont sensibles. Ils sont réceptifs, alors ils ont des rapports fondamentalement sains avec leur famille, leurs amis, leurs camarades de travail et avec Dieu Lui-même.

Car la personne qui «étincelle» irradie une harmonie intérieure profonde. Choisissez maintenant d'être une personne étincelante.

Commencez aujourd'hui à être à l'écoute des gens. Au cours de la prochaine période de 24 heures, évitez de parler et écoutez les autres. Vous serez surpris de voir tout ce que vous apprendrez… *à votre sujet*!

Je suis beau parce que Dieu m'a créé. Je L'écouterai!

Faites rayonner votre foi

« Demandez et l'on vous donnera; cherchez et vous trouverez; frappez et l'on vous ouvrira. Car quiconque demande reçoit; qui cherche trouve; et à qui frappe on ouvrira. »

(Mt 7:7,8)

Comment puis-je éclairer la vie d'un autre lorsque j'ai en moi de sombres problèmes? Est-ce là la question que vous vous posez? Faites appel à Dieu et *faites semblant*! Cela vous semble-t-il hypocrite? Laissez-moi vous raconter l'histoire de Henry Fawcett, l'un des grands parlementaires anglais.

Henry Fawcett était aveugle! Un jour, alors qu'il avait vingt ans, lui et son père chassaient lorsque son père déchargea accidentellement son arme, atteignant son fils au visage. Le garçon vécut, mais il ne vit plus jamais de sa vie. Le père voulait se tuer. Et le jeune Henry voulait aussi mourir. Il n'avait aucun espoir car il ne pourrait jamais lire. Il ne pourrait plus étudier ou retourner à l'école.

Puis un jour il entendit son père pleurer et se blâmer pour avoir ruiné la vie de son fils. C'est alors qu'Henry décida de redonner espoir à son père. Il ferait semblant! «Ça va, papa, disait-il. Ne t'inquiète pas, j'apprendrai bientôt à lire. D'autres peuvent me faire la lecture.» Mais dans son cœur, il s'agissait d'un mensonge. Pour empêcher son père de se détruire, le jeune Henry vivait une vie de rires, d'optimisme et d'enthousiasme.

Mais quelque chose se produisit. Il vint un moment où le mensonge devint réalité! Le jeu devint la réalité! Il eut de l'espoir! Et son espoir donna des résultats! Et ses résultats le firent progresser! Voyez-vous, il commença à croire à ses propres paroles, même lorsqu'il n'en pensait pas un mot. Il maîtrisait les lois psychologiques profondes de l'hypnose de soi.

Avec l'aide de Dieu, j'apporterai aujourd'hui la joie à ceux qui m'entourent.

Faites rayonner votre foi

Car vous êtes tous fils de Dieu, par la foi, dans le Christ Jésus.
(Ga 3:26)

Nous sommes tous interreliés sur la Terre. Tout ce que nous faisons provoque une action ou une réaction de quelqu'un. Ou bien vous et moi faisons partie du problème, ou nous faisons partie de la solution. Nous sommes des créatures de la planète Terre, des entités organiques interdépendantes. Nous devons apprendre à communiquer. Et nous devons aussi comprendre que chacun de nous a hérité à la naissance de la responsabilité de communiquer de façon à être une force positive pour ceux qui nous entourent.

Connaissez-vous quelqu'un qui souffre? Trouvez au moins cinq personnes de votre connaissance qui souffrent et inscrivez leurs noms plus bas. Pensez ensuite à la façon dont vous pourriez les aider. Que pourriez-vous dire à chacune de ces personnes pour la réconforter?

NOM DE LA PERSONNE	PENSÉE RÉCONFORTANTE
_____	_____
_____	_____
_____	_____
_____	_____
_____	_____

Ma tâche est d'éclairer le visage des gens que je rencontre.

Faites rayonner votre foi

... Enfants de Dieu sans tache au sein d'une génération dévoyée et pervertie, d'un monde où vous brillez comme des foyers de lumière...

(Ph 2:15)

C'est un monde obscur dans lequel nous vivons. Presque chaque individu porte dans son cœur une blessure cachée. Les gens sourient peut-être, confiants, forts ou radieux à l'extérieur, mais Dieu sait qu'ils souffrent profondément.

Quel défi que d'apporter un rayon de lumière à celui qui est dans l'obscurité. Quelle inspiration! Quel but dans la vie. Et dans un monde où il y a tant de gens qui souffrent, personne n'a d'excuse pour ne pas se sentir important ou utile.

Edward Rosenow, l'un des grands médecins de la clinique Mayo pendant de nombreuses années, choisit sa carrière lorsqu'il était petit garçon, au Minnesota. Son frère était gravement malade et ses parents appelèrent le médecin. Il raconte: «Mon père et ma mère avaient l'air apeurés et inquiets. Lorsque le médecin sortit de la chambre de mon frère, il regarda chacun de nous pendant un moment, puis son visage s'éclaira d'un sourire: 'Vous pouvez vous détendre, il va s'en tirer!' Puis je vis le visage de mes parents s'éclairer et je décidai dès cet instant que je serais médecin lorsque je serais grand parce que je voulais éclairer le visage des gens.»

Vérifiez la liste que vous avez faite hier des gens de votre connaissance qui souffrent. Choisissez un des noms et visitez cette personne ou téléphonez-lui. Avec l'aide de Dieu, vous pouvez éclairer le visage de quelqu'un aujourd'hui même!

> *À travers le Christ, je peux devenir une source de lumière dans un monde obscur.*

Le don de Dieu : la porte ouverte !

La porte ouverte sur la prospérité

Il s'en va, il s'en va en pleurant, il porte la semence; il s'en vient, il s'en vient en chantant, il rapporte ses gerbes.

(Ps 126:6)

Les principales nouvelles semblent de nos jours porter sur la situation économique de notre pays et du monde. Tout le monde parle de récession et d'inflation. J'ai entendu l'autre jour l'histoire d'un homme qui est rentré chez lui, a embrassé sa femme et a demandé: «Chérie, que mangeons-nous pour dîner?» «De la viande exotique», répondit-elle. «Et qu'est-ce que c'est que de la viande exotique?» demanda-t-il, l'air incrédule. «Eh bien! répondit-elle, au prix où nous payons le bœuf, j'ai pensé à lui donner un nom à la mesure de sa valeur!»

Mais l'économie est un sujet sérieux. Comment pouvez-vous traverser les périodes difficiles? Laissez-moi partager avec vous un principe d'une importance vitale.

L'ATTITUDE EST BIEN PLUS IMPORTANTE QUE L'ÉPOQUE.

Que vous soyez, ou non, mentalement en harmonie avec les idées dynamiques, axées sur la possibilité et prometteuses de succès que Dieu vous fournit est beaucoup plus important que les conditions économiques!

Quel que soit le moment de l'Histoire, il y a des gens qui perdent de l'argent et des gens qui en gagnent. Alors ce qui importe le plus est de se souvenir en tous temps d'être prudent concernant les idées sur lesquelles votre esprit s'arrête, particulièrement lorsque la situation économique est instable.

Quels sont les moments difficiles de votre vie?

Dieu, inondez mon esprit de vos idées; j'attends, armé de patience et d'espoir, vos directives.

La porte ouverte sur la prospérité

Ne crains pas car je suis avec toi, ne te laisse pas émouvoir car je suis ton Dieu ; je t'ai fortifié et je t'ai aidé, je t'ai soutenu de ma droite justicière.

(Is 41:10)

Dieu Se soucie de nous, et Il S'occupe de nos besoins d'ordre économique. Je veux partager avec vous un principe biblique qui est devenu une base très personnelle de ma vie. Je connais la raison de mon propre succès et du succès de cette église : il est dû à cette idée inspirée de Dieu. Dans Malachie 3:10, Dieu dit : *« Apportez intégralement la dîme au trésor, pour qu'il y ait de la nourriture chez moi. Et mettez-moi ainsi à l'épreuve, dit Yahvé Sabaot, pour voir si je n'ouvrirai pas en votre faveur les écluses du ciel et ne répandrai pas en votre faveur la bénédiction en surabondance. »*

Cela s'appelle payer la dîme, c'est-à-dire redonner à Dieu le dixième de ce qu'Il nous donne. *La dîme n'est pas une dette, mais une graine que l'on sème.*

Il y a plusieurs années que j'ai lu pour la première fois cette promesse de Dieu. Je l'ai trouvée partout dans la Bible, et même dans le Nouveau Testament. Ce concept est la réponse de Dieu aux problèmes économiques d'un individu. « Je vous donnerai la bénédiction, promet-Il, si vous avez foi en moi. Je vous donnerai la bénédiction si vous m'aimez vraiment et si vous êtes reconnaissant pour les dons que je vous prodigue. » Dieu veut nous apprendre qu'Il éprouvera notre générosité, notre foi et notre gratitude en nous demandant de redonner à son Église un dixième de ce qu'Il nous donne. Si nous avons la foi, Il nous en donnera encore davantage. Et ainsi se multiplie ce que nous donnons et ce que nous recevons. C'est là la leçon d'économie que Dieu nous donne.

> *Dieu soit loué ! La semence de ma foi sera multipliée par dix !*

La porte ouverte sur la prospérité

« Vous avez reçu gratuitement, donnez gratuitement. »
(Mt 10:8)

Lorsque ma mère est décédée il y a quelques années, elle vivait sur un revenu total annuel d'un peu moins de 3000 dollars. Malgré cela, elle donnait 300 dollars par année à l'église. Je recevais un chèque à ce montant tous les ans aux environs de l'Action de grâces. Elle vivait sur les 2700 dollars restants tout le reste de l'année. Mais elle s'est quand même toujours arrangée pour envoyer quelque chose à ses petits enfants chaque année, à Noël. Et à chacun de leurs anniversaires, ils recevaient toujours une carte avec un billet de un dollar de leur grand-mère. Et elle entretenait sa maison à deux étages.

Et lorsque ma mère mourut, elle laissa un héritage qui surprit tous ses enfants, moi y compris. Vraiment, personne n'a de problème d'argent; il s'agit toujours d'un problème de gestion.

Si vous avez un revenu limité, commencez à le multiplier en en redonnant le dixième à Dieu en signe de gratitude. Et vous verrez comment Dieu vous bénira. Parfois les bénédictions arrivent de la manière la plus surprenante!

Ce que je donne est ce que j'obtiens!

La porte ouverte sur le changement

Je leur donnerai un seul cœur et je mettrai en eux un esprit nouveau...

(Ez 11:19)

Vous êtes-vous déjà senti enchaîné à une mauvaise habitude ou à des pensées négatives ? Peut-être êtes-vous lié par un problème ou une interminable frustration, et vous voulez vous libérer. Écoutez les belles paroles de Jésus :

« ... Et vous connaîtrez la vérité et la vérité vous libérera. » (Jn 8:32)

Les chaînes ou le changement ? C'est à vous de choisir ! Vous pouvez retirer une incroyable liberté de ce qui vous nuit aujourd'hui. Mais vous devez d'abord comprendre « la vérité » qui permet au changement de briser les chaînes. Sachez ceci : *Il n'y a pas de problème trop grand pour la puissance de Dieu, ni de personne trop petite pour l'amour de Dieu.* Ne dites jamais : « C'est impossible ! »

Les chaînes ? Elles peuvent être rompues. Il peut se produire un grand changement ! Souvenez-vous que l'attitude est : « JE PEUX. » Et les paroles sont : « JE LE FERAI. » Votre désir le plus profond est de vous aimer. Si vous vous aimez, vous croirez en Dieu et vous croirez que c'est possible. Votre seul salut est Jésus-Christ qui seul peut guérir, sauver et donner la rédemption. Il le veut et Il le peut vraiment !

Il est vivant ! Allez à Lui ! Il peut vous influencer à sa propre manière ! Il peut vous sauver dès maintenant !

J'AI BESOIN DE CROIRE QUE C'EST POSSIBLE !

La porte ouverte sur le changement

C'est moi qui vais marcher devant toi, j'aplanirai les hauteurs...

(Is 45:2)

Je suis allé récemment à Beverley Hills pour marier un de mes bons amis, Glenn Ford. Après la cérémonie, alors que je discutais avec des célébrités d'Hollywood, l'une d'elle alluma tout bonnement une cigarette. En prenant sa première bouffée, Jimmy Stewart se tourna vers John Wayne et dit : « Duke, quand as-tu cessé de fumer et comment ? » John répondit : « J'ai cessé lorsque j'ai décidé qu'il était plus agréable de respirer que de fumer ! »

Je crois que c'est formidable ! Les poumons sont indispensables. Vous pouvez vivre sans mains, sans bras, sans jambes, sans yeux, sans oreilles ou sans une partie de votre cerveau. Mais vous ne pouvez vivre sans un poumon au moins, un rein, un foie et un cœur ! Prenez soin de votre corps. Soignez votre santé et vivez sainement, abondamment !

Enchaîné ? Si le désir de briser vos chaînes est suffisamment fort, elles peuvent être brisées. Vous n'êtes pas lié, à moins que, profondément, vous désiriez ces liens. Il est possible de changer vos chaînes. Votre plus grand besoin est de croire que cela est possible !

Quelle chaîne devez-vous briser dans votre vie aujourd'hui ?

C'est possible : Croyez-le !

Tout peut changer !

La porte ouverte sur le changement

«... Et tout sarment qui porte du fruit, il l'émonde, pour qu'il porte encore plus de fruit.»

(Jn 15:2)

Depuis l'enfance, j'ai été affligé d'une mauvaise habitude bien plus forte que la cigarette, l'héroïne ou l'alcool: une mauvaise alimentation! Les tartes, gâteaux, pâtisseries, biscuits et crème glacée ont toujours été ma faiblesse. Je savais qu'une telle alimentation constituait un péché, alors j'ai entrepris une période de relaxation, de méditation et de prière à deux voies.

Du fond de mon cœur, j'ai crié: «Jésus-Christ, je crois en Toi! Je crois que Tu es le Fils de Dieu. Mais je ne T'ai jamais touché. Si Tu es là, Tu connais mon problème. Peux-Tu m'aider?»

Et en un instant, j'ai eu une vision. J'ai vu en esprit une rivière calme, sereine, presque débordante, si calme qu'un bébé aurait pu y patauger sans danger. Les eaux étaient si sereines, si calmes, aussi calmes qu'un cornet de crème glacée un samedi après-midi. Mais alors les eaux commencèrent à descendre le courant. Soudain j'ai vu de l'écume se former sur les vagues et, au milieu de la rivière en furie, il y avait un gigantesque arbre déraciné. Mon corps était cet arbre mort!

Puis j'ai entendu ces puissantes paroles: «*Je t'ai sauvé de la destruction.*» Et j'ai su que j'avais été guéri de ma manie.

Prenez quelques minutes pour vous détendre, méditer et prier à propos de vos chaînes.

Aujourd'hui, je décide de briser mes chaînes et d'accéder à une glorieuse liberté dans Jésus.

La porte ouverte sur le changement

Je lève les yeux vers les monts: d'où viendra mon secours?
(Ps 121:1)

«Ceci est le jour que le Seigneur a créé, réjouissons-nous et louons-Le!» Vous réjouissez-vous aujourd'hui ou êtes-vous lié par l'inquiétude et la frustration? *Ne vous enchaînez pas; CHANGEZ!* Jésus a dit: «*Je suis venu pour libérer les captifs.*»

Il y eut une époque jadis où les dirigeants inquiets de Constantinople, aujourd'hui connu sous le nom d'Istamboul, voulaient s'assurer d'empêcher l'ennemi de pénétrer dans leur ville et firent à cet égard quelque chose de remarquable. Il créèrent la plus grosse et la plus lourde chaîne jamais fabriquée par des êtres humains. Les maillons avaient environ un pied et demi de longueur et deux pouces d'épaisseur. Cette monstrueuse chaîne était tendue en travers du port pour empêcher les navires étrangers d'avoir accès à leur territoire. Les gens se demandent encore comment quelque chose d'aussi lourd pouvait être manœuvré. Nous ne le savons pas vraiment, mais on peut encore trouver de nos jours des restes de cette chaîne.

Avez-vous tendu une chaîne en travers de votre esprit? La plupart d'entre nous avons une assez bonne idée de ce que nous croyons, mais la pensée d'accepter de nouveaux concepts est plutôt perçue comme une menace. Le fait d'avoir une chaîne tendue en travers de votre esprit risque de bloquer l'arrivée de nouvelles idées qui pourraient vous apporter un chargement d'abondance et de prospérité. Pourquoi le faites-vous, alors? Parce que vous avez fabriqué ces chaînes! L'entrée de votre esprit est bloquée, tout comme l'était le port de Constantinople. Vous avez des occasions et malgré cela, vous vous laissez lier. Mais vous pouvez briser vos chaînes et changer!

> *Aujourd'hui, je briserai les chaînes de la crainte et du négativisme pour permettre au flot glorieux des grandes idées de Dieu d'envahir mon esprit.*

La porte ouverte sur le changement

Rendez grâces à Yahvé, car il est bon, car éternel est son amour!

(Ps 106:1)

Comment les gens deviennent-ils liés par des chaînes? En se permettant de croire à des pensées négatives qui leur viennent à l'esprit. Certains *acceptent* volontairement les chaînes et se laissent lier par elles. D'autres *fabriquent* leurs propres chaînes et d'autres encore *se libèrent* des chaînes qui les empêcheraient de réaliser leur plein potentiel.

La Bible dit: «*Dieu ne nous a pas donné un esprit de crainte, mais un esprit de foi, d'amour et un esprit sain.*» Dieu ne nous donne pas un esprit de doute, d'anxiété ou d'inquiétude. Dieu ne nous donne pas de pensées négatives. Vous voulez changer? Vous devez briser les chaînes de la pensée négative. Tout comme les maillons sont liés entre eux, une pensée négative en apporte une autre, et ainsi de suite. La crainte produit l'anxiété, l'anxiété produit l'insécurité et vous êtes bientôt pris dans un cycle négatif. Vous avez fabriqué une chaîne qui vous entrave. C'est tragique!

Mais vous avez le choix! Les chaînes ou le changement? Dieu est amour et Il veut briser la chaîne et apporter un merveilleux changement à votre vie. Max Scheller a dit: «Aimer, c'est devenir conscient des plus grandes possibilités que l'on a en soi.» Mais qui peut aimer de cette manière? Vous et moi le pouvons-nous? Non. Seul Dieu peut aimer comme cela! Il est amour. Aimer, c'est devenir conscient des plus grandes possibilités que vous recelez. Et vous êtes libéré par son amour!

> *Je peux affronter l'avenir courageusement parce que je sais qu'en Jésus je possède la véritable liberté!*

La porte ouverte sur le changement

… Car Dieu n'est pas un Dieu de désordre, mais de paix.
(1 Co 14:33)

Aujourd'hui vous avez la possibilité de faire face aux idées les plus dynamiques, les plus débordantes de possibilités que Dieu vous a jamais mises en tête. Au cours de la journée, bien des pensées vous viendront à l'esprit. Certaines seront négatives. Certaines seront positives. Certaines proviendront de Dieu Lui-même. Mais il y a une chose qui est très claire. Dieu veut que vous réussissiez! Il veut que vous gagniez! Et si vous voulez obtenir le fantastique succès auquel Il vous destine, vous devez développer les possibilités qu'Il vous offre. La victoire commence par la pensée positive. *Vos pensées doivent prendre leur essor avant que vous puissiez compter et gagner.*

Naturellement, vous devrez faire face à des problèmes, à des pressions et à des difficultés. Qui a dit que la victoire serait facile? *Lorsque vous vous retrouvez enchaîné, vous devez vous servir de votre esprit.* Vous devez faire en sorte que vos idées créatrices, inspirées de Dieu, survolent les obstacles qui risquent de survenir sur votre route avant que vous puissiez vaincre dans la vie. Prenez votre essor, et marquez!

Cette pensée de Dieu me permettra de prendre mon essor : ___

Je prendrai mon essor et je gagnerai!

La porte ouverte sur le changement

« Arrêtez, connaissez que moi je suis Dieu... »
(Ps 46:11)

Il y a vingt-cinq ans, lorsque nous tenions nos cérémonies religieuses dans un ciné-parc, Dieu a commencé à insuffler à notre esprit le rêve d'une église incroyablement impossible et absolument fantastique. À cette époque, nous n'avions virtuellement aucun support, financier ou autre, de qui que ce soit. Plusieurs des gens avec lesquels je partageais ce que je savais être les grandes idées de Dieu me croyaient fou ou horriblement égoïste !

Aujourd'hui, les pièces de ce rêve s'assemblent : une église, une tour, une Cathédrale de Cristal, une émission de télévision de portée mondiale, une émission de radio affiliée à la National Broadcasting Company et une émission destinée aux militaires sur les ondes du réseau des forces armées. Nous savons qu'en développant notre foi, notre rêve divin deviendra réalité !

Mais en cours de route, cela n'a pas été facile. Bien des fois, ces merveilleux rêves ont semblé totalement impossibles. *Les grands rêves donnent toujours naissance à de grandes difficultés.* Lorsque votre rêve semble impossible et que vous ne savez pas comment vous pourrez continuer, souvenez-vous des paroles du psalmiste : *« Ne te laisse pas effrayer par les problèmes. Mets ta confiance dans le Seigneur et fais le bien. » Dieu est avec vous à chaque étape du chemin.*

> *Je sais que Dieu résoudra le problème si j'ai la foi de prendre la bonne décision !*

La porte ouverte sur la liberté

Et ne vous modelez pas sur le monde présent, mais que le renouvellement de votre jugement vous transforme et vous fasse discerner quelle est la volonté de Dieu, ce qui est bon, ce qui lui plaît, ce qui est parfait.

(Rm 12:2)

Pour vous transformer en une personne heureuse, joyeuse, vivante, vous devez vous défaire de l'habitude de la pensée négative. Glen Cole, un diplômé de notre Institut pour le leadership religieux et qui est pasteur à Washington, m'a raconté une histoire l'autre jour qui illustre mon propos. Il est monté à bord d'un avion et s'est assis à côté d'un joueur professionnel de basketball qu'il a tout de suite reconnu. Glen s'est tourné vers l'athlète et a dit : «Lorsque vous surveillez un joueur, sur quoi vous concentrez-vous ? Qu'est-ce que vous surveillez vraiment ? Ses mains ? Ses yeux ? Ou ses pieds ? » Le jeune homme a répondu : « Je garde simplement les yeux sur son nombril, car si son nombril est immobile, le joueur ne va nulle part ! »

J'ai rencontré beaucoup de gens dans le monde entier, des gens très capables, mais jusqu'à ce qu'ils changent leur façon de penser, ils n'iront nulle part.

Commençons à pratiquer la pensée positive dès maintenant. Dans l'espace suivant, énumérez quelques-unes des nombreuses choses pour lesquelles vous pouvez remercier Dieu.

1. _____ 2. _____

3. _____ 4. _____

Je loue Dieu pour les choses merveilleuses de ma vie. Et en Le louant, j'ouvre mon esprit à sa joie fabuleuse !

La porte ouverte sur la liberté

« *Et vous connaîtrez la vérité et la vérité vous libérera.* »
(Jn 8:32)

CERTAINES PERSONNES ACCEPTENT LES CHAÎ-NES et, à cause de leur mode de pensée, se retrouvent entravées. Je suis né dans une famille pauvre. Nous n'avions pas l'électricité : Nous n'étions pas assez riches. Nous avions des lampes à pétrole ! Je ne me souviens pas avoir reçu des cadeaux à Noël. Nous allions à l'église et on me donnait des bonbons à l'école du dimanche. Je sais ce qu'est la pauvreté et mon cœur est avec ceux qui n'ont rien connu d'autre que la pauvreté au cours de leur vie. Mais aujourd'hui, je veux vous dire que vous pouvez changer ! Que vous subissiez la pauvreté, l'oppression ou les préjugés, vous n'avez pas à l'accepter ! Je vais vous dire pourquoi : *Vous êtes un enfant de Dieu ! Il peut briser ces chaînes !*

Quelles sont les chaînes dont vous avez hérité ? _____

_____

Quel héritage est le meilleur : votre famille terrestre, ou celle de votre Père céleste ? Vous êtes un enfant de Dieu, et tous les enfants de Dieu sont libres !

> *À chaque pas que je ferai aujourd'hui, je m'éloignerai davantage des chaînes que j'ai brisées hier.*

La porte ouverte sur la liberté

« Si tu peux !... reprit Jésus ; tout est possible à celui qui croit. »
(Mc 9:23)

L'un des plus grands hommes de Judée, de nos jours, est Musa Alami.

Un jour, alors qu'il se trouvait au sommet d'une montagne et admirait les collines de Moab, il aperçut une ligne bleue traversant le vaste désert : le Jourdain. « Si seulement il y avait plus d'eau, » pensait Musa. Puis il lui vint une idée incroyable et impossible. « Pourquoi ne pas creuser à la recherche d'eau souterraine ? » Alors Musa parla de son idée avec ses amis, mais leur réaction fut moins que favorable. « C'est impossible ! Il n'y a pas de nappe d'eau souterraine. » Mais Musa n'écouta pas ses amis. Presque sans argent, il commença à creuser un trou dans le sable. Malgré les critiques et les moqueries constantes de ses amis, Musa et quelques compagnons creusèrent pendant un, deux, six mois. Alors le sable se mit à changer de couleur et devint finalement humide. Une pelletée de plus, et l'eau commença à filtrer, couvrant le sol desséché. Ils avaient découvert une rivière souterraine qui était là depuis des dizaines de milliers d'années !

Pendant des années, les Palestiniens ont cru les experts de la pensée négative. Ils étaient entravés par les chaînes de la pensée négative. N'acceptez pas les chaînes que quelqu'un peut tenter de vous imposer. N'acceptez pas ! Vous n'y êtes pas obligé ! Vous êtes un être capable de décisions ; choisissez la liberté en Jésus !

La vie d'abondance est mienne parce que je suis libre en Jésus !

La porte ouverte sur la liberté

« Car c'est au fruit qu'on reconnaît l'arbre. »

(Mt 12:33)

CERTAINES PERSONNES SE FABRIQUENT DES CHAÎNES. Ces gens sont leurs propres pires ennemis. Pendant les séries éliminatoires de la ligue nationale cette année, les Dodgers de Los Angeles ont affronté Philadelphie. Mon ami Burt Hooten était lanceur. Il y avait deux retraits et deux prises, et il lança la balle. Burt était convaincu qu'il s'agissait d'une prise, mais l'arbitre jugea qu'il s'agissait d'une balle. Cela mit Burt en colère et, bien sûr, la foule de Philadelphie adora cela ! Les fans devinrent fous ! Le fait d'afficher vos sentiments dans certaines situations équivaut à verser du sang dans des eaux infestées de requins. Burt était vraiment hors de lui. Il accorda des buts sur balle aux quatres frappeurs suivants. Mais savez-vous ce qu'il a déclaré à la presse ? « Certains lanceurs sont vaincus par les frappeurs ; d'autres le sont par les arbitres ; mais la foule ne m'a pas eu, pas plus que mes quatre buts sur balle. Un seul gars m'a eu : Hooten a eu Hooten ! J'ai eu une leçon que tout professionnel doit apprendre sans cesse. Nous seuls pouvons nous nuire. »

Ne fabriquez pas vos propres chaînes. Si vous avez un problème, si les choses vont mal, vous seul pouvez décider des conséquences que cela aura pour vous !

CERTAINES PERSONNES SE FABRIQUENT DES CHAÎNES.

Dieu est aux commandes de ma vie et je choisirai une attitude de vainqueur !

La porte ouverte sur la liberté

... Nous devons... courir avec constance l'épreuve qui nous est proposée, fixant les yeux sur le chef de notre foi, qui la mène à la perfection...

(He 12:1,2)

Par nature, les êtres humains pensent de façon négative. Et par nature, la vaste majorité des gens vous dénigreront. La voix de Jésus est très différente. Il ne suit pas le courant. Jésus Se tient sur la colline et lance un appel solitaire. Il vous dit : « Vous pouvez vous dénigrer ; d'autres peuvent vous dénigrer ; mais je crois en vous ! Vous êtes un projet attendant de se réaliser. Vous êtes un rêve attendant de se matérialiser. Vous êtes une brillante idée sur le point de s'incarner. Vous êtes un excitant concept de Dieu attendant de renaître. Suivez-Le et votre productivité vous étonnera ! Écoutez sa voix et Il vous appellera et vous choisira pour de grandes choses. »

Il est l'AUTEUR de vos rêves, Il insuffle à votre esprit ses idées créatrices et libératrices.

Et Il est le RÉALISATEUR de votre foi. Il ne vous laissera pas avec un but ou un rêve à moitié réalisé. TOURNEZ-VOUS VERS JÉSUS : IL NE VOUS ABANDONNERA PAS !

Grâce à la puissance de Jésus, je me transforme en une personne encore plus merveilleuse !

La porte ouverte sur la liberté

Gloire, honneur et paix à quiconque fait le bien...

(Rm 2:10)

CERTAINES PERSONNES BRISENT LEURS CHAÎ-
NES! N'acceptez pas les chaînes! Ne vous fabriquez pas de
chaînes! *BRISEZ vos chaînes!* Comment pouvez-vous les briser? En commençant à croire en ce que vous pouvez devenir.
Comment? En rencontrant Jésus-Christ. *Aimer, c'est devenir*
conscient des plus grandes possibilités que chacun a en lui-
même. C'est ce que Jésus-Christ fait pour vous et c'est ce qu'Il
a fait pour moi.

Je n'étais qu'un petit garçon sur une ferme, en Iowa, lorsque j'ai commencé à croire que je pourrais améliorer le monde.
Quelle idée ridicule et impossible: Je croyais qu'en devenant
disciple de Jésus-Christ et ministre, le monde serait meilleur et
plus beau. Je réussis maintenant et vous le pouvez aussi si vous
laissez Jésus-Christ et son Esprit pénétrer tous les secteurs de
votre vie.

En vous tournant vers Jésus, vous pouvez briser vos chaînes. Vous pouvez choisir de changer pour le meilleur. Car lorsque vous vous engagez profondément, consciemment et subconsciemment, envers Jésus-Christ, Il fait ressortir vos plus
grandes possibilités. Il vous donne un nouvel état d'esprit:
l'état d'esprit de Jésus-Christ. Et vous assistez alors vraiment à
un changement!

> *JE NE SUIS PAS LA MÊME PERSONNE QUE*
> *J'ÉTAIS HIER!*

La porte ouverte sur la liberté

Si l'un de vous manque de sagesse, qu'il la demande à Dieu — il la donne à tous généreusement...

(Jc 1:5)

Savez-vous d'où viennent les chevaux arabes? La légende raconte que le prophète Mohammed décida qu'il voulait élever les meilleurs chevaux de la terre et qu'il parcourut le monde et réunit cent très belles juments. Il conduisit les cent animaux exceptionnels au sommet d'une montagne où il les entoura d'une barrière. Juste un peu plus bas coulait un frais ruisseau de montagne qu'ils pouvaient voir et sentir. Il les priva d'eau jusqu'à ce qu'ils soient terriblement assoiffés. Il ouvrit ensuite la barrière, donnant ainsi aux cent bêtes le signal de se ruer vers le cours d'eau.

Tout ce que l'on pouvait voir alors étaient, dans un bruit de tonnerre, ces chevaux qui galopaient, la queue dans le vent, le cou tendu, les naseaux fumants et la gueule pleine d'écume, dans un nuage de sable. Juste au moment où ils allaient atteindre l'eau, Mohammed s'empara d'un clairon et le fit sonner de toutes ses forces. Tous les chevaux poursuivirent leur course, sauf quatre juments qui plantèrent leurs sabots dans le sable et s'arrêtèrent. La gueule écumante, tremblantes, elles s'arrêtèrent, attendant l'ordre suivant. «Ces quatre juments seront le point de départ de ma nouvelle race de chevaux, s'écria Mohammed. Et je les appellerai Arabes!»

Une personne ordinaire devient exceptionnelle juste parce qu'elle entend une différente sonnerie de clairon! Soyez à l'écoute de la trompette du Christ et Il vous conduira vers la grandeur.

En écoutant la voix de Dieu, je suis transformé en une nouvelle créature.

La porte ouverte sur la réussite

Montrez-vous au contraire bons et compatissants les uns pour les autres, vous pardonnant mutuellement, comme Dieu vous a pardonnés dans le Christ.

(Ep 4:32)

Au cours de ma vie, j'ai découvert que les gens peuvent réagir de quatre façons lorsqu'ils ont des problèmes. Premièrement, certains sont des INQUIETS : Lorsqu'ils font face à des difficultés, ils s'inquiètent. Bien souvent, les inquiets ont la chance et la liberté de s'améliorer et d'améliorer leur vie, leurs études ou leur carrière. Mais ils ne profitent pas des occasions qui passent. Ils préfèrent s'asseoir et s'inquiéter de leurs problèmes. Deuxièmement, certains sont des DÉNIGREURS. Lorsqu'il leur vient une grande idée remplie de fantastiques possibilités, ils rient. Parce qu'ils savent que cette idée est impossible, ils la dénigrent. Ce sont des cyniques qui disent : «C'est impossible!»

Troisièmement, il y a les ACHARNÉS. Ce sont ceux qui, lorsqu'il leur vient une idée impossible, inspirée de Dieu, s'acharnent à la réaliser. Ils poursuivent activement leur rêve, et lorsqu'ils rencontrent une difficulté, ils s'acharnent à la résoudre. Ils tirent littéralement de l'énergie du défi auquel ils font face. Ils savent comment régler les problèmes et tirer avantage des difficultés. Leurs frustrations portent fruit parce qu'ils y mettent de la vigueur et de l'énergie. Enfin, certains sont des FONCEURS pour Dieu et leur communauté. Les fonceurs font confiance au Seigneur et ne se laissent pas détourner par leurs problèmes; ils poursuivent simplement leur bon travail.

Quel genre de personne êtes-vous?

Aujourd'hui, je prends une décision. Je cède à l'impulsion positive à laquelle j'ai résisté assez longtemps!

La porte ouverte sur la réussite

Si Dieu est pour nous, qui sera contre nous?

(Rm 8:31)

Joe Jacobs, fondateur du Jacobs' Engineering Group, l'une des plus importantes firmes d'ingénierie au monde, est un ancien conférencier et un de mes amis très chers. Extraordinairement brillant, prospère et vif, il a subi plusieurs interventions chirurgicales importantes qui, chaque fois, ont mis sa vie en péril.

Un jour, lors d'un lunch, Joe dit : « L'une des choses les plus importantes que quiconque m'ait jamais dites est survenue à la suite de l'une de mes opérations. J'étais à l'unité des soins intensifs, au sortir de la salle d'opération, et je ressentais tant de douleur et de détresse que je pleurais littéralement. La douleur était si intense que les larmes me coulaient sur les joues. Alors que j'étais étendu là, m'apitoyant sur mon sort, une infirmière est arrivée et m'a regardé. « Monsieur Jacobs, me dit-elle d'un ton désinvolte, si vous cessez de vous plaindre un instant, vous découvrirez que vous respirez encore! »

Si vous êtes un inquiet, réfléchissez à cela. Tout le monde a de quoi se plaindre. Si vous avez le sentiment d'être un raté, vous pouvez ressasser vos rêves irréalisés. Si vous réussissez, vous pouvez ressasser les problèmes que comporte le succès. Mais souvenez-vous que personne n'a jamais dit que la vie était facile. *Il n'y a pas de victoire sans douleur*. Si vous souffrez, vous progressez en devenant la personne que Dieu désire que vous soyez.

> *Merci mon Dieu pour les problèmes qui sont en fait des bénédictions cachées.*

La porte ouverte sur la réussite

Ce n'est pas que de nous-mêmes nous soyons capables de revendiquer quoi que ce soit comme venant de nous; non, notre capacité vient de Dieu...

(2 Co 3:5)

Si vous êtes un dénigreur, vous êtes de ces gens qui se disent constamment et qui disent aux autres: «Vous ne pouvez le faire! Soyez réaliste. Ce n'est pas possible.» Mais les super-champions qui glorifient vraiment Dieu en découvrant son appel et en développant leur potentiel sont des gens qui résistent aux cyniques négatifs qui les dénigrent et les déprisent constamment.

J'ai récemment eu l'honneur de prononcer le discours de la remise des baccalauréats à l'académie des forces armées, à Colorado Springs, pour la classe des finissants de 1000 cadets. En traversant la foule pour serrer les mains des amis et des parents, je remarquai rapidement une dame qui s'approchait de moi. Elle avait des tubes qui lui sortaient du nez. Ces tubes étaient reliés à une bonbonne que son mari, qui suivait à trois pieds derrière elle, transportait sur ses épaules. Quand je lui pris la main, elle me dit, les larmes aux yeux: «Docteur Schuller, je dois vous remercier. Vous voyez, j'habite loin d'ici et j'ai un cancer en phase terminale. Ils ont tous dit que je ne pourrais jamais faire le voyage, mais vous m'avez convaincue de croire que c'était possible même si j'ai constamment besoin d'oxygène. Au début, tout le monde était tellement décourageant. Mais alors une personne qui axe sa pensée sur la possibilité a suggéré la bonbonne. Et me voici! J'ai vu mon fils recevoir son diplôme et c'est le jour le plus heureux de ma vie.»

J'aime trop le Christ pour jamais douter de Dieu!

La porte ouverte sur la réussite

Voilà pourquoi, miséricordieusement investis de ce ministère, nous ne faiblissons pas...

(2 Co 4:1)

Il y a les inquiets, les dénigreurs, et il y a aussi les acharnés. Ils perçoivent les problèmes et les situations en apparence désespérées comme des défis leur permettant d'aller de l'avant. Bien sûr, ils connaissent la douleur et des périodes de tourments intérieurs, mais ils ne cèdent pas à ces sentiments parce qu'ils savent que les émotions et les impulsions négatives ne proviennent pas de Dieu. Ils font face à leurs défis avec une attitude positive et croient littéralement : « *Je puis tout en Celui qui me rend fort.* »

Lorsque vous affrontez des difficultés et de la douleur, souvenez-vous que sans ces moments difficiles, vous seriez comme une plante d'intérieur surprotégée: trop fragile pour vivre dans le monde réel. Soyez un acharné: Acharnez-vous sur vos problèmes et tirez-en avantage afin de devenir plus fort et plus capable avec chaque jour qui passe.

À quel défi faites-vous face aujourd'hui ? _____

_____

Comment pouvez-vous vous acharner sur ce problème et en tirer de l'énergie pour aller de l'avant ? _____

_____

Les temps difficiles sont des occasions d'acquérir une foi plus grande ! J'essaie et Dieu m'aide.

La porte ouverte sur la réussite

«Ainsi votre lumière doit-elle briller devant les hommes afin qu'ils voient vos bonnes œuvres et glorifient votre Père qui est dans les cieux.»

(Mt 5:16)

Alors que j'étais en Indiana, il y a quelques mois, je me suis adressé à près de 12 000 personnes. Le coordonnateur de la rencontre est un chrétien dynamique et un lobbyiste professionnel de grande renommée. «Comment en êtes-vous venu à faire ce travail?» lui ai-je demandé.

«Eh bien, cela a commencé de la façon suivante, commença-t-il. Je possédais ma propre entreprise d'électronique et tout mon capital avait été investi dans la marchandise. Un matin, j'entrai au magasin et je découvris que l'on m'avait tout volé au cours de la nuit! En une seule nuit, j'avais perdu un total de 170 000 dollars. Je dus vendre ma maison, mon entreprise, tout. Les amis et les voisins m'offraient leurs sympathies. Tout le monde était très gentil, mais la sympathie n'aidait en rien.

«Alors des amis et des connaissances qui étaient activement impliqués dans la politique auprès des deux grands partis vinrent me voir et, plutôt que de m'offrir du réconfort, me posèrent une question: 'Qu'allez-vous faire maintenant?' C'est ce qui m'a aidé, me confia mon ami. Cette question m'aida à oublier le passé et me força à regarder vers l'avenir.»

Qu'allez-vous faire maintenant? C'est la question clé! Vous avez subi une perte ou un rejet. C'est dommage. Mais vous ne pouvez regarder en arrière. Regardez vers l'avenir.

Il faut être deux pour accomplir un miracle!

La porte ouverte sur la réussite

Voici le Dieu de mon salut : j'aurai confiance et je ne tremblerai plus...

(Is 12:2)

Le centre de la solution de tout problème consiste à découvrir ce que Dieu désire que vous fassiez, et à le faire. Nous devons pouvoir dire : «Mon Dieu, je ne ressasserai plus mes problèmes. Mais je ne saisirai pas n'importe quelle solution à mon problème juste parce qu'elle semble une façon de me tirer de ma situation. Je pèserai toutes les suggestions. Et si je sens que la solution est votre solution, je l'appliquerai.» Il faut du courage pour prier de cette manière.

Écrivez cette prière dans vos propres mots, en tenant compte de votre situation particulière :

_____

_____

_____

_____

_____

_____

Je préfère tenter quelque chose de grand et échouer, plutôt que de ne rien tenter et d'y réussir !

La porte ouverte sur la réussite

« Et voici que je suis avec vous pour toujours jusqu'à la fin du monde. »

(Mt 28:20)

Il y a quelque temps, j'ai adressé un sermon entier à une prostituée de New York qui m'a abordé. Mais lorsqu'elle a vu mon visage, elle m'a reconnu, a rougi et s'est enfuie avant que je puisse partager ma foi avec elle et l'aider à se sortir de sa malheureuse situation. Dans le sermon, je lui disais : « Il faut du courage pour se sortir de l'ornière. » Je l'encourageais à être brave et à avoir de grandes et belles pensées à propos de ce que Jésus-Christ pouvait faire pour elle.

Ce sermon passait sur les ondes à midi à New York. Ce même après-midi, NEW HOPE, notre centre de consultations d'urgence de 24 heures, reçut un appel d'une jeune femme de New York. « Je ne suis pas la femme à laquelle parlait le docteur Schuller, commença-t-elle, mais nous sommes cinq ici, toutes prostituées. Aujourd'hui, nous nous sommes assises et nous avons écouté son sermon. Dites au docteur Schuller que cinq minutes après son émission, nous avons rapidement ramassé tout ce que nous voulions conserver et nous nous sommes enfuies pour que notre souteneur ne puisse nous trouver. Nous avons laissé le métier et nous comptons travailler comme serveuses. »

Elles vont gagner parce qu'elles sont des fonceuses. Et vous pouvez gagner aussi. Avez-vous des problèmes ? Cessez de regarder en arrière et envisagez l'avenir que vous aurez lorsque vous consacrerez votre vie entière au Christ. Demandez-vous : « Qu'est-ce que je vais faire, maintenant ? »

Avec Dieu, tout est possible !

La porte ouverte sur la vie d'abondance

« Regardez les oiseaux du ciel : ils ne sèment ni ne moissonnent ni ne recueillent en des greniers, et votre Père céleste les nourrit ! »

(Mt 6:26)

L'examen final... Le dernier jour au travail... Les funérailles auront lieu demain... J'ai obtenu mon diplôme... Comment faites-vous face à ces événements de la vie ? *En vous souvenant que toute fin est un nouveau départ.*

Il y a une merveilleuse histoire concernant les disciples dans l'évangile de saint Luc. Ils avaient pêché toute la nuit et n'avaient rien pris. Enfin, après de nombreuses heures, le jour se leva. Découragés, ils regardèrent vers le rivage et virent quelqu'un qui les appelait. « Comment cela a-t-il été ? » « Mal, répondirent-ils. Nous avons jeté nos filets toute la nuit et n'avons rien pris. » L'homme du rivage leur cria : « Essayez de jeter vos filets de l'autre côté. » Ils le firent et sentirent un formidable poids dans leur filet. Ils le sortirent de l'eau rempli de poissons. Juste au moment où ils croyaient qu'il n'y avait plus de possibilités, alors qu'ils pensaient que tout était fini, il y eut un nouveau commencement ! La nuit prit fin, et le jour arriva.

Comment faites-vous face aux événements de la vie ? Soyez positif et écoutez la voix de Dieu. Il vous dira peut-être de jeter vos filets dans un autre endroit et vous serez surpris de ce que vous obtiendrez. Conservez une attitude positive lorsque tout semble prendre fin sans que vous ne puissiez rien y changer. *Conservez une attitude positive !*

L'échec n'est jamais définitif !

La porte ouverte sur la vie d'abondance

« Moi, je suis venu pour qu'on ait la vie et qu'on l'ait surabondante. »

(Jn 10:10)

J'ai lu une histoire dans le journal, l'autre jour, concernant quelqu'un qui est sans emploi à cause de la récession. Il habite à Détroit. Au cours d'une interview, il disait: «J'ai travaillé pendant 22 ans ici et tout ce qu'il me reste, c'est un sac d'outils. » On lui a demandé ce qu'il faisait de ses journées. «Oh, a-t-il répondu, je nettoie mes outils et j'attends que l'usine ouvre ses portes. J'espère qu'elle ouvrira parce que c'est tout ce que je sais faire. » Alors tout ce qu'il fait est de nettoyer ses outils et d'attendre la réouverture de l'usine.

Je voudrais dire trois choses à cet homme. Premièrement, que cette usine peut ne jamais réouvrir! Deuxièmement, d'arrêter de polir ces outils! Troisièmement, d'apprendre un nouveau métier! Bien sûr, vous le pouvez! Vous pourriez ouvrir une entreprise. Mais vous dites: «Je n'ai pas d'argent pour ouvrir une entreprise, et cela requiert beaucoup d'argent. » Je connais des entreprises que vous pouvez ouvrir avec presque rien, à partir d'un chèque d'assistance sociale ou d'assurance-chômage. *C'est possible*!

Vous pouvez faire face aux coups durs de la vie positivement ou négativement. Vous avez le choix de considérer tous les problèmes comme des menaces, ou de les considérer comme des occasions.

Je ne m'accrocherai pas à ce qui m'empêche d'avancer!

La porte ouverte sur la vie d'abondance

Tu m'apprendras le chemin de vie, devant ta face, plénitude de joie, en ta droite, délices éternelles.

(Ps 16:11)

Je me souviens d'une amie chère qui a perdu son mari il y a plusieurs années. Cela lui était difficile à supporter, mais tout à coup elle s'est ressaisie. Je lui ai demandé comment elle s'y était prise. Et elle me dit : « Eh bien, j'ai apprécié les 28 années passées avec lui, mais je me souviens de quelque chose que vous déclariez, docteur Schuller : de voir ce qu'il me reste, et non pas ce que j'ai perdu. Vous savez ce qu'il me reste ? J'ai une liberté que je n'avais jamais vraiment eue auparavant. Lorsque John vivait, il ne voulait pas que je travaille. Maintenant, je peux travailler et j'aime cela. J'ai aussi recommencé à suivre des cours du soir. John a toujours voulu que je reste à la maison le soir et que je regarde la télévision avec lui. J'aimais cela, mais maintenant je peux retourner à l'école. Et vous savez, je sais que j'ai 60 ans, mais je vais apprendre à conduire. John n'a jamais voulu que je conduise une automobile. Il n'avait pas confiance en moi sur nos autoroutes de la Californie. Je suis maintenant libre de faire des choses que je ne pouvais pas faire auparavant. »

Toute fin est un nouveau commencement. Absolument, si nous avons une attitude positive.

Je suis un enfant de Dieu et je sais qu'Il me destine aux plus grandes choses !

La porte ouverte sur la vie d'abondance

« Sois fort et tiens bon ! Sois sans crainte ni frayeur, car Yahvé ton Dieu est avec toi dans toutes tes démarches. »

(Jos 1:9)

Il y a quelques mois, j'ai prononcé le discours d'ouverture de la session d'automne de l'Université Hope. J'ai adoré rencontrer les étudiants. Un jeune homme très brillant et très attrayant m'a confié à quel point mon émission de télévision avait contribué à changer sa vie. Il disait : «Docteur Schuller, ma mère ne ratait jamais votre émission. Et lorsqu'elle était atteinte du cancer, toutes les semaines elle puisait sa force en vous. Elle est morte lorsque j'avais seulement quinze ans. Après sa mort, j'ai eu des ennuis. Ma vie était dans un grand désordre. Un jour je me suis souvenu que maman regardait votre émission tous les dimanches matins. Alors, à l'époque ou je menais une vie désordonnée, j'ai allumé le poste de télévision un dimanche matin et vous étiez là ! Je me suis mis à regarder l'émission chaque semaine. Et vous savez, je suis maintenant un chrétien et vous avez changé ma vie ! Me voici, étudiant en première année à l'Université Hope ! »

Ce jeune homme a découvert un merveilleux commencement à sa vie avec le Christ. Et vous le pouvez aussi. Chaque jour peut être un nouveau commencement lorsque vous marchez à ses côtés.

Avant que je puisse faire quelque chose, je dois être quelqu'un : une merveilleuse personne !

La porte ouverte sur la vie d'abondance

Repose-toi sur Yahvé de tout ton cœur, ne t'appuie pas sur ton propre entendement; en toutes tes démarches, reconnais-le et il aplanira tes sentiers.

(Pr 3:5,6)

Des gens m'ont demandé si j'allais fonder une université maintenant que la cathédrale est terminée. Je leur ai répondu: «Pas question.» Nous avons beaucoup de grandes universités chrétiennes au pays. Nous n'avons pas besoin d'une autre. Celles que nous avons doivent être renforcées. Je suis allé à l'une de ces grandes écoles, l'Université Hope, à Holland, au Michigan, l'une des meilleures institutions de ce genre aux États-Unis. J'y ai suivi beaucoup de mes cours dans un grand édifice de brique recouvert de lierre, le Van Raalte Hall. Et l'an dernier, j'ai entendu dire qu'il avait été détruit par un incendie. Alors à mon retour là-bas, j'étais curieux de voir à quoi ressemblait le trou qu'il avait laissé dans le sol, d'autant plus que notre classe avait à l'époque contribué à l'érection du toit. Maintenant il avait brûlé.

M'attendant à trouver un trou dans le sol, qu'ai-je trouvé? La fin d'une époque avait fait place à un merveilleux commencement! On n'a pas construit un nouvel édifice, et on ne le fera pas. Il y a plutôt une vaste pelouse, avec des arbres qui vont jusqu'à la rue. La rue, fermée, est maintenant devenue un mail et un parc, et c'est très beau!

Vous n'aimez pas le changement? J'aime l'amélioration! Toute fin est prétexte à un nouveau commencement et tout nouveau commencement peut être une amélioration! C'est cela, la pensée axée sur la possibilité. C'est si simple si vous conservez une attitude positive!

Merci mon Dieu, pour les montagnes imprévues qui se transforment en miracles!

La porte ouverte sur la vie d'abondance

Vive Yahvé et béni soit mon rocher, exalté, le Dieu de mon salut...

(Ps 18:47)

Toute fin est un recommencement. Soit un grand commencement ou un piètre commencement. Et cela dépend de vous! Vous avez le choix. Vous pouvez vous ajuster ou décider. Pensez à cela.

René DuBois déclare que l'être humain a la capacité infinie de s'ajuster dans le malheur. Ce à quoi je réponds que tout ajustement est malheureux. Le progrès n'est jamais un ajustement, mais une décision! Un engagement! Toute fin est un recommencement.

C'est cela que l'évangile nous dit vraiment! À la fin de cette vie, il y aura un recommencement pour moi, et pour la plupart d'entre vous j'espère. Ce sera le commencement d'une éternité avec l'Ami que nous aimons le plus, et son nom est Jésus-Christ.

Si vous avez l'impression de vous ajuster en régressant, décidez maintenant de vous engager à aller de l'avant. Consacrez votre vie à Jésus-Christ. C'est le progrès ultime. Rédigez maintenant une prière d'engagement progressiste : _____

_____

_____

_____

> *Je suis en paix, sachant que ma fin la plus profonde est aussi mon plus grand commencement!*

La porte ouverte sur la vie d'abondance

«… Comme je vous ai aimés, aimez-vous les uns les autres. À ceci tous reconnaîtront que vous êtes mes disciples… »
(Jn 13:34,35)

Je me souviens d'un homme exceptionnel qui était aussi un membre en règle de notre église: Norm Rasmussen. Quel grand, fort et bel athlète il était, et quel travailleur volontaire dévoué. Norm et sa femme eurent quatre fils, puis une fille qui était mongolienne. Transformant le problème en projet, ils achetèrent une maison en Californie du Nord. Puis ils parcoururent le comté à la recherche d'enfants atteints de dommages cérébraux ou du syndrôme de Downs. Et ils commencèrent à s'occuper de ces enfants. Ils en adoptèrent 30! Quel grand homme!

L'été dernier Norm faisait du ski nautique lorsqu'il fut soudain aveuglé par les reflets du soleil sur l'eau. Il entra en collision, à toute vitesse, avec l'un des piliers de ciment du pont sous lequel il passait et fut tué sur le coup. J'ai reçu une note de sa femme, Sara, me donnant des nouvelles des enfants. Elle me disait que Kent, l'un des garçons, avait pris en charge la maison bien mieux qu'ils ne l'auraient jamais cru! «J'en remercie Dieu tous les jours», ajoutait-elle. Vraiment, toute fin est un recommencement.

Lorsque j'ai appris la mort de Norm, j'ai téléphoné à Sara et lui ai dit: «Je sais où il est parce que je sais ce qu'il était et Qui il connaissait.» Il connaissait Jésus-Christ. Qui va au ciel et qui n'y va pas? Cela dépend de vos contacts. Aucun ami de Jésus n'est jamais refusé. Toute fin est un recommencement.

Je vis dans une joyeuse espérance parce que Jésus est mon meilleur Ami.

Allez de l'avant avec la pensée axée sur la possibilité

La puissance de la pensée axée sur la possibilité

« Ce n'est pas de pain seul que vivra l'homme, mais de toute parole qui sort de la bouche de Dieu. »

(Mt 4:4)

Quelle est la puissance que recèle la pensée axée sur la possibilité ?

1) C'est la puissance d'une *attitude mentale positive.*

2) C'est la *puissance reproductrice* qui commence avec une petite décision qui s'épanouit pour devenir quelque chose de merveilleux.

3) C'est l'ultime *puissance des promesses de Dieu Lui-même.*

Ou bien il y a un Dieu ou il n'y en a pas. Si Dieu existe, ou bien Il a parlé ou alors Il est silencieux. Comme chrétiens, nous croyons que Dieu est réel et qu'Il nous a parlé à travers la Bible.

Et ce qui est fantastique, c'est que, en tant que chrétiens, Dieu veut nous prodiguer de la puissance ! Et Il le fait grâce à la pensée axée sur la possibilité. En puisant à même sa puissance, nous obtenons :

— la puissance d'une attitude mentale positive,

— la puissance reproductrice de transformer une petite décision en quelque chose de merveilleux,

— la puissance des promesses de Dieu Lui-même.

Les promesses de Dieu sont impressionnantes ! Il déclare que *tout* est possible avec Dieu. Ça c'est de la puissance !

> *J'ai les promesses de Dieu. J'ai la puissance !*

La puissance de la pensée axée sur la possibilité

C'est pourquoi je t'invite à raviver le don spirituel que Dieu a déposé en toi par l'imposition de mes mains.

(2 Tm 1:6)

D'où viennent la puissance, l'énergie, la confiance et la motivation que recèle la pensée axée sur la possibilité? Premièrement, de la PUISSANCE D'UNE ATTITUDE MENTALE POSITIVE.

Je me rappelle l'histoire du petit garçon qui se parlait à lui-même et qui faisait l'important dans la cour, la casquette de baseball posée de biais sur la tête, maniant la balle et le bâton. «Je suis le plus grand joueur de baseball au monde», dit-il fièrement. Puis il lança la balle en l'air, s'élança pour la frapper et la rata. Persistant, il ramassa la balle, la lança en l'air et, en se disant: «Je suis le plus grand joueur de baseball de tous les temps», essaya à nouveau de la frapper. Et à nouveau il la rata. Il fit une pause, examinant soigneusement le bâton et la balle. Puis à nouveau il lança la balle en l'air. «Je suis le plus grand joueur de baseball qui ait jamais existé!» dit-il. Il s'élança puissamment, mais rata la balle encore une fois. «Oh! s'exclama-t-il, quel lanceur!»

Rien au monde n'est comparable à une attitude mentale positive. Dieu veut que vous ayez ce puissant outil. Lorsque vous commencez à réaliser la puissance que recèle une attitude mentale positive, vous avez franchi la première étape pour recevoir son glorieux don. Maintenant, avec l'aide de la prière, pourquoi ne pas laisser Dieu vous débarrasser de vos pensées négatives et vous prodiguer des attentes positives, excitantes!

Avec une attitude mentale positive, je peux transformer tout moment, situation ou expérience de ma vie en possibilité fantastique.

La puissance de la pensée axée sur la possibilité

« Cessez de juger sur l'apparence; jugez selon la justice. »
(Jn 7:24)

Une loi naturelle veut que chaque fois qu'une personne commence à avoir une attitude mentale positive, elle bénéficie d'une certaine puissance: une puissance très naturelle, très humaine. Dieu a destiné les êtres humains à produire de l'énergie constructive lorsqu'ils pensent positivement et commencent à réaliser les possibilités illimitées que recèlent les petites idées.

Toute situation ou toute idée peut être vue comme une menace ou un chef-d'œuvre potentiel. Toute situation, toute idée potentiellement valable est aussi risquée. Lorsque vous éliminez le facteur de risque, vous éliminez du même coup l'occasion. S'il n'y a pas d'élément de risque, vous faites simplement quelque chose que tout le monde fait, ce qui signifie que l'idée est dépassée. Les occasions abondent toujours pour les leaders qui décident d'agir malgré les risques que comporte l'activité. Ils peuvent réunir le courage que requièrent de telles décisions grâce à leur attitude mentale positive.

Les grands hommes de Dieu sont grands à cause de leur engagement à l'égard d'un rêve merveilleux et risqué que Dieu leur inspire. Je vous invite à devenir l'un des grands penseurs axés sur la possibilité. Engagez-vous aujourd'hui et commencez à développer une attitude mentale positive.

Mes problèmes sont des possibilités, mes obstacles sont des occasions parce que je m'engage envers Dieu et la grandeur !

La puissance de la pensée axée sur la possibilité

« Je suis le pain de vie. Qui vient à moi n'aura jamais faim; qui croit en moi n'aura jamais soif. »

(Jn 6:35)

L'attitude mentale positive est le fondement de la puissance de la pensée axée sur la possibilité. Cependant, il y a une seconde puissance qui entre en jeu. Je l'appelle la PUISSANCE DU POTENTIEL REPRODUCTEUR. *Lorsque vous abordez une possibilité dynamique avec une attitude positive et que vous osez prendre des décisions risquées, aussi insignifiant que puisse être ce premier pas, vous commencez à voir que toute idée comporte en elle-même une énorme capacité reproductrice.*

À chaque heure du jour, des pensées et des inspirations nouvelles nous bombardent l'esprit. Mais les idées nouvelles, comme les fragiles petits enfants, doivent être traitées avec douceur et avec soin, sinon elles mourront sans avoir eu la chance d'atteindre à leur grandeur potentielle. Quelles nouvelles idées avez-vous en tête aujourd'hui? Notez-les, même si elles vous semblent impossibles. Souvenez-vous qu'il y a d'infinies possibilités dans les petits commencements si Dieu est derrière l'idée!

1. _____
2. _____
3. _____

Je sais que je réussirai parce que je ne compte pas sur mon habileté mais sur celle de Dieu!

La puissance de la pensée axée sur la possibilité

Le juste poussera comme un palmier, il grandira comme un cèdre du Liban.

(Ps 92:13)

Un homme reçoit une pomme. Il la considère comme un goûter sain, la mange et en jette le cœur. Un autre homme se voit donner une pomme. Il voit en elle un pommier. Il la mange et sème en terre les pépins. En quelques années, il obtient un pommier. Un troisième homme, un véritable penseur axé sur la possibilité, prend une pomme et y voit un verger. Il plante le premier arbre et, lorsque celui-ci porte fruits, il se dit : « Il y a un marché pour ces pommes. » Il trouve un terrain et plante d'autres arbres. Bientôt son verger est une réalité. Mais il ne s'arrête pas là. Bientôt il fait des tartes aux pommes, du cidre de pommes et vend ses produits au bord des routes. Il peut même choisir d'ouvrir un restaurant spécialisé dans les beignets aux pommes ou même le pain aux pommes.

Tout homme peut compter les pépins que recèle une pomme, mais seul Dieu peut compter les pommes que recèle un pépin. Ne laissez pas les pensées négatives limiter votre potentiel. Souvenez-vous que la pensée axée sur la possibilité recèle la puissance du potentiel reproducteur ! Revoyez les idées que vous avez notées hier. Vous savez que sans l'aide de Dieu, elles sont impossibles, mais qu'avec la puissance de Dieu, elles se reproduiront en des quantités de rêves nouveaux. Puisez à même la puissance de Dieu en vous rapprochant de Lui. Priez chaque fois qu'il vous vient une de ces idées, pour que Dieu transforme l'impossibilité en réalité !

Dieu n'a pas de poubelles !

La puissance de la pensée axée sur la possibilité

Mon abri, ma forteresse, mon Dieu sur qui je compte !
(Ps 91:2)

Il y a vingt-cinq ans, ma femme et moi désirions une église qui apporterait une foi positive à tous les gens du monde. Bien que personne ne nous connaissait à l'époque, en six mois il y avait un groupe de gens qui croyaient suffisamment en nous pour dire : « Nous allons nous joindre à vous. » Je leur ai dit : « Nous n'avons pas d'argent. Et si nous devons accomplir tout ce que Dieu désire que nous fassions, nous allons en avoir un grand besoin. » Et je leur ai présenté un défi reposant sur la promesse de Dieu. Dans Malachie 3:10, Dieu dit : « Apportez intégralement la dîme au trésor, pour qu'il y ait de la nourriture chez moi. Et mettez-moi ainsi à l'épreuve pour voir si je n'ouvrirai pas en votre faveur les écluses du ciel et ne répandrai pas en votre faveur la bénédiction en surabondance. » Je crois que chacun de ces 25 premiers membres a décidé de faire quelque chose qu'il n'avait pas les moyens de faire : Verser le dixième de son salaire à l'église. À cette époque, je leur ai fait une promesse. Je leur ai promis que Dieu tiendrait *sa* promesse.

Aujourd'hui c'est à vous que je veux faire cette promesse. *Ayez confiance en Dieu et Il tiendra certainement sa promesse à votre égard.* Car la plus grande puissance de toutes est LA PUISSANCE DES PROMESSES DE DIEU !

Consacrez quelque temps à rechercher dans les Écritures trois promesses qui vous tiennent à cœur. Écrivez-les.

1. ———————— 2. ———————— 3. ————————

Maintenant croyez en la véracité de ces promesses. Croyez en la puissance !

J'espère des miracles parce que je crois aux promesses de Dieu !

La puissance de la pensée axée sur la possibilité

... Quoi que vous fassiez, faites tout pour la gloire de Dieu.
(1 Co 10:31)

Le père de Mary Goforth, un missionnaire de renommée mondiale, a raconté une histoire très intéressante dans l'un de ses livres. Il semble qu'un jeune pivert avait été formé à creuser des trous dans les arbres.

Une fois son diplôme obtenu, ses instructeurs lui assignèrent un premier arbre. Extrêmement confiant, l'orgueilleux petit pivert déploya ses ailes et vola jusqu'à l'arbre indiqué. Plantant solidement ses deux pattes dans l'écorce, il envoya sa tête en arrière et frappa son premier coup. Un morceau d'écorce vola et le regard du pivert étincela de fierté. À nouveau, il recula la tête et frappa un coup. Cette fois, un morceau plus gros encore tomba de l'arbre. Il s'en tirait très bien. À ce moment, juste comme il frappait son troisième coup sur l'arbre, la foudre frappa, fendant le tronc en deux et envoyant notre pivert un peu plus loin, dans l'herbe.

Étourdi sans être sérieusement blessé, le jeune pivert regarda l'arbre ouvert sur toute sa longueur et dit, l'air incrédule: «Et dire qu'il ne m'a fallu que trois petits coups!»

Nos situations difficiles ne seront sans doute jamais résolues par «trois petits coups» de notre part. Mais si nous sommes vraiment en contact avec Dieu et avec sa volonté, Il interviendra dans notre vie. Lui seul peut savoir les grandes choses que nous pouvons accomplir avec son aide.

Avec Dieu à mes côtés, les problèmes impossibles
peuvent devenir d'excitantes possibilités!

Axez dès maintenant votre pensée sur la possibilité

... Et quelle extraordinaire grandeur sa puissance revêt pour nous, les croyants, selon la vigueur de sa force...

(Ep 1:19)

La pensée axée sur la possibilité est un principe universel pour une vie prospère et dynamique. Aucune puissance ne lui est comparable. Elle aide à incorporer dans votre mode de pensée les trois qualités de base qui vous aideront à devenir un leader prospère. (Souvenez-vous que si vous ne dirigez pas, vous êtes dirigé. Pour être heureux, satisfait et prospère, vous devez diriger votre propre vie, votre propre avenir.)

Pour être un leader efficace, il vous faut :

1. Le pouvoir de prendre de bonnes décisions.

2. Le pouvoir de vous fixer des buts efficaces.

3. Le pouvoir de résoudre de façon créatrice les problèmes impossibles.

Dans ces trois secteurs générateurs de puissance, la pensée axée sur la possibilité accomplit sa magie et ses miracles.

Lorsque vous commencez à utiliser l'impressionnante puissance de la pensée axée sur la possibilité, *vous êtes* un penseur axé sur la possibilité ! Vous pouvez transformer vos obstacles en occasions !

Je conserverai la foi. Dieu fournira la puissance. Et ensemble, nous vaincrons.

Axez dès maintenant votre pensée sur la possibilité

Il nous a fait connaître le mystère de sa volonté, ce dessein bienveillant qu'Il avait formé en lui par avance...

(Ep 1:9)

Premièrement, *ceux qui axent leur pensée sur la possibilité utilisent la puissance de Dieu pour prendre les bonnes décisions.*

En psychologie, il y a des termes comme inattention intentionnelle et réaction de fuite pour décrire la réaction des gens à certains stimuli ou situations. Il y a des gens qui sont tellement peu sûrs d'eux-mêmes et qui se sentent tellement inférieurs qu'ils ne veulent pas prendre le risque d'une décision susceptible de changer leur vie. Ce genre de réaction en est un avec lequel nous sommes tous aux prises et si nous évitons d'y faire face, il peut représenter une menace à notre éventuelle réussite.

Mais si vous pouvez échapper à votre ornière, si vous pouvez prendre une décision majeure et croire en Dieu, et vous soumettre fidèlement à sa volonté, vous établirez un contact spirituel entre le temps et l'éternité, le ciel et la terre, Dieu et vous-même.

Il y a une décision que vous devez prendre aujourd'hui. Peut-être l'avez-vous remise à plus tard parce que vous craignez de faire un mauvais choix. Aucun danger! Dieu veut guider vos décisions. Ceux qui axent leur pensée sur la possibilité font face aux décisions avec assurance.

Quelle bonne décision prendrez-vous aujourd'hui?

Il faut du courage pour sortir de l'ornière.

Axez dès maintenant votre pensée sur la possibilité

À celui dont la puissance agissant en nous est capable de faire bien au-delà, infiniment au-delà de ce que nous pouvons demander ou concevoir, à Lui la gloire...

(Ep 3:20)

Comment pouvez-vous acquérir une heureuse prospérité dans votre vie privée? Comment pouvez-vous réussir? Ceux qui axent leur pensée sur la possibilité ont appris le secret de la réussite. Ils sont les leaders de leur propre vie; ils ne sont dirigés par rien ni personne d'autre. La réussite n'est pas nécessairement la gloire ou la fortune. La véritable réussite est un sens de la satisfaction intérieure, la capacité de jouir de ce que l'on a à l'endroit où l'on se trouve! Les leaders qui axent leur pensée sur la possibilité refusent de se laisser manipuler. Premièrement, ils prennent les bonnes décisions; et deuxièmement, ils fixent leurs propres objectifs.

Examinez les objectifs de votre vie. Êtes-vous un bon gestionnaire? À la lumière des idées créatrices que Dieu vous donne maintenant, quels objectifs devez-vous vous fixer?

_____

_____

_____

_____

Avec l'aide de Dieu, je me fixerai comme objectif d'avancer dans la bonne direction.

Axez dès maintenant votre pensée sur la possibilité

« Demeurez en moi comme moi en vous. De même que le sarment ne peut lui-même porter du fruit s'il ne demeure pas sur la vigne, ainsi vous non plus, si vous ne demeurez pas en moi. »
(Jn 15:4)

L'un de mes passe-temps consiste à élever des poissons koi. Ces poissons sont vraiment des créatures étonnantes. Certains des plus gros me sucent le doigt (ils n'ont pas de dents) et me laissent leur flatter le dos.

Des gens m'ont demandé : « Pourquoi certains sont-ils gros alors que d'autres sont petits ? Quelle taille peuvent-ils atteindre ? » C'est une question fascinante. La taille des poissons dépend de la taille de l'étang. Ce poisson peut vivre dans un petit bocal, mais il ne dépassera jamais deux ou trois pouces de longueur. Dans un étang comme le mien, il atteindra un pied et demi de longueur. Mais s'il vit dans un vaste lac où il peut nager à sa guise, il atteindra trois pieds. C'est son environnement qui détermine sa croissance. La taille du poisson est directement proportionnelle à celle de l'étang.

Cette observation nous amène à parler d'un principe intéressant. Les petites idées qui viennent aux petits esprits donnent de petites réalisations. Mais lorsque ces mêmes idées viennent aux grands esprits, elles deviennent d'énormes réalisations ! *La taille de votre pensée détermine la croissance de votre idée dans son ultime développement* !

Ceux qui axent leur pensée sur la possibilité pensent grand. Leurs idées deviennent de grandes idées. Leurs résultats sont imposants ! Axez dès maintenant votre pensée sur la possibilité !

JE VAIS ÉRIGER UNE GRANDE CROYANCE !

Axez dès maintenant votre pensée sur la possibilité

Tout don excellent, toute donation parfaite vient d'en haut...
(Jc 1:17)

Il y a quelques mois, les États-Unis ont averti le monde que Sky Lab allait tomber sur la Terre. Un de mes amis, qui se trouvait en Australie à cette époque, me fit part d'intéressantes observations. « Partout où j'allais, en Australie, disait-il, les gens parlaient de la possibilité que Sky Lab tombe dans leur pays. Ils réagissaient de deux façons totalement différentes. Certains étaient craintifs : 'Oh ! disaient-ils, et s'il tombe sur notre terrain ?' Ils considéraient l'écrasement imminent de Sky Lab comme une menace. D'autres réagissaient non pas négativement, mais avec une attitude mentale positive : 'S'il s'écrasait chez nous, disaient-ils, ça nous ferait un souvenir de grande valeur.'

Sky Lab s'écrasa effectivement en Australie. Certains de ceux sur la propriété desquels il était tombé n'y touchèrent jamais de peur des radiations. Mais un jeune homme crut ce qu'on lui avait dit concernant le caractère parfaitement sécuritaire des pièces de Sky Lab. Il se rendit à San Francisco avec sa trouvaille et toucha une somme de 10 000 $. Parce qu'il axait sa pensée sur la possibilité, à ses yeux Sky Lab ne représentait pas une menace, mais un chef-d'œuvre !

Ceux qui axent leur pensée sur la possibilité perçoivent tout problème comme une possibilité, tout obstacle comme un défi, toute souffrance comme une auréole.

Aujourd'hui vous ferez face à des problèmes. Avec l'aide de quelle puissance pouvez-vous les transformer en glorieuses possibilités ?

Merci, Père, pour m'avoir prodigué l'inspiration positive de voir chaque situation comme un chef-d'œuvre potentiel.

Axez dès maintenant votre pensée sur la possibilité

« Ce jour-ci est un jour de bonne nouvelle... »

(2 R 7:9)

En 1848, un ingénieur du nom de Theodore Elliot résolut un problème qui minait le commerce depuis des décennies. Depuis des années, les fermiers et les hommes d'affaires rêvaient de construire un chemin de fer qui relierait New York au Canada. Mais pour construire un tel chemin de fer, il fallait construire un pont sur la rivière Niagara. Le concept du pont conventionnel n'était pas applicable. Mais Theodore Elliot conçut une brillante solution. Il proposa le premier pont suspendu.

Mais il y avait un problème. Comment pouvait-il faire passer, d'une rive à l'autre, un câble pouvant supporter le poids de deux travailleurs ? À nouveau, Elliot eut une idée. Il organisa un concours de cerfs-volants et offrit un prix de 10 $ au premier garçon qui pourrait envoyer son cerf-volant sur la rive opposée.

Bien des participants essayèrent et échouèrent, jusqu'à ce qu'un certain Homer Walsh, un garçon de 11 ans, profite d'un bon vent du sud. Et Elliot, en se servant d'abord de la corde du cerf-volant, tendit entre les deux rives des câbles de plus en plus gros et fut ainsi en mesure de commencer la construction du premier pont suspendu au monde.

Ceux qui axent leur pensée sur la possibilité utilisent leur pouvoir pour résoudre de façon créatrice des problèmes impossibles.

Certaines choses sont impossibles, Seigneur ! Il m'est impossible de voir les possibilités incalculables et illimitées que recèle une idée fertile.

Axez dès maintenant votre pensée sur la possibilité

Approchez-vous de Dieu et il s'approchera de vous.

(Jc 4:8)

Je me souviens de l'époque où mon fils apprenait à boutonner ses chemises. « Je veux le faire tout seul », disait-il avec fermeté. Et je me souviens de sa première tentative, lorsqu'il prit le premier bouton et le passa dans la deuxième boutonnière. « Attends une minute, Bob », lui dis-je. Mais il me repoussa et passa le deuxième bouton dans la troisième boutonnière. « Bob, lui dis-je, ça ne marchera pas. » « Oui, ça va marcher, insista-t-il. Je peux le faire tout seul. » Et il passa le troisième bouton dans la quatrième boutonnière. En arrivant en haut de la chemise, il me regarda, l'air dérouté. Il lui restait un bouton, mais plus de boutonnière.

Quoi que vous entrepreniez, vous ne réussirez pas si vous ne partez pas du bon pied. Partez du bon pied ! *Consacrez votre vie et vos objectifs à Dieu.* Mettez votre foi en Lui et vous serez surpris de la facilité avec laquelle vous mènerez votre vie et des capacités qu'Il vous prodiguera.

Utilisez le moment présent à consacrer ou à reconsacrer vos buts, vos pensées, vos désirs, votre raison d'être à Celui qui vous connaît et vous protège. Lorsque vous vous laissez guider par Jésus-Christ, vous subissez l'influence du plus grand penseur axé sur la possibilité au monde !

Seigneur, je vous consacre aujourd'hui :

Je pars du bon pied avec Vous, Seigneur !

Pratiquez la pensée axée sur la possibilité

... Que je chante à Yahvé pour le bien qu'il m'a fait...
(Ps 13:6)

Quand je pense à tous les penseurs axés sur la possibilité qui se sont donnés si généreusement à tant de causes merveilleuses, je me dis que ces gens ont appris l'une des plus importantes leçons de la vie. Jésus l'a enseignée lorsqu'Il a dit : « *Donnez et vous recevrez. Votre don vous reviendra en entier et plus encore, pressé, disposé de façon à faire davantage de place. Quelque mesure que vous donniez, petite ou grande, elle sera utilisée pour mesurer ce qui vous sera rendu.* » Une incroyable vérité !

Donnez peu et il vous sera rendu peu. Donnez beaucoup et il vous sera rendu beaucoup. Tout cultivateur sait cela. Si vous voulez conserver vos semences, vous devez les mettre en terre pour obtenir une plus grande récolte en automne. C'est la loi de la prospérité, la loi de la possibilité, la loi d'abondance enseignée par Jésus.

Quelle occasion de donner avez-vous eue cette semaine ?

Comment avez-vous réagi ? Réclamez-vous de la puissance de la pensée axée sur la possibilité et apprenez la loi de la possibilité.

Si cette occasion se présente à nouveau, comment pouvez-vous suivre l'exemple du Christ ?

> *Utiliser les possibilités équivaut à multiplier les résultats.*

Pratiquez la pensée axée sur la possibilité !

« Si quelqu'un me sert, qu'il me suive, et où je suis, là aussi sera mon serviteur. Si quelqu'un me sert, mon Père l'honorera. »
(Jn 12:26)

Il est impossible d'axer sa pensée sur la possibilité sans se rendre vulnérable ! Lorsque ma fille Carol avait treize ans, elle a appris cette importante leçon. Elle apprit à cette époque que la construction de la Cathédrale de Cristal serait interrompue à moins de trouver un million de dollars. Elle décida de donner ce qu'elle pouvait. Elle prit la décision de vendre son cheval, Lady. Lorsqu'elle annonça que son cheval était en vente, un membre de l'église lut l'annonce et décida de l'acheter. J'amenai Carol chez l'homme et il lui donna un chèque de 450 dollars.

Puis l'homme posa à Carol certaines questions concernant Lady. « Est-ce un bon cheval ? » demanda-t-il. « Oh ! oui ! » dit Carol avec un sourire enthousiaste. « Eh bien ! continua-t-il, je ne veux pas vraiment de cheval. Je voudrais le donner à quelqu'un qui apprécierait un bon cheval. Aimes-tu vraiment les chevaux ? » « Oh ! oui ! » s'exclama Carol. « Eh bien, dit-il, je n'ai vraiment pas le temps de nourrir Lady alors voici ce que je vais faire. Je vais te redonner le cheval ; mais je veux que tu lui donnes un nouveau nom : Crystal Lady ! »

Carol était tellement emballée ! Elle téléphona immédiatement à une banque locale pour demander 450 billets de un dollar neufs qu'elle voulait mettre dans le baril le dimanche suivant. Carol apprit la leçon que nous devons tous apprendre un jour ou l'autre. Il y a d'énormes problèmes que nous pouvons surmonter, uniquement avec l'aide de Dieu. Mais pour Dieu, rien n'est impossible !

Axer sa pensée sur la possibilité, c'est prévoir le bien !

« Pratiquez la pensée axée sur la possibilité !

Moi, lumière, je suis venu dans le monde, pour que quiconque croit en moi ne demeure pas dans les ténèbres. »

(Jn 12:46)

Tous les problèmes se ressemblent. Au premier abord, ils ne se ressemblent pas, mais lorsque vous les examinez, ils sont tous semblables. Je dis que la racine de tout problème est *l'incertitude*. Un scientifique allemand a souligné ce principe il y a quelques années. Il y a dans la science un principe d'incertitude ; c'est l'incertitude qui donne naissance à ce que nous appelons des problèmes. J'ai appris que la seule solution au problème de l'incertitude est la foi. La foi consiste à affronter une incertitude avec une attitude mentale positive. Soyez confiant, allez de l'avant et vous réaliserez vos objectifs. Soyez pessimiste, vous n'avancerez pas et le pire risque de se produire.

Quel est le secret, alors, pour se débarrasser des problèmes ? Le secret est de pratiquer activement la foi. Aucun problème enraciné dans l'incertitude ne peut résister à la puissante force de la foi en Dieu. Lorsque vous pratiquez la foi, vous pratiquez la pensée axée sur la possibilité. À quel problème faites-vous face aujourd'hui ?

_____

_____

Axez votre pensée sur la possibilité ! Pratiquez la foi. Faites la liste de trois manières dont Dieu peut résoudre ce problème :

_____

_____

_____

Axer sa pensée sur la possibilité, c'est vaincre !

Pratiquez la pensée axée sur la possibilité !

« Que votre cœur ne se trouble pas ! Vous croyez en Dieu, croyez aussi en moi. »

(Jn 14:1)

Nous devons tous apprendre que pour axer sa pensée sur la possibilité, il faut se rendre vulnérable. *Si vous vous mettez dans une position où vous n'êtes pas vulnérable, vous ne prenez pas de risques. Lorsque vous ne courez aucun risque, vous ne fonctionnez pas selon la foi.*

En étudiant la vie humaine, je compare la vie d'une personne à un bilan. Certains bilans sont remarquables, alors que d'autres sont déficitaires. Certains sont positifs, d'autres sont négatifs. Certains affichent des profits et d'autres accusent la banqueroute. La différence entre le positif et le négatif, entre l'encre noire et l'encre rouge, entre les profits et la banqueroute, c'est la pensée axée sur la possibilité !

La foi et la pensée axées sur la possibilité règlent les problèmes ! La solution aux problèmes ajoute à la réussite dans la vie. Il n'y a pas de foi sans don de soi ! La personne dont la vie est en banqueroute, déficitaire, est fondamentalement égoïste. Celle dont le bilan de vie est positif n'est pas égoïste. Elle obtient toujours davantage qu'elle ne donne. Elle a pris un risque. Elle a beaucoup donné et il lui a déjà été rendu. C'est incroyable ! « Donnez et il vous sera rendu, en abondance ! »

Aujourd'hui je pratiquerai la pensée axée sur la possibilité.

Je donnerai _____

aux personnes suivantes : _____

La pensée axée sur la possibilité comporte des risques !

Pratiquez la pensée axée sur la possibilité !

« Car il n'y a pas sous le ciel d'autre nom donné aux hommes, par lequel nous devions être sauvés. »

(Ac 4:12)

Toute idée qui provient de Dieu est humainement impossible. Pour réussir, vous devez vous impliquer et vous engager avant de résoudre le problème, sinon vous ne vivez pas selon la foi. Chaque problème est le même. Il n'est que de l'incertitude. Dieu vous engage à tout risquer, votre vie, vos dons, votre âme, votre être tout entier. Puis Dieu prend la relève et transforme ce que vous Lui avec confié en un miracle.

Hier nous avons appris que la foi ou la pensée axée sur la possibilité suppose que l'on se rende vulnérable, que l'on prenne un risque. Si vous recevez une idée qui provient de Dieu, elle sera risquée.

AXEZ VOTRE PENSÉE SUR LA POSSIBILITÉ ! Car avec Dieu, tout est possible ! Pratiquez la foi. Complétez la phrase suivante :

Je crois en Dieu. Je crois qu'Il m'aidera si je prends un risque. Aujourd'hui, je me rendrai vulnérable en _____

Axer sa pensée sur la possibilité, c'est visualiser !

Pratiquez la pensée axée sur la possibilité !

« Car je sais, moi, les desseins que je forme pour vous — oracle de Yahvé — desseins de paix et non de malheur, pour vous donner un avenir et une espérance. »

(Jr 29:11)

J'ai rencontré il y a quelque temps un jeune couple venu d'une ville lointaine pour visiter notre église. C'était un couple charmant : une femme et un mari heureux. Dans ses bras, la jeune femme tenait un beau petit garçon. Alors que nous nous tenions juste à côté de la Tour de l'Espoir, ils me dirent : « Docteur Schuller, cette église nous a donné une foi réelle, une foi qui peut changer nos blessures en étoiles. Elle nous a rendus plus forts pour notre petit garçon. » Et je regardai le charmant petit bébé de trois mois, dormant dans sa couverture. « Puis-je le prendre ? » demandai-je. Alors que je tenais cette petite boule endormie, je me demandai ce qu'ils pouvaient vouloir dire. Quelles blessures ce petit enfant avait-il pu apporter dans leur vie ?

Mais avant que je ne leur demande, ils s'expliquèrent. « Vous voyez, docteur Schuller, nous venons tout juste d'apprendre que notre enfant devra se faire amputer ses deux petites jambes au-dessous du genou. Il est venu au monde dépourvu d'os entre le genou et la cheville. Dieu a vraiment utilisé l'accident de Carol pour nous aider à envisager un brillant avenir pour lui. Vous nous avez donné la foi. Nous savons qu'il sera un enfant exceptionnel et qu'il aura un avenir exceptionnel. » Nous avons ensuite joint les mains, nous avons prié ensemble et récité la promesse de Dieu contenue dans Jérémie 29:11.

Les plus grands dons de Dieu ne sont jamais des objets, mais toujours des idées et des attitudes. La joie que j'obtiens de voir ce que Dieu peut faire de ce que je Lui donne rend vraiment ma vie excitante et heureuse. Ayez confiance en Dieu et Il fera de même pour vous.

Axer sa pensée sur la possibilité, c'est se renforcer !

Pratiquez la pensée axée sur la possibilité !

N'entretenez aucun souci; mais en tout besoin recourez à l'oraison et à la prière, pénétrées d'actions de grâces, pour présenter vos requêtes à Dieu.

(Ph 4:6)

Il y a deux ans environ, j'ai été invité à me rendre à Vancouver, au Canada, pour donner une conférence devant 200 ministres environ. À l'ouverture de la conférence, je me souviens avoir rencontré le trésorier. Il était assis au bureau d'admission et avait recueilli environ 6000 dollars, qu'il avait mis dans une petite boîte de métal. Alors que la conférence allait débuter, il plaça l'argent dans l'endroit le plus sûr qu'il pouvait trouver : le coffre de son automobile. À la fin de la conférence, il se rendit au garage chercher sa voiture et découvrit qu'elle avait été volée !

Cinq ou six jours plus tard, la police retrouva la voiture abandonnée. On l'avait complètement saccagée. Un officier appela l'homme et l'informa qu'on avait retrouvé sa voiture. Mais étonnamment, lorsqu'il ouvrit le coffre, la petite boîte de métal avec les 6000 dollars était toujours là ! Le voleur n'avait pas pris la peine de regarder dans le coffre.

La vérité est que souvent nous négligeons d'envisager les plus grandes possibilités parce que nous ne pouvons nous résoudre à utiliser ce concept. L'un des plus grands concepts consiste à accorder foi aux idées les plus invraisemblables. *Lorsque vous axez votre pensée sur la possibilité, Dieu pénètre dans votre esprit et vous donne des idées qui vous permettent de développer au maximum vos possibilités.*

Axer sa pensée sur la possibilité, c'est prier !

Produisez avec la pensée axée sur la possibilité

*Les cieux racontent la gloire de Dieu, et l'œuvre de ses mains,
le firmament l'annonce.*

(Ps 19:1)

Il n'y a pas longtemps, j'étais assis à côté d'un homme dans un avion et il me demanda ce que je faisais. Je lui dis que j'étais ministre. «Et que faites-vous?» lui demandai-je. «Je suis un joueur», répondit-il, lançant nonchalamment un dollar en argent en l'air. «Croyez-vous en quelque chose?» lui demandai-je. «Oui, répondit-il, je crois que chaque chose a sa raison d'être sur la terre.» «Je suis d'accord avec cette philosophie», répondis-je. Puis, comme pour me mettre à l'épreuve, il me demanda: «Quelle est la raison d'être d'une souris?» Franchement, je ne savais quoi lui répondre. Je n'avais pas la moindre idée de ce que pouvait être la raison d'être d'une souris. Mais il avait une réponse toute prête. «La raison d'être de la souris, expliqua-t-il, est de créer des emplois.» Il continua et m'expliqua en détail combien il y a d'emplois dans notre économie qui traitent du problème des souris.

L'écologie nous a appris qu'il y a une raison d'être pour chaque chose sous le soleil. Et si le vent, l'eau, les plantes, les animaux et même les souris ont leurs raisons d'être, vous pouvez être assuré que les êtres humains ont leur raison d'être. La Bible nous enseigne que nous sommes sur la terre pour développer le potentiel créateur que Dieu nous donne afin de glorifier vraiment notre Père céleste. En agissant ainsi, nous embellissons la création de Dieu et nous améliorons le monde par notre vie.

Parce que j'ai été créé à l'image de Dieu et que je partage sa puissance créatrice, je suis rempli de ses possibilités!

Produisez avec la pensée axée sur la possibilité

« Le ciel et la terre passeront, mais les paroles ne passeront point. »

(Mt 24:35)

En une simple et brève phrase, Dieu vous fournit une clé pouvant vous aider à libérer vos possibilités : « Lance ton pain sur l'eau, à la longue tu le retrouveras. » (Qo 11:1) Si vous vous donnez à une cause, vous en retirerez de multiples bénédictions.

Lorsque j'ai commencé à étudier ce verset, j'en suis venu à la conclusion qu'il n'avait vraiment pas beaucoup de sens. Si vous lancez des graines sur l'eau, elles flotteront et reviendront au rivage, à condition que le courant soit dans la bonne direction. Mais si vous lancez du pain sur l'eau, il se décomposera. S'il revient au rivage, je ne crois pas que quiconque le mangera. Le texte n'a pas beaucoup de sens à moins que l'on ne se rende compte que cette phrase a été dite dans un contexte culturel où le poisson constituait la base de l'alimentation. Si vous lancez du pain sur l'eau, il ne sera pas comestible mais il attirera le poisson à la surface où on pourra le prendre au filet.

C'est ce que le rédacteur de l'Ecclésiaste avait à l'esprit. Si vous avez faim, prenez votre pain et lancez-le sur l'eau. Vous perdrez votre pain, mais vous aurez en retour un repas pour toute la famille.

De la même manière, une idée en apparence insignifiante, et même stupide aux yeux de certains, peut, si elle est adéquatement développée, receler un énorme potentiel. En donnant à Dieu, votre don vous sera rendu multiplié.

Je réalise que l'idée la plus incroyable, la plus impossible, peut être très précieuse si Dieu en fait partie.

Produisez avec la pensée axée sur la possibilité

« Qui est de Dieu entend les paroles de Dieu. »

(Jn 8:47)

Pendant plusieurs mois à la suite de l'accident qui a nécessité l'amputation de sa jambe, ma fille Carol se servait d'un fauteuil roulant. Jusque là, elle n'avait jamais réalisé les problèmes inhérents à l'utilisation du fauteuil roulant. Puis un jour, j'ai reçu une lettre en provenance de Waterville, Ohio. Elle provenait d'un homme qui avait imaginé, six ans auparavant, un dispositif permettant de fixer un fauteuil roulant à une automobile. Mais tous ceux à qui il en parlait disaient: « Quelle idée stupide. Qui a besoin de cela? » Il ne recevait d'encouragement ni de sa famille, ni de son banquier, ni de ses amis. « Mais tous les dimanches, écrivait-il, je recevais de l'encouragement d'une personne, le docteur Schuller, qui disait: 'Croyez que vous pouvez le faire et vous le ferez.' Docteur Schuller, poursuivait-il, le dispositif est maintenant en production et viendra en aide à beaucoup de personnes, mais je n'aurais jamais tenté de réussir sans vous. »

En quelle idée croyez-vous, même si les autres l'ont déjà rejetée?

Aujourd'hui je suis prêt, attendant et désireux de progresser avec la pensée axée sur la possibilité!

Produisez avec la pensée axée sur la possibilité

... Mettez-vous au service les uns les autres.

(Ga 5:13)

«Lance ton pain sur l'eau, à la longue tu le retrouveras.» Cette phrase contient trois messages d'une importance vitale. Premièrement, cette phrase *vous avertit que ce que vous allez fournir vous reviendra.* Elle vous protège contre un danger potentiel. L'une des vérités les plus fondamentales de la vie est que *lorsque vous avez une pensée négative, vous obtenez un résultat négatif.* Une idée négative peut se manifester à un moment d'apitoiement sur son sort, de jalousie, de ressentiment ou de colère, et même un innocent moment de mauvaises pensées envers quelqu'un peut être très destructeur ultimement.

N'oubliez jamais que lorsque vous réagissez à une pensée négative, elle vous reviendra. À quelle pensée négative avez-vous réagi cette semaine? La confession mène au pardon et le pardon amène la réconciliation. La réconciliation rétablit les relations et une relation avec Dieu génère de la *puissance*!

Seigneur, aujourd'hui je confesse avoir réagi à cette pensée négative : _____

_____

_____

Pardonnez-moi, Père, pour mes pensées négatives. Laissez mon esprit s'inspirer des belles vérités que Vous m'avez fait connaître.

Produisez avec la pensée axée sur la possibilité

«... Pourvu que je mène à bonne fin ma course et le ministère que j'ai reçu du Seigneur Jésus...»

(Ac 20:24)

« Lance ton pain sur l'eau, à la longue tu le retrouveras. » Ce verset est aussi *la promesse qu'en réagissant à des pensées positives, leurs effets se multiplieront rapidement.*

La semaine dernière, j'ai donné une conférence lors d'un congrès dirigé par Jim Jackson, du Kansas. «Il y a sept ans, docteur Schuller, commença Jim, j'avais 55 ans et j'étais sans le sou. Plusieurs disaient que je ne pourrais pas me trouver du travail. Alors lorsque vous avez 55 ans, que vous êtes sans le sou et sans travail, qu'est-ce que vous faites? Vous vous faites imprimer une carte d'affaires et vous vous qualifiez d'expert conseil.» Et c'est ce qu'il fit. Il se joignit à une organisation appelée United Farm Agencies et travailla à leur service pendant un certain temps. Il s'aperçut qu'ils avaient un principe qui consistait à réunir diverses agences immobilières d'Amérique dans le but de vendre des fermes. «Cela serait une excellente idée si on l'appliquait aux maisons», pensa-t-il. Alors il entra en contact avec une vingtaine de courtiers en immobilier et les réunit dans un ordinateur en coordonnant leurs diverses listes. C'est ainsi que sa compagnie commença il y a sept ans.

Tous les grands projets commencent à partir d'idées simples. Faites confiance à Dieu et vous bénéficierez de ressources dont vous ne soupçonnez même pas l'existence.

> *Même s'il y a des moments où je suis seul, je sais que Vous êtes à mes côtés. Et ensemble, nous réussirons!*

Produisez avec la pensée axée sur la possibilité

Ne nous lassons pas de faire le bien; en son temps viendra la récolte, si nous ne nous relâchons pas.

(Ga 6:9)

«Lance ton pain sur l'eau, à la longue tu le retrouveras.» Cette phrase est aussi une *invitation à la foi. C'est une invitation à être un plus grand croyant parce que ce que Dieu vous demandera ne vous semblera pas sensé.* «Lancer son pain sur l'eau? demandez-vous peut-être. Mais le pain est la dernière chose qu'il me reste à manger! Laisser tomber le dessert n'est pas trop dommage, mais la nourriture fondamentale est le pain et l'eau.»

Lorsque Dieu vous demande de «lancer votre pain», *c'est une invitation à la croyance dynamique!* Lorsqu'une grande idée nous vient de Dieu, elle est toujours d'une telle dimension que pour la réaliser, nous devons avoir assez de foi pour nous placer dans une position où la possibilité d'échec semble inévitable.

Quels projets avez-vous en tête ou sur votre bureau aujourd'hui, et que vous avez négligés parce que vous craignez l'échec? Dressez-en la liste. Et dressez ensuite la liste des premières étapes à franchir. «Lance ton pain sur l'eau...»: C'est une invitation à une foi plus grande que ce que vous ayez jamais eu.

	Mon projet	Ma première étape
1.	_____	_____
2.	_____	_____
3.	_____	_____

> *Merci, Seigneur, pour le courage qui provient de ma confiance en Vous. Je sais que commencer, c'est faire la moitié du chemin!*

Produisez avec la pensée axée sur la possibilité

Décharge sur Yahvé ton fardeau et lui te subviendra, il ne peut laisser à jamais chanceler le juste.

(Ps 55:23)

Comme je vous l'ai dit plus tôt, lorsque nous avions besoin d'un million de dollars pour poursuivre la construction de la Cathédrale de Cristal il y a deux ans, ma fille Carol décida qu'elle allait vendre son cheval pour la somme de 450 dollars et offrir cet argent à l'église. Elle vendit le cheval pour 450 dollars à quelqu'un qui le lui redonna sur-le-champ.

Peu après cet incident, on m'avertit au téléphone qu'un avion avait quitté New York et se poserait dans quelques heures à Los Angeles, en Californie. Dans l'avion se trouvait un poulain arabe pur sang de sept mois, un cadeau pour Carol Schuller. C'était tout un événement que de regarder l'avion se poser et de voir cette créature princière et fière émerger de la soute, l'un des poulains primés et destinés aux Imperial Farms appartenant à Doug Griffith. Aujourd'hui, cette merveilleuse créature se pavane comme un prince sur notre propriété!

Dieu multiplie vraiment ses bénédictions. Lorsque nous Lui donnons le meilleur de nous-mêmes, Il nous le rend au centuple. Parfois, lorsque nous avons l'impression d'avoir subi un important échec, nous pouvons penser que nous ne valons rien. Mais souvenez-vous que Dieu vous voit et vous aime non seulement pour ce que vous êtes, mais pour ce que vous pouvez devenir. Lorsque vous mettez votre foi en Lui, vous pouvez devenir un conducteur pour une idée inspirée de Dieu qui aura un impact favorable sur votre famille, votre église, votre communauté, votre compagnie et vous-même.

Dieu seul connaît les merveilleuses possibilités infinies attendant de se concrétiser en moi!

Produisez avec la pensée axée sur la possibilité

« De toutes manières je vous l'ai montré : c'est en peinant ainsi qu'il faut venir en aide aux faibles et se souvenir des paroles du Seigneur Jésus, qui a dit lui-même : Il y a plus de bonheur à donner qu'à recevoir. »

(Ac 20:35)

Le mot succès est un mot noble, et je veux vous révéler comment y parvenir. Quel est le principe du succès ? Je vais vous le résumer en une phrase : CHOISISSEZ L'ATTITUDE DU VAINQUEUR, AXEZ VOTRE PENSÉE SUR LA POSSIBILITÉ !

Dieu veut que vous réussissiez. Il vous a créé et Il vous réserve un merveilleux dessein. L'affirmation de votre foi en votre succès personnel est la première étape vers une attitude de vainqueur. Dites-vous : « Je veux réussir. Je réussirai. »

Dans un journal publié pour la première fois en 1915, Freud a souligné avec beaucoup de sagesse et de justesse qu'il y a des gens qui recherchent la crainte. Juste au moment où ils semblent sur le point d'atteindre la réussite, ils ratent leur coup. Ils prennent une mauvaise décision. Ils s'immobilisent avec fermeté et refusent de progresser, de signer le contrat ou de faire face au défi. L'explication psychologique de ce phénomène pourrait prendre plusieurs volumes, alors le mieux que je peux faire est de vous révéler une technique de guérison thérapeutique rapide pour vous aider à surmonter cette crainte du succès. Cette technique est l'affirmation positive de votre désir et de votre volonté de réussir. Affirmez-vous que vous oserez réussir. Vous désirez réussir parce que vous le méritez. Pratiquez la pensée axée sur la possibilité. Ça marche !

Merci, Père, de votre amour. Je réussirai pour Vous.

Je suis un enfant de Dieu, donc je mérite de réussir ! Je place ma foi en Dieu et je réussirai !

Produisez avec la pensée axée sur la possibilité

Mais en tout cela nous sommes les grands vainqueurs par celui qui nous a aimés.

(Rm 8:37)

Lorsque j'étais à Londres il y a environ deux ans, j'ai visité une salle où, il y a de nombreuses années, un banquet avait été donné en hommage à un homme du nom de Mallory. Au cours des années 1920, Mallory a dirigé une expédition pour essayer de conquérir le mont Everest. La première expédition échoua, de même que la seconde. Alors, avec une équipe des plus compétentes, Mallory fit une troisième tentative. Mais en dépit d'une planification soignée et de mesures de sécurité extrêmes, un désastre se produisit. Une avalanche se déclencha, et Mallory et la plupart de ses compagnons furent tués.

Lorsque les quelques survivants revinrent en Angleterre, ils organisèrent un somptueux banquet en hommage aux grands hommes de l'ultime expédition de Mallory. En se levant sous les applaudissements, le leader des survivants jeta un coup d'œil aux portraits de Mallory et de ses camarades morts qui ornaient les murs de la salle.

Les larmes aux yeux, il s'adressa à la montagne au nom de Mallory et de ses amis. « Je te parle, mont Everest, au nom de tous les braves hommes actuels et à venir, commença-t-il. Mont Everest, tu nous as vaincus une fois ; tu nous a vaincus deux fois ; tu nous as vaincus trois fois. *Mais mont Everest, un jour nous te vaincrons, parce que tu ne peux grandir et nous le pouvons !* »

Lorsque vous connaissez des problèmes, rassurez-vous : Ils ne peuvent grandir, mais vous le pouvez ! Axez votre pensée sur la possibilité !

> *Merci, mon Dieu, pour les montagnes qui se transforment en miracles !*

La promesse de noël

La promesse de Noël : la paix

« Je vous laisse ma paix ; c'est ma paix que je vous donne. »
(Jn 14:27)

L'obscur ciel hivernal se remplit soudain de gloire alors que le chœur des anges chantait : « Paix sur la terre aux hommes de bonne volonté. » C'est là la promesse qu'a faite le Père céleste au monde entier. Malgré cela, pour plusieurs d'entre nous, Noël n'est pas synonyme de paix, mais de stress, de tension et de crainte.

Peut-être êtes-vous submergé par la course effrénée des achats de Noël. Pouvez-vous y trouver la paix ? Peut-être avez-vous de la difficulté avec votre mariage. Vous craignez que ce soit votre dernier Noël ensemble. Pouvez-vous y trouver la paix ? Peut-être souffrez-vous d'une maladie en phase terminale. Pour vous, il peut s'agir de votre dernier Noël. Pouvez-vous y trouver la paix ?

Oui ! Les anges avaient raison lorsqu'ils ont dit : « Paix sur la terre aux hommes de bonne volonté ! »

Dans quelle situation devez-vous trouver la paix aujourd'hui ?

Quelle que soit la situation dans laquelle je me trouverai aujourd'hui, je peux y trouver la paix !

La promesse de Noël : la paix

Ayant donc reçu notre justification de la foi, nous sommes en paix avec Dieu par notre Seigneur Jésus Christ... Nous nous glorifions encore des tribulations, sachant bien que la tribulation produit la constance, la constance une vertu éprouvée, la vertu éprouvée l'espérance.

(Rm 5:1-3)

Qu'est-ce que la paix ? Est-ce l'absence de stress ? Est-ce l'absence de tension ? Est-ce l'absence de crainte ?

Non. Et ce n'est pas ce que les anges ont promis, non plus ce que nous voulons. Une corde de violon est inutile si elle est détendue, même sur le plus merveilleux instrument. Mais lorsqu'elle a la tension appropriée, elle répand son chant dans les plus vastes salles de concert.

Il en est de même avec nous. Les tensions peuvent générer des forces en nous en nous aidant à tirer le maximum de nos dons et de nos talents.

C'est là la promesse des anges. Que nous puissions trouver la paix au milieu des tensions et du stress, une paix qui fera de nous tout ce que nous voulons devenir.

Comment la situation que vous avez décrite hier peut-elle vous aider et vous transformer en la personne que vous voulez devenir ?

Rapprochez-vous de Jésus et transformez votre stress en sérénité !

La promesse de Noël : la paix

« Je vous ai dit ces choses pour que vous ayez la paix en moi. Dans le monde vous aurez à souffrir. Mais gardez courage ! J'ai vaincu le monde. »

(Jn 16:33)

Alors, si vous acceptez le don de la paix, je ne dis pas que vous n'aurez jamais de problèmes. Pas du tout ! Mais cela veut dire, cependant, que les problèmes ne vous déprimeront pas, *mais qu'ils vous indiqueront les possibilités de croissance.* Ce ne sont pas les problèmes qui vous nuisent, mais ce que vous leur permettez de vous faire qui est important dans la vie.

Le plus grand problème auquel je fais face aujourd'hui est :

_____

_____

Avec l'aide de Dieu, je vais _____

_____

_____

> *Je peux choisir la façon dont mes problèmes m'affecteront. Je choisirai la paix aujourd'hui !*

La promesse de Noël : la paix

Avec cela, que la paix du Christ règne dans vos cœurs...
(Col 3:15)

L'une des plus grandes périodes de l'année est la période des 24 jours qui précèdent Noël. Nous sommes soudainement confrontés à un effrayant délai : cadeaux à acheter, nourriture à préparer, etc. À mesure que croît la tension, les magasins sont de plus en plus bondés, les parcs de stationnement débordent et graduellement, nous commençons à sentir que nous allons exploser.

La tension est inévitable.

Nous ne pouvons y échapper. Mais nous pouvons l'accepter et la mettre à profit lorsque nous :

1. ÉTABLISSONS NOS PRIORITÉS,
2. RECONNAISSONS LES RÉALITÉS et, par conséquent,
3. DIMINUONS NOS HOSTILITÉS.

Il n'y a qu'un certain nombre d'heures dans une journée. Nous pouvons trouver la paix au milieu de l'agitation de Noël si nous nous arrêtons à ce qui importe vraiment et à ces choses de la vie auxquelles nous accordons beaucoup de valeur.

Quelles sont réellement vos priorités et vos valeurs ? Réfléchissez dès maintenant à ces conseils générateurs de paix.

> *Je trouverai la paix en me souvenant de mes priorités et de ce qui importe vraiment !*

La promesse de Noël : la paix

... Chercher la paix et la poursuivre.

(1 P 3:11)

Nous pouvons réduire les tensions génératrices d'hostilité de la période de Noël en étant prévoyants.

Faites la liste de tout ce que vous devez faire aujourd'hui pour que Noël soit plus calme pour vous et ceux que vous aimez :

1.

2.

3.

4.

5.

6.

7.

8.

9.

10.

Relisez maintenant ce que vous avez écrit. Qu'est-ce qui est le plus important ? C'est par cela que vous devez commencer. Alors, même si vous manquez de temps, vous aurez la satisfaction d'avoir terminé les projets qui importent le plus.

> *Je rechercherai activement la paix cette année en étant prévoyant.*

La promesse de Noël : la paix

«... Pour illuminer ceux qui demeurant dans les ténèbres et l'ombre de la mort, afin de guider nos pas dans le chemin de la paix. »

(Lc 1:79)

Cette année, en faisant notre liste de cadeaux à tous ceux que nous aimons, nous oublions inévitablement quelqu'un de très important : nous-mêmes !

Si nous pouvions avoir tout ce que nous voulons pour Noël, que demanderions-nous ?

Une nouvelle maison ? Une nouvelle automobile ? Un nouvel amour ? Un nouvel emploi ?

Le don le plus grand et le plus merveilleux que vous pourriez recevoir cette année serait la paix de l'esprit. C'est la paix qui résulte de la connaissance de l'amour et de la miséricorde de Jésus-Christ.

Quels que soient les problèmes auxquels vous faites face aujourd'hui, votre Noël peut vous apporter la paix de l'esprit pour toujours.

Sentez-vous l'amour et la miséricorde de Jésus-Christ ? Consacrez le moment présent à vous rapprocher de Lui. « Je vous laisse ma paix. » (Jn 14:27)

Je m'accorderai le don de la paix cette année en suivant Jésus.

La promesse de Noël: la paix

N'entretenez aucun souci; mais en tout besoin recourez à l'oraison et à la prière, pénétrées d'actions de grâces, pour présenter vos requêtes à Dieu. Alors la paix de Dieu, qui surpasse toute intelligence, prendra sous sa garde vos cœurs et vos pensées, dans le Christ Jésus.

(Ph 4:6,7)

Jésus apporte la paix dans les moments de tourments. Mais le travail d'entretien nous incombe. Vous pouvez conserver la paix si vous:

PRIEZ pour demander à Dieu de vous aider et de vous guider aujourd'hui et demain.
EFFACEZ vos soucis en adoptant une attitude d'espoir.
ACCEPTEZ les réalités qui ne peuvent être changées.
CONSACREZ vos limites et vos attentes à Dieu.
ESPÉREZ ce qu'il y a de mieux!

Faites-le maintenant dans le calme de la prière. Pensez aux soucis, aux réalités, aux limites, et permettez à Dieu de vous apporter la paix!

Je prends la résolution de vivre dans la paix de Dieu chaque jour en Priant, en Effaçant, en Acceptant, en Consacrant et en Espérant!

La promesse de Noël : la joie

« Tu auras joie et allégresse, et beaucoup se réjouiront de sa naissance. »

(Lc 1:14)

Plusieurs trouvent que Noël est une époque joyeuse, mais pour certains c'est une période de dépression. Chaque psychiatre, psychologue ou pasteur qui conseille les gens sait que c'est une saison difficile pour bien des gens. Des souvenirs tragiques reviennent à la surface et provoquent des états d'esprit désagréables et tristes. L'esprit des Fêtes se transforme alors en « tristesse de Noël ».

Je rencontré quelqu'un l'autre jour qui m'a dit : « Ce sont ces chants de Noël qui me dépriment. » Et je lui ai suggéré : « Pourquoi ne chassez-vous pas cette tristesse de Noël en prenant les moyens appropriés ? » « Que voulez-vous dire ? » demanda-t-il. Je répondis : « Si les chants de Noël vous attristent, il y a des moyens qui peuvent vous apporter la joie. » Ces quatres moyens sont :

— LA GRATITUDE
— L'ATTITUDE
— L'ALTITUDE
— LA SOLITUDE

Chassez la tristesse de Noël ! Expérimentez la joie de Noël. Prenez les moyens appropriés !

Je vais prendre les moyens appropriés à Noël et transformer ma tristesse en Bonnes Nouvelles !

La promesse de Noël : la joie

Mais l'ange leur dit : « Soyez sans crainte, car voici que je vous annonce une grande joie, qui sera celle de tout le peuple : aujourd'hui vous est né un Sauveur, qui est le Christ Seigneur, dans la ville de David. »

(Lc 2:10,11)

Il y a quelques années, j'ai écrit un petit livre sur la façon d'obtenir la joie à l'époque de Noël. En réalité je n'ai rien écrit. Tout ce que j'ai fait, ç'a été d'écrire la lettre A sur une page blanche, la lettre B sur la page suivante, et ainsi de suite. Et je disais que ce livre vous garantissait la joie, mais que vous deviez finir de l'écrire.

Si vous voulez trouver la joie dans les moments difficiles, vous n'avez qu'à faire preuve de GRATITUDE. Pensez à tout ce qui pourrait justifier votre reconnaissance.

A. _____

B. _____

C. _____

D. _____

E. _____

F. _____

G. _____

H. _____

I. _____

J. _____

---

*Il y a tant de choses dont je peux être reconnaissant !
J'ai vraiment été béni ! La vie est fantastique !*

La promesse de Noël : la joie

La joie et l'allégresse les accompagneront, la douleur et les plaintes cesseront.

(Is 35:10)

Après avoir fait preuve de gratitude à Noël, amplifiez votre joie avec le second moyen : L'ATTITUDE. L'attitude de Noël en est une d'altruisme plutôt que d'égoïsme. C'est ce qui vous libère ! Cela fait des merveilles ! Lorsque vous êtes déprimé, vous vous concentrez sur vous-même. Les idées sombres, la tristesse, la peine, le manque de joie et la dépression résultent toujours d'un mode de pensée ou d'un sentiment égocentrique. « Je n'ai pas eu ce que je voulais... Je n'ai pas réussi... J'ai perdu quelque chose, rien ne va comme je le voudrais. » Mais l'attitude de Noël est exactement le contraire : « Je ne pense pas à moi. Je vais penser aux autres. »

Inscrivez les noms de ceux qui pourraient bénéficier de votre sourire, de votre aide ou de vos prières aujourd'hui.

_____

_____

_____

_____

Si je pense aux autres, ma tristesse se changera en joie !

La promesse de Noël : la joie

« Telle est ma joie, et elle est complète. Il faut que lui grandisse, et que moi je décroisse. »

(Jn 3:29,30)

Benny Tee était l'un de mes très bons amis. Il possédait un petit magasin de chaussures près de chez moi. Un jour de Noël, je lui demandai : «Quel est le meilleur Noël que vous ayez jamais eu?» Il dit : «La réponse est facile.» Et il se mit à me raconter son histoire. Deux semaines avant Noël, un homme pauvre entra dans le magasin de Benny. Il examina les chaussures autour de lui, puis il demanda : «Êtes-vous monsieur Tee?» Et Benny dit : «Oui.» «Je désire une paire de chaussures spéciales pour mon fils.»

À côté de lui se tenait un garçon de onze ans vêtu de guenilles. Benny se pencha et s'aperçut que le garçon avait un pied bot. Son père expliqua : «La chose que mon fils désire le plus pour Noël est une paire de chaussures comme celles des autres enfants. Pourriez-vous lui en fabriquer?» Benny dit : «Oui, mais il me faudra du temps. Je dois commander du cuir spécial. Je ne peux vous les promettre pour Noël.»

Le cuir n'arriva pas avant le 24 décembre. Benny travailla jusqu'à quatre heures du matin le jour de Noël. Mais lorsque Benny Tee livra avec amour les chaussures spéciales à la maison du jeune homme, lui, Benny Tee, reçut le plus beau cadeau de Noël de sa vie. *Il reçut la joie!*

Je recevrai le don de la joie cette année en me donnant aux autres!

La promesse de Noël : la joie

De fait, j'ai eu grande joie et consolation en apprenant la charité...

(Phm 1:7)

La gratitude et l'attitude vous donnent de l'ALTITUDE ! L'altitude est la capacité de vous libérer soudain, de transcender vos blessures, vos peines, vos rejets, vos problèmes et vos regrets, et de vous élever au-dessus d'eux ! Vous avez besoin de cette altitude. Si vous êtes reconnaissant et si vous avez l'attitude de donner aux autres, vous connaîtrez l'altitude. Soudain vous obtiendrez la joie ! Vous vous élèverez au point où vous saurez que vous êtes important ! Vous vous envolerez dans l'espace ! Vous irez en orbite ! Vous gagnerez de l'altitude en dépit de vos problèmes. Dieu Se sert de vous pour aider quelqu'un. Rien ne donne plus de joie que de savoir que l'on vous utilise pour aider quelqu'un.

Écrivez ce que vous avez ressenti lorsque vous avez aidé quelqu'un le 10 décembre.

_____

_____

_____

_____

La joie ! Je la recevrai aussitôt que je donnerai !

La promesse de Noël : la joie

« Je vous dis cela pour que ma joie soit en vous et que votre joie soit complète. »

(Jn 15:11)

L'un de mes favoris a toujours été David Nelson. Lorsque David était au niveau secondaire, on lui découvrit une maladie caractérisée par la dégénérescence du système nerveux. Vous ne pouvez marcher ou parler, mais le cerveau n'est pas affecté. Les médecins croyaient que David devrait quitter l'école, mais ses camarades l'exhortèrent à continuer.

Ses camarades lui faisaient la lecture à tour de rôle parce que sa vue flanchait. Lorsqu'il se retrouva confiné à un fauteuil roulant, ils le transportaient dans les escaliers, lui permettant de se rendre à sa classe. Ils ne voulaient pas qu'il abandonne !

Lorsqu'arriva la remise des diplômes et que vint le tour de David, deux joueurs de football soulevèrent son fauteuil roulant et le hissèrent sur l'estrade. Tous les étudiants se levèrent et applaudirent comme pour dire : « Nous avons réussi, n'est-ce pas, David ? »

David avait découvert les moyens appropriés. Il les avait trouvés dans sa façon de vivre et nous les a transmis à sa dernière remise des diplômes, pour être aux côtés de Jésus pour toujours.

Jésus est notre joie ! Aujourd'hui et pour l'éternité !

La promesse de Noël : la joie

Que le Dieu de l'espérance vous donne en plénitude dans votre acte de foi la joie et la paix...

(Rm 15:13)

Les moyens appropriés pour Noël : la gratitude, l'attitude, l'altitude et, le dernier de ces moyens, la SOLITUDE. Comment obtient-on ce genre de gratitude, d'attitude et d'altitude ? Par la solitude ! Vous avez probablement été tellement pressé par la vie que vous n'avez jamais pris le temps d'être seul avec Dieu et avec Jésus-Christ. Je veux vous suggérer quelque chose. Trouvez un endroit où on ne vous dérangera pas et passez quelque temps tout seul. J'essaie de courir tous les matins. C'est mon moment de solitude. Lorsque je cours avec les yeux ouverts, je suis seul avec Dieu et je Le remercie de toutes ses bénédictions.

Dieu peut Se servir de nous. Il peut nous diriger vers ceux qui ont besoin de notre aide. Lorsque nous offrons notre aide aux autres, nous sommes libérés de notre mode de pensée égocentrique. Et nous connaissons la joie de donner tel que l'exprime le verset des Actes des Apôtres : « Il est plus agréable de donner que de recevoir. » (Ac 20:35)

Dieu a un merveilleux dessein pour votre vie. Son dessein est de Se servir de vous pour donner de la joie ! Comment ! En vous fournissant les moyens appropriés à l'occasion de Noël.

Je prendrai le temps aujourd'hui et tous les autres jours d'être seul avec Dieu et de sentir la joie et la paix de Jésus envahir mon être tout entier.

La promesse de Noël: l'amour

« Car Dieu a tant aimé le monde qu'il a donné son Fils unique,
afin que quiconque croit en lui ne se perde pas, mais ait la vie
éternelle. »

(Jn 3:16)

Quel est le plus grand besoin dans le monde d'aujourd'hui?
Le monde a besoin d'énergie, d'accord. Mais il a besoin de
quelque chose de plus que l'énergie. La nourriture? La nourriture est un besoin urgent, mais ce n'est pas le problème le plus
grave. De quoi, alors, avons-nous besoin encore plus que la
nourriture et l'énergie? Mon ami, il s'agit de l'amour. Je connais des gens, et vous en connaissez aussi, qui ne manquent pas
de biens matériels. Ils ont de la nourriture, des vêtements et de
l'argent; ils ont des richesses; ils ont la santé physique; mais ils
n'ont pas l'amour! Et ils sont constamment en lutte avec eux-
mêmes. Ils ont des problèmes avec les gens et ils ont des problèmes avec Dieu.

Lorsque Jésus est venu au monde à l'époque de Noël, il est
descendu sur la terre un esprit qui y est encore aujourd'hui, et
rien ne peut chasser cet esprit de lumière. Cette lumière est le
don d'amour de Noël en action!

Avez-vous la lumière de l'amour dans votre vie à l'occasion
de Noël? Sinon, Dieu peut vous faire ce don. Si vous avez cet
amour, donnez-le à quelqu'un d'autre.

> *Je n'oublierai pas de mettre l'amour sur ma liste de*
> *cadeaux de Noël.*

La promesse de Noël : l'amour

« Tu aimeras ton prochain comme toi-même. »

(Mt 22:39)

Rien ne peut vous faire plus de bien que d'avoir l'occasion de faire un acte d'amour envers quelqu'un. Noël constitue un rappel et une occasion d'être généreux dans un geste d'amour et d'affection pour votre prochain. C'est pourquoi beaucoup de gens découvrent la promesse de Noël : L'AMOUR !

Le plus grand besoin au monde de nos jours est l'AMOUR ! L'amour profond ! Vous pouvez être l'intermédiaire de Dieu. Vous pouvez être l'outil de Dieu. La promesse d'amour de Noël n'est pas seulement la promesse de Dieu pour vous, mais pour tout le monde !

Dans l'un des bureaux de la Tour de l'Espoir, il y a une banière sur laquelle on peut lire : « Il est possible de donner sans aimer, mais il est impossible d'aimer sans donner. » Le dessein de Dieu est de Se servir de vous pour dispenser de l'amour. C'est la raison d'être de la fête de Noël ! Son dessein est de vous donner son amour, pour que vous le donniez ensuite à d'autres.

À qui donnerez-vous de l'amour aujourd'hui ? Inscrivez cinq noms :

_____

_____

_____

_____

_____

Il est possible de donner sans aimer, mais il est impossible d'aimer sans donner.

La promesse de Noël : l'amour

« Aimez vos ennemis, faites du bien à ceux qui vous haïssent, bénissez ceux qui vous maudissent, priez pour ceux qui vous diffament. »

(Lc 6:27,28)

Ce que je vous donne aujourd'hui est un exercice d'amour qui fonctionnera à coup sûr dans votre vie quotidienne. J'ai appris cette méthode de mon ami le regretté docteur Frank Laubach, l'un des grands missionnaires et hommes d'État internationaux du XXe siècle. Je me souviens d'avoir entendu le docteur Laubach dire qu'il avait eu de la difficulté à aimer une personne qui était revêche. Et cela l'ennuyait vraiment parce qu'il savait, en tant que chrétien dévoué, qu'il devait aimer tout le monde. Il décida finalement de faire face à son problème ouvertement et honnêtement au moment de la prière.

Il dit : « Seigneur, vous savez que je suis un être humain et que je ne suis pas parfait. Je dois aimer cette personne mais je ne le peux pas. Mais je ne veux pas m'opposer à Vous, alors aimez-la à travers moi. » Sa prière terminée, il leva la main et dit : « Jésus, viens dans la paume de ma main, répands-toi dans mon bras, mon épaule et mon cœur. » Puis, étendant son autre bras et pointant du doigt la personne imaginaire, il dit : « Jésus, je ne peux l'aimer, mais tu le peux ! » Puis il me dit avec enthousiasme : « J'ai attendu et j'ai senti Jésus passer dans mon bras et remplir mon cœur d'amour. »

Qui avez-vous du mal à aimer ces temps-ci ? Essayez cet exercice dès maintenant. Répétez cette prière :

« Jésus, je ne peux aimer _____, mais je ne veux pas m'opposer à Vous. Allez-y. Aimez _____ à travers moi ! »

L'amour est comme les autres exercices. Plus vous y travailler, et plus il devient fort.

La promesse de Noël: l'amour

Quant à nous, aimons, puisque lui nous a aimés le premier.
(1 Jn 4:19)

J'ai raconté l'histoire du docteur Laubach et du secret de son amour dans un sermon du dimanche. Quelques jours plus tard, je recevais un appel téléphonique d'un éminent homme d'affaires qui avait assisté au sermon. D'une voix excitée, il dit: «Docteur Schuller, ça marche! Ça marche! Je suis allé travailler lundi matin et un vendeur des plus désagréables que je rencontre deux fois par année m'attendait à mon bureau. Cette fois, j'ai décidé d'essayer l'exercice d'amour de Laubach.

«C'était étonnant. On aurait dit une autre personne. Il était vraiment gentil!»

Je lui ai demandé: «Croyez-vous qu'il était différent, ou croyez-vous que vous étiez différent? Qui a vraiment changé? C'est vous, probablement, qui étiez différent!» Et il a compris.

Car aussitôt que vous cessez de vous opposer à Dieu et que vous permettez à Jésus-Christ d'envahir littéralement votre vie, vous êtes transformé! Vous êtes changé! Vous subissez l'influence! Puis vous tirez le meilleur des autres parce que le Christ envahit réellement votre vie.

Lorsque nous puisons à même l'amour de Dieu, nous sommes tout à coup capables de voir les autres comme Il les voit, c'est-à-dire comme des ÊTRES MERVEILLEUX!

La promesse de Noël : l'amour

Car tel est le message que vous avez entendu dès le début : nous devons nous aimer les uns les autres...

(1 Jn 3:11)

Je n'oublierai jamais un été où j'ai voyagé en Grèce avec un petit groupe. Dans ce groupe, il y avait une dame de 82 ans. Je l'appelais « Sweetie ». Elle était frêle, petite et mince, mais elle était très courageuse et ne voulait rien manquer. Alors, bien qu'elle fût bien fatiguée, elle insista pour venir au théâtre d'Euripide assister à une pièce.

La pièce était à peine commencée que Sweetie tomba vers l'avant. Le siège n'avait pas de dossier. Avant que je puisse lui venir en aide, une paysanne grecque se pencha, prit Sweetie par les épaules et la tira lentement à elle, jusqu'à ce que la vieille dame fatiguée fût appuyée sur ses genoux. Elle soutint Sweetie pendant toute la pièce de théâtre !

Ça, c'est de l'amour ! C'est un langage international. Les deux femmes ne se sont jamais parlé. Mais elles utilisaient un autre langage, un langage qui transcende les nations ! L'amour de Jésus ! Il est universel et le besoin est si intense.

> *L'amour n'est pas l'amour jusqu'à ce que vous le donniez.*

La promesse de Noël : l'amour

Jésus lui dit : «Pais mes agneaux.»

(Jn 21:15)

De quoi le monde a-t-il besoin ? D'amour ! Personne n'a démontré son amour pour le monde de façon plus merveilleuse que Bob Pierce. Tout a commencé au cours des années 1940. Bob était missionnaire en Chine.

Un jour, il y rencontra une femme de Holland, au Michigan, du nom de Tina Holkeboer. Il la connaissait. Tina était l'une de ces femmes puissantes, indépendantes, vigoureuses et franches ! Bob Pierce traversait le village lorsqu'il l'aperçut. Elle tenait par la main une petite fille de quatre ans. Tina dit : «Comment vas-tu, Bob ? Que fais-tu par les temps qui courent ?» «Je prêche l'évangile» répondit-il.

Alors elle prit la petite fille et dit : «Tiens, Bob, attrape !» Et la petite fille se retrouva dans ses bras ! «Tu prêches l'amour de Jésus, maintenant mets-le en pratique, s'exclama-t-elle. Prends soin de cette petite fille.» «Que veux-tu dire?» demanda-t-il. «Tout simplement, répondit-elle, qu'elle est à toi !» «C'est impossible», dit-il. «Désolée, expliqua Tina, j'en ai six autres comme elle et je ne peux en élever d'autres. Occupe-toi d'elle. Bonjour.»

Et c'est ainsi que débuta un mouvement appelé World Vision. Jésus est venu apporter son amour au monde entier à travers vous et moi.

Qui puis-je nourrir de mon amour aujourd'hui ?

La promesse de Noël : l'amour

« *Car Dieu n'a pas envoyé son Fils dans le monde pour juger le monde, mais pour que le monde soit sauvé par lui.* »

(Jn 3:17)

Quelque chose s'est produit à l'époque de Noël, et le monde n'a plus jamais été le même. Ce qui s'est produit, ce n'est pas la naissance d'une nouvelle religion, mais d'un Dieu d'amour éternel révélant son véritable cœur afin que tout le monde le connaisse. Je n'oublierai jamais l'archevêque Fulton Sheen, qui disait : « Si Dieu devait Se révéler aux chiens, il n'y aurait qu'une manière de la faire. Il devrait devenir un chien. Si Dieu voulait Se révéler aux oiseaux, Il devrait devenir un oiseau. Lorsque Dieu a voulu Se révéler aux êtres humains, il n'y avait qu'une manière : Il devait devenir un être humain ! »

Et c'est ce que Noël veut dire : Dieu est devenu un être humain ! Et cette personne vit aujourd'hui et peut pénétrer dans les cœurs humains ! À l'occasion de Noël, recevez le Christ dans votre vie et recevez le don de Noël : l'amour !

Jésus est venu pour que vous puissiez enfin réaliser que Dieu vous aime ! Avez-vous déjà eu de meilleures nouvelles que cela ?

La promesse de Noël : l'espoir

Or, il advint, en ces jours-là, que parut un édit de César Auguste, ordonnant le recensement de tout le monde habité. Joseph aussi monta de Galilée, de la ville de Nazareth, en Judée, à la ville de David, qui s'appelle Bethléem, — parce qu'il était de la maison et de la lignée de David — afin de se faire recenser avec Marie, sa fiancée, qui était enceinte. Elle enfanta son fils premier-né, l'enveloppa de langes et le coucha dans une crèche, parce qu'ils manquaient de place dans la salle.
(Lc 2:1,4,5,7)

Je ne crois pas qu'il y ait dans la Bible un verset qui résume mieux Noël que le message de l'ange à la naissance de Jésus : «Soyez sans crainte, car voici que je vous annonce une grande joie, qui sera celle de tout le peuple.»

Noël est la promesse de l'espoir. Qu'est-ce que l'espoir ? Il consiste à tenir bon dans la prière et l'espérance.

Lorsque vous avez un point d'appui, vous pouvez envisager l'avenir dans l'espérance. Jésus est venu pour nous donner l'espoir. Il nous aide à voir, au-delà de nos difficultés, les bénédictions à venir. Quelle bonne nouvelle ! Quel merveilleux don ! L'espoir ! Vous pouvez l'avoir aussi !

> *Dieu tient toujours ses promesses. Noël en est la preuve !*

La promesse de Noël : l'espoir

Il y avait dans la même région des bergers qui vivaient aux champs et gardaient leurs troupeaux durant les veilles de la nuit. L'Ange du Seigneur se tint près d'eux et la gloire du Seigneur les enveloppa de sa clarté; et ils furent saisis d'une grande crainte. Mais l'ange leur dit: «Soyez sans crainte, car voici que je vous annonce une grande joie, qui sera celle de tout le peuple: aujourd'hui vous est né un Sauveur, qui est le Christ Seigneur, dans la ville de David.»

(Lc 2:8-11)

L'autre jour, je suis entré chez moi et j'ai aperçu ma plus jeune fille, Gretchen, assise sur le plancher de sa chambre. Elle avait éparpillé sur le tapis, devant elle, des enveloppes et des feuilles blanches.

«Gretchen, m'exclamai-je, que fais-tu là?» «Oh! bonjour papa! Je vais écrire mes lettres de remerciement.» «Lettres de remerciement? Pourquoi?» «Pour tous les cadeaux de Noël que je vais recevoir.» «Cadeaux de Noël? Mais ce n'est pas encore Noël. Comment peux-tu écrire des lettres de remerciement pour des cadeaux que tu n'as pas reçus?» «Oh, dit-elle avec enthousiasme, je vais écrire: 'Cher ami, merci pour votre merveilleux cadeau.'» J'ai ri et j'ai dit: «Mais Gretchen, comment sais-tu que tu vas aimer tous tes cadeaux?» «Oh! papa, je suis certaine que je vais aimer chacun d'eux!»

Gretchen a de l'espoir! Elle espère un merveilleux Noël! Et c'est exactement ce qu'elle aura!

Jésus est le plus grand cadeau de Noël jamais donné!

La promesse de Noël : l'espoir

Et soudain se joignit à l'ange une troupe nombreuse de l'armée céleste, qui louait Dieu, en disant : « Gloire à Dieu au plus haut des cieux et sur la terre paix aux hommes objets de sa complaisance ! »

(Lc 2:13,14)

Certains ne connaissent jamais l'espoir. Ils ne peuvent jamais envisager l'avenir avec espoir parce qu'ils ne peuvent oublier leurs mauvais moments. L'ange a dit : « Je vous apporte la bonne nouvelle. » Jésus est venu pour guérir les blessures passées et pour nous aider à aller de l'avant.

Nommez une de vos blessures qui n'a jamais été guérie._____

_____

_____

_____

_____

Maintenant, priez et faites connaissance avec l'amour miséricordieux de Jésus.

Joyeux Noël !

En cette veille de Noël : Soyez guéri et ayez de l'espoir !

La promesse de Noël : l'espoir

Au commencement était le Verbe et le Verbe était avec Dieu et le Verbe était Dieu.

(Jn 1:1)

Dans le coin de l'étable poussiéreuse de Bethléem, une jeune femme épuisée laissa échapper un dernier soupir. Soudain, l'air frais de la nuit s'anima des pleurs d'un vigoureux nouveau-né. « C'est un garçon ! C'est notre Jésus ! » s'exclama la mère avec fierté.

Nous ne connaissons rien de son enfance, mais Jésus est sorti du silence à l'âge de 30 ans. Nous pourrions considérer cela comme sa seconde naissance. Pendant trois ans, Il a prêché publiquement. C'est à cette époque qu'Il est venu sur la scène du monde, et cela est peut-être aussi significatif que sa naissance le jour de Noël. Car Il est alors arrivé en prédicateur, et non pas simplement dans un berceau. Il est venu avec un message, et non pas simplement avec des chants angéliques. Il est venu enseigner. Il est venu révéler, de même que guérir.

Il est mort sur une croix, mais à Pâques Il est ressuscité. Serait-ce la troisième naissance de Jésus ? Combien de fois le Christ est-Il revenu sur cette terre depuis Noël ? Il est ressuscité à Pâques et Il est revenu à nouveau à la Pentecôte, lors d'une réunion de ses disciples, à travers l'Esprit-Saint.

Jésus n'est pas juste né à Bethléem. Ce n'était que le commencement. Laissez Jésus revenir à nouveau, cette fois dans votre vie, comme Seigneur, comme Sauveur et comme Amour. Que ce soit Noël chaque jour de votre vie dans la célébration quotidienne de la venue du Christ.

Noël est un nouveau début chaque jour de l'année.

La promesse de Noël : l'espoir

« Car je sais, moi, les desseins que je forme pour vous — oracle de Yahvé — desseins de paix et non de malheur, pour vous donner un avenir et une espérance. »

(Jr 29:11)

Noël vous donne l'espoir et lorsque vous avez l'espoir, vous atteignez un point où les mauvaises nouvelles ne peuvent être absorbées et acceptées avant que vous ne soyez capable d'y réagir positivement et avec créativité ! En voici une bonne illustration.

Un jeune homme du nom de Woolworth décida qu'il allait ouvrir un nouveau magasin, un nouveau commerce bien à lui. Alors qu'il s'apprêtait à ouvrir son magasin, un marchand établi sur la même rue devint quelque peu nerveux à propos de ce jeune homme qui lui faisait concurrence, alors il passa une annonce dans le journal local. On pouvait y lire : « Faites votre magasinage ici. Nous sommes en affaires depuis 50 ans ! » Le jeune Woolworth n'arrivait pas à y croire ! Comment pouvait-il faire face à cette concurrence ? Que devait-il faire ? La semaine suivante, il fit passer une annonce de son crû. Elle disait : « Nous ne sommes en affaires que depuis une semaine : Toute notre marchandise est neuve. » Et il prit le départ vers une grande réussite.

Quoi qu'il arrive, je choisirai de réagir positivement et avec créativité !

La promesse de Noël : l'espoir

« En vérité je vous le dis, si quelqu'un dit à cette montagne : « Soulève-toi et jette-toi dans la mer », et s'il n'hésite pas dans son cœur, mais croit que ce qu'il dit va arriver, cela lui sera accordé. »

(Mc 11:23)

Le plus grand don de Dieu est, au plus profond niveau, une assurance et une sécurité intérieures qui nous permettent de dire avec foi : « Par la grâce de Dieu, j'ai été renforcé et sauvé afin que je puisse faire quelque chose de beau de la seule vie que je possède. »

Vous êtes peut-être de ceux qui craignent l'avenir. Peut-être ne voulez-vous même pas faire face à demain. Si certains font face à l'avenir avec crainte, d'autres y font face avec folie. Ils comptent sur les drogues et les produits chimiques tels l'alcool pour se donner une vision confuse du monde et bénéficier ainsi d'un effet calmant. D'autres refusent complètement d'affronter l'avenir. Ils refusent stupidement toute forme de planification ou de jugement concernant l'avenir, prétendant que demain n'arrivera jamais. Mais certains affrontent l'avenir non pas avec crainte ou folie, mais avec foi. Il y a réellement un Dieu qui peut vous aider à transformer vos montagnes en mines d'or.

Quel est l'espoir le plus excitant que vous entretenez face à l'avenir ?

_____

_____

_____

Croyez, ayez la foi, espérez !

> *J'affronterai mon avenir avec foi, car j'ai Dieu à mes côtés.*

La promesse de Noël : l'espoir

... Car je sais en qui j'ai mis ma foi et j'ai la conviction qu'il est capable de garder mon dépôt jusqu'à ce Jour-là.

(2 Tm 1:12)

Aujourd'hui je me tiens sur la pointe des pieds et je regarde vers l'avenir. Je vois quelque chose de fantastique : La nouvelle année qui vient ! Oh ! elle est imprévisible, bien sûr. Mais les temps incertains sont les temps où certains miracles se produisent. Les temps imprévisibles sont, pour Dieu, des occasions de nous surprendre.

L'une des plus belles promesses de Dieu, une promesse qui m'a aidé à devenir ce que je suis aujourd'hui, provient d'un verset de la Bible. Dieu nous met au défi : « Et mettez-moi ainsi à l'épreuve, dit Yahvé Sabaot, pour voir si je n'ouvrirai pas en votre faveur les écluses du ciel et ne répandrai pas en votre faveur la bénédiction en surabondance. » (Ml 3:10)

Pour recevoir la bénédiction, vous devez être mis à l'épreuve. Je sais que je reçois de merveilleuses bénédictions aujourd'hui et je sais qu'il en sera ainsi au cours de l'année qui vient. Comment sais-je cela ? J'ai mis Dieu à l'épreuve. J'ai prouvé qu'Il ne nous déçoit jamais !

Vous devez acquérir la foi pour connaître la force salvatrice de Dieu.

La promesse de Noël : l'espoir

Voici, je me tiens à la porte et je frappe; si quelqu'un entend ma voix et ouvre la porte, j'entrerai chez lui pour souper, moi près de lui et lui près de moi.

(Ap 3:20)

Un de mes amis, John Joseph, m'a raconté l'autre jour l'histoire suivante. Sa femme et ses filles étaient dans l'Est du pays. Ce soir-là, sa femme téléphona et lui dit que Kyle, sa petite fille de neuf ans, voulait lui parler.

John continua : «Kyle prit le combiné et me dit : 'Oh! papa, je m'amuse tellement!' 'Kyle, dis-je, je...' Je voulais lui dire que je l'aimais. Mais elle m'interrompit. 'Je me suis tellement amusée à la foire aujourd'hui, papa.' À nouveau, j'essayai de lui dire : 'Kyle, je t'aime.' Mais elle m'interrompit encore une fois. 'Je suis si contente! J'ai gagné un trophée, papa.' Une fois de plus, j'essayai de lui dire à quel point elle était importante pour moi. Mais il était trop tard : Elle avait raccroché.»

Il voulait désespérément dire à Kyle à quel point il l'aimait, mais elle ne pouvait l'entendre, parce que Kyle est sourde. Mais alors j'ai réalisé que Dieu a ce problème avec nous. Nous sommes toujours pressés. Et nous sommes complètement sourds à la voix de Dieu. Lorsque nous prions, nous parlons sans arrêt. Mais Dieu a quelque chose à vous dire. Il a un dessein pour votre vie.

> *J'écoute, Seigneur. Parle-moi.*

La promesse de Noël : l'espoir

« Reste fidèle jusqu'à la mort, et je te donnerai la couronne de la vie. »

(Ap 2:10)

L'un de mes poèmes favoris en est un du grand poète noir Paul Laurence Dunbar. (Dans le poème suivant, il utilise le terme «nègre». Pour une plus grande fidélité, je vais citer le poème dans sa forme originale.) Il est particulièrement approprié à la veille d'une nouvelle année remplie de nouvelles possibilités :

« Le Seigneur avait un emploi pour moi, mais j'avais tant à faire que je lui dis : 'Prenez quelqu'un d'autre, Seigneur, ou attendez que j'aie terminé.'

« Je ne sais pas ce que le Seigneur a fait, mais Il a semblé S'arranger. Mais j'avais la drôle d'impression d'avoir mal agi envers le Seigneur.

« Un jour, j'avais besoin du Seigneur, j'en avais besoin tout de suite. Il ne m'a jamais répondu, mais je pouvais l'entendre dire à mon cœur coupable: 'Nègre, j'ai trop à faire. Débrouille-toi, où attends que j'aie terminé.'

« Maintenant, lorsque le Seigneur a quelque chose à me dire, je n'essaie jamais de fuir. J'interromps ce que je fais pour accomplir l'œuvre du Seigneur. »

Si vous ne le faites pas, personne ne le fera! Dites « oui » à Dieu cette année!

La promesse de Noël : l'espoir

Je puis tout en celui qui me rend fort.

(Ph 4:13)

La veille du Jour de l'An est traditionnellement le temps de prendre des résolutions. L'ennui, c'est qu'en général les résolutions sont négatives ! « Je prends la résolution de ne plus manger de pommes frites. »

Je préfère me fixer des buts à l'occasion du Nouvel An. S'il vous plaît, joignez-vous à moi cette année et fixez vos propres buts.

1. Priez et demandez à Dieu de vous révéler ses idées.
2. Ne soyez pas surpris si elles semblent impossibles : C'est certainement le signe qu'elles proviennent de Dieu, car ses idées sont toujours si importantes que nous devons beaucoup compter sur Lui pour les réaliser.
3. Dressez-en la liste ici : _____

_____

_____

_____

Passez une Bonne Année : Priez sans cesse avec espoir !

> *Que cette année soit la meilleure que vous ayez jamais eue !*

Table des matières

DEVENEZ LA PERSONNE QUE VOUS RÊVEZ D'ÊTRE

Avec clarté et simplicité, le docteur Schuller explique comment vaincre la peur de l'échec, comment apprendre à résoudre les problèmes et débarrasser l'esprit des forces négatives et déplaisantes.

Il vous enseigne à construire une confiance en soi à toute épreuve qui ouvrira les portes de la réussite. Peu à peu, il prépare votre esprit aux talents, aux ressources, à l'enthousiasme et aux chances que vous possédez mais que vous ignorez.

Apprenez comment établir vos objectifs et les laisser vous emporter.

Apprenez comment effacer votre crainte de l'échec.

Apprenez comment rester chargé à bloc.

Apprenez comment *devenir la personne que vous rêvez d'être.*

9,95$

PLUS HAUT, TOUJOURS PLUS HAUT

Ce nouveau livre de Robert Schuller enseigne au lecteur à atteindre le succès par le succès. En établissant une série d'objectifs et en les atteignant l'un après l'autre, nous montons pas à pas vers le succès ultime. De ce succès ultime, de ce sommet, nous obtenons une vision plus large et une énergie nouvelle pour viser encore plus haut, toujours plus haut. C'est un principe que Schuller lui-même a expérimenté pour atteindre l'accomplissement ultime, l'édification de sa Cathédrale de Cristal en Californie.

Ceux qui liront le présent ouvrage et en appliqueront ses principes atteindront un niveau de succès renversant.

9,95$

En vente chez votre libraire

Les éditions Un monde différent ltée
3400 Boul. Losch, Local 8
St-Hubert, Québec, Canada
J3Y 5T6

L'AUTOROUTE DE LA VIE

Robert H. Schuller est bien connu de millions de Nord-Américains qui regardent son émission de télévision hebdomadaire diffusée dans toute l'Amérique du Nord, «Hour of Power». En tant que pasteur fondateur de la Garden Grove Community Church, en Californie, il constitue le principal exemple de la formule de succès qu'il prêche.

Ce nouveau livre sensationnel de Robert H. Schuller contient les pensées et les histoires véridiques de succès qui ont inspiré des millions de gens à travers sa chronique journalistique. Elles peuvent vous aider à découvrir une approche nouvelle et optimiste aux défis de la vie. Vous pouvez utiliser la puissance de Dieu et votre propre assurance pour transformer les situations impossibles en nouvelles possibilités plus excitantes les unes que les autres. Surmontez les obstacles à votre réussite. Commencez aujourd'hui avec la puissante «pensée» axée sur la possibilité!

9,95$

LA PAIX DE L'ESPRIT

Débarrassez-vous de la tension et des inquiétudes. Canalisez les pouvoirs cachés en vous, qui sont capables de régénérer et revitaliser votre vie. Suivez, étape par étape, le plan simple du docteur Schuller, qui conduit à une vie quotidienne joyeuse, enrichissante et productive.

«Le docteur Schuller possède le pouvoir unique de motiver ses auditeurs et ses lecteurs à se motiver eux-mêmes à atteindre leurs plus hauts objectifs.» W. Clement Stone

«Le docteur Schuller conduit un ministère étonnant.» Billy Graham

«J'aime le révérend docteur Schuller parce qu'il est toujours plein d'attention pour les hommes et fier dans son amour de Dieu.» John Wayne

9,95$

*Lithographié au Canada
sur les presses de
l'Imprimerie Gagné Ltée
Louiseville - Montréal*